雄霸天下

大秦帝国之崛起

夏秋冬◎著

中国铁道出版社有限公司
CHINA RAILWAY PUBLISHING HOUSE CO., LTD.

图书在版编目（CIP）数据

雄霸天下：大秦帝国之崛起 / 夏秋冬著 .—北京：中国铁道出版社，2019.12
ISBN 978-7-113-24103-2

Ⅰ . ①雄… Ⅱ . ①夏… Ⅲ . ①中国历史 – 秦代 Ⅳ . ① K233

中国版本图书馆 CIP 数据核字（2017）第 310373 号

书　　名：雄霸天下：大秦帝国之崛起

作　　者：夏秋冬

责任编辑：刘建玮　　　　**电　　话**：（010）51873038

装帧设计：天下装帧设计　　　　**电子信箱**：liujw0827@163.com

责任印制：赵星辰

出版发行：中国铁道出版社有限公司（100054，北京市西城区右安门西街 8 号）

印　　刷：北京柏力行彩印有限公司

版　　次：2019 年 12 月第 1 版　2019 年 12 月第 1 次印刷

开　　本：710mm×1000mm　1/16　**印张**：19.5　**字数**：308 千

书　　号：ISBN 978-7-113-24103-2

定　　价：48.00 元

序

写一部真实可信的通俗秦史

（一）

电视剧是向公众普及历史知识的较好方式。大型历史电视剧《大秦帝国》系列，便是根据史料记载对孙皓晖先生的同名小说《大秦帝国》进行改编的，讲述了战国时代的秦国经商鞅变法由弱转强，与六国争霸进而统一天下的过程，是以“正剧、正史、正能量”为创作主旨，以秦国为主要视点来展现战国时代波澜壮阔历史画卷的史诗作品。

电视剧《大秦帝国》第一部和第二部自 2009 年和 2013 年相继播出后，赢得了大批观众的喜爱和赞誉。第一部《大秦帝国之裂变》获得第 25 届中国电视金鹰奖优秀电视剧奖、第 28 届中国电视飞天奖优秀电视剧奖；第二部《大秦帝国之纵横》获得第 27 届中国电视金鹰奖优秀电视剧奖、第 30 届中国电视飞天奖优秀电视剧奖。第三部《大秦帝国之崛起》已于 2017 年初在央视一套首播，第四部《大秦帝国之天下》也已拍竣待播。

在该剧前两部播出期间，我周围不少人都在热议剧情，特别是对电视剧中哪些是历史事实、哪些是虚构情节不太清楚，他们急切地想找到答案，但对于普通观众来说，这些疑问却难以自行解决。我是个历史爱好者，他们也经常向我询问类似问题，我则尽我所知与其进行探讨，甚至还专门查阅藏书研究相关问题。偶尔“百度”一下，发现网上也有很多这样的提问，看来存在这种疑问的观众不在少数。有的得到了圆满解答，有的则无人解答，有的虽有解答但答案却是错误的，有可能误导观众。当时我就想，如果有这么一本书，专门向读者讲述这段历史的真实情况，并且结合电视剧辨析情节真伪，可能会受到电视剧观众、原著小说读者的欢迎。

然而，现存的战国史料残缺分散，年代紊乱，真伪混杂。战国史既不像此前的春秋史，有一部完整的编年体史书《左传》可以凭信，也不像秦、汉以后每个朝代都有较为完整的历史记载。要完成战国秦史的写作，是一个艰难的课题。

后来，我有幸发现了杨宽先生编著的《战国史料编年辑证》一书，如获至宝。杨宽先生生前是复旦大学历史系教授，毕生致力于以战国史为主要领域的中国上古史研究。1941 年底太平洋战争爆发后，他就隐居家乡开始对战国史料进行考订和编年，据此写成《战国史》一书，于 1955 年出版。从 1972 年起，他又开始对战国史料进行补订，于 1980 年出版《战国史》第二版。这项工作一直在持续进行，再于 1997 年出版《战国史》增订本。杨宽教授考订、编纂战国史料，先后长达半个多世纪，于 2001 年他 87 岁时出版了《战国史料编年辑证》，共计 90 余万字。这部书是杨宽教授历时最久、最费功夫的著作，也是我国战国史研究领域的一项重要成果。

有了《战国史料编年辑证》，我感到自己一下子站在了巨人的肩上。类似这样的“巨人”，还有《史记》专家韩兆琦教授、《战国策》专家缪文远教授等。他们让我对原来想都不敢想的事情，竟然觉得可以进行尝试了。于是，我便以《战国史料编年辑证》选编的历史资料为主要线索和主体内容，参阅多种战国史编年著作，并借鉴这一时期的历史事件和历史人物涉及的《史记》与《战国策》中的相关内容，作为我写作本书的主要史料，旁及多种古籍和出土文物，以此为素材编写这套通俗版秦史。

计划写作的是一套系列图书，这一本与西安曲江大秦帝国影业投资有限公司出品的电视剧第三部《大秦帝国之崛起》相对应。

（二）

图书市场并不缺乏历史书籍，无论是严肃之作还是演绎之作。我之所以又来给图书市场增加一本甚至更多的历史书，是希望这本（套）书能够与众不同。如何做到与众不同？基于作者对本书的以下定位：

第一，本书是以陆续拍摄的多部集巨作、播出时间跨度长达十余年的电视剧《大秦帝国》及原著同名小说带动起来的受众群体的现实需求为导向，所以选择与电视剧和小说原著同一时期的战国秦史，而不是其他时期或朝代的历史。

第二，本书是正史性质，绝不允许戏说。本书是在可靠史料的基础上编撰而成，是真实可靠的信史，绝无虚构成分。偶尔所作的评论，也是以历史学界的主流观点为基础，作者不敢妄加评说。因为读者买它、读它的目的就是辨别文艺作品中的情节真伪，起到澄清是非、把握真相的作用，否则就与读者的这一需求背道而驰。

第三，本书是通俗读物而不是学术著作。虽然要让普通读者都能看懂，但也不能脱离历史事实进行推论，甚至通过虚构而取悦部分猎奇读者。对于学术界有争议的问题，由作者进行甄别、取舍，在正文中一般呈现给读者的只有一个事实，只在注释中对读者予以提示，便于有兴趣的读者自己去深入了解。

第四，本书是具有细节、富有质感的正史作品。它不是框架性、概括式的史实叙述，而是细节性、情节化的原貌呈现，这些富有现场感、鲜活性的历史事实，是作者对相关史料进行消化、取舍、编排、串联、翻译的结果。其中，最能体现细节的对话都是史料中本来就有的记述，并非像小说作者和影视编剧一样杜撰的。

第五，本书是篇幅长、容量大的政治史作品。史家著书，除了史书必须具备的该时期的政治史（包括军事史和外交史，因外交是政治的体现，战争是政治的延续，故统称政治史）外，还会涉及政治体制、经济状况及经济制度、科学技术、社会风俗、文化学术等各个方面的内容，普通读者最感兴趣的是体现历史演进的政治史部分，而学术著作中这部分的篇幅恰恰都很短，往往是一些重大事件的罗列，读来枯燥乏味。而本书则主要讲述政治史，尤其是这一特定历史时期中占有重要地位的国家发展战略和竞争谋略、战争、外交事件与人物，而且本书尽可能呈现历史细节，所以篇幅更长、容量更大，为带着疑问看电视剧的观众及原著小说的读者提供更为详尽的版本；对于希望了解这段历史的读者来说，本书剔除了读者兴趣不大的内容，比历史教材和学术著作的可读性更强，又比历史小说或其他演绎作品更为真实可信。

（三）

本书主体内容，均是根据史料编写的历史事实，虽然是以秦国崛起、征伐诸国、完成统一为主线，但因战国时期各诸侯国之间关系复杂、互动频繁，各国在不同时期的现状又是秦国历史演进的背景和基础，若不叙述别国的重大历史事件，几乎不可能单独讲述秦国历史，所以本书兼顾了其他诸侯国的发展历程；再者，战国时期是我国思想开放、文化繁荣、百家争鸣的著名时代，是能为士人阶层提供“朝为布衣，夕为卿相”广阔舞台的令人血脉偾张的历史时期，典故、成语层出不穷，比如大家耳熟能详的“鸡鸣狗盗”“锥刺股”“完璧归赵”“亡羊补牢”“纸上谈兵”“毛遂自荐”等，均出自这一时期，且本书对这些成语的由来都有涉及，因为向读者普及战国史，也是本书的一项职责。

相信读者在阅读中会发现，本书所述的史实，超过了电视剧呈现的内容。战国时期各诸侯国涉及的人物众多，史实复杂，电视剧有必要去除枝蔓，删减人物，集中表达主要历史事件和人物，否则不仅情节散漫、拖沓，而且篇幅太长。同时，电视剧是以镜头语言叙事，多一个场景和演员，就要增加成本，尤其是规模宏大的战争场面，花费更是巨大，所以对于一些史实和战争，电视剧则以台词和旁白的方式进行交代。

各历史事件记述之详略、篇幅之长短，并非全由本书作者所能决定。有的史实虽很重要，值得大书特书，但因史料较少甚至缺乏，作者不可能进行详尽描述，这就是所谓的“无米之炊”；何况根据本书的定位，作者也不应该任意发挥。但对不太重要或者与主题关联性不大的史料，作者则可以予以删减，甚至弃之不用。虽然进行了如此处理，可能仍有读者认为部分章节所述内容详略不当、比例失调。

每章末尾特别设置了“剧情释疑”专栏，是为了阐明本书所述历史事实与电视剧《大秦帝国》剧情的重大差异，从中提炼出问题并进行解答，指出电视剧的虚构情节甚至错误之处，帮助观众辨明剧情真伪，澄清历史事实，附带介绍一些中国古代文化知识。由于《大秦帝国》电视剧的央视版删减较多，本书以网络版作为对照。但网络版的开始两集本属于第二部《大秦帝国之纵横》的结尾，与第二部的关联性更强，故作者未将该两集的内容纳入本书，拟将其作为《合纵连横》一书的结尾部分。

虽然本书为电视剧观众提供了更多的方便，但它是独立于电视剧的通俗正史文字作品，从内容到形式都与电视剧有重大区别，凡是对这段历史感兴趣的所有人士均是本书的读者对象。

史料素材都是古代汉语（尤其是《战国纵横家书》更难理解），作者翻译时参照了多个权威译本，既要不脱离原文本义，又要符合现代汉语规范，顺应读者的阅读习惯，让读者不觉得译文别扭、拗口、晦涩，比电视剧台词更明白易懂。但古文的译文毕竟不同于现代白话文，本书译文也保留了一些古文风格和古人的表达特色。作者对难点语句更是反复斟酌，虽然借鉴了名家译作，但作者并未盲从权威，而是融入了自己的见解，读者可对照其他译本体味。

本书出版时，作者已年过五十。随着年龄的增长，感叹于人生的短促，个人的短暂一生在历史的长河中只是倏忽的瞬间，足见人之渺小。于是转而追溯历史，以使自己在有限的生命中能将自己的间接经历获得延伸和丰富。历史是一面镜子，在看似纷乱的历史事件中潜藏着相对稳定的历史规律，现实中有它的影子，未来也受它的指引，正所谓“以史为镜，可知兴替”。这就是作者涉足历史、写作本书的意义所在。

我想，读者阅读本书也是如此。

夏秋冬

目录

第一章
秦楚反目，垂沙之战

秦昭襄王，姓嬴，名稷，又名则，是秦惠文王嬴驷之子，也是秦武王嬴荡同父异母弟。公元前 307 年，秦武王嬴荡在周王室举鼎而死，嬴稷继位为秦王。

昭襄王初立，秦亲善韩楚

秦昭襄王（亦称秦昭王，有时统称秦王）嬴稷继位时才十九岁，不到加冠亲政的年龄。国事由其母太后决断，樗里疾[①]仍为右丞相，甘茂仍为左丞相，但新设将军一职，由王舅魏冉担任，名为保卫国都咸阳，实际上是由魏冉主理秦国日常政务。

太后是楚国人，芈氏；因秦惠文王封其为八子[②]，故称芈八子；因死后谥号为宣，后人亦称宣太后。她想与楚国修好。公元前 307 年，楚怀王因怨恨五年前秦国在丹阳打败楚国而韩国不去救援，于是便趁秦昭王初立、宣太后对楚国友好的时机，对韩国进行报复，遂出兵围攻韩国的雍氏（今河南禹州东北）。韩国派相国公仲朋（亦作公仲倗，误作公仲侈、公仲明）等人多次入秦求救，由于宣太后是楚国人，秦国便不肯去救援。

于是，韩国又派尚靳出使秦国，对秦王说：“韩国平时是秦国的屏障，战时出兵充当先锋。现在韩国处境危急，而秦国却不出手相助。我听说，唇亡则齿寒，请大王三思而定。”

宣太后说：“韩国的使者来了不少，只有尚先生的这番话说得对。”于是，便召见了尚靳。

---

① 樗里疾（？—前 300 年），战国中期秦国宗室、将领，秦孝公庶子，秦惠文王异母弟，秦昭王的叔父。本姓嬴名疾，因居樗里（一说楮里，今陕西渭南）而称樗里子。他足智多谋，绰号“智囊”。后来他被封于蜀郡严道县（今四川省荥经县严道镇），号严君。电视剧《大秦帝国》在第一部中称他为樗里疾，在第二、三部中则称嬴疾。古代人名有多种称谓，古籍在辗转传抄中又容易发生笔误，本书中的人名，一般采用史料中出现最多的称谓。

② 八子，是秦、汉时期帝王后妃的称号之一。秦国后宫分为王后、夫人、美人、良人、八子、七子、长使、少使，共八级，八子的禄秩相当于千石官员。

宣太后对尚靳说："我服侍先王时，先王把大腿压在我身上，我感到疲乏，不能支撑，但他把身体全压在我身上，我就不觉得重了。为什么呢？因为这对我有好处啊。现在救援韩国，如果兵力不足、粮食不多，就不足以解救韩国被困之危。这样的话，每天要耗费千金，难道韩国就不能稍微给我一点儿好处吗？"

于是，尚靳回国报告韩王，韩王再派张翠前往秦国。张翠声称有病，每天坐车只走一个县。

张翠到了秦国后，甘茂问："韩国的形势紧急吗？先生竟抱病而来。"

张翠说："韩国如今还不紧急，而是将要紧急了。"

甘茂说："秦国国大君贤，对韩国安危与否了如指掌。现在先生说不紧急，是真的吗？"

张翠说："如果韩国紧急的话，就会转而投靠楚国了，我还敢来吗？"

甘茂入朝报告秦王，说："公仲朋在韩国掌权，得到秦国的军事援助，所以敢于对抗楚国。现在雍氏被楚国围困，而秦军不出关救援，这样就会失去韩国。况且公仲朋因忧闷而不上朝，公叔势必会向南与楚国联合。如果楚、韩两国合而为一，魏国就不敢不听从，这样，楚国就可以用楚、韩、魏三国的力量来图谋秦国，攻打秦国的局面就形成了。不知是坐等被人进攻有利，还是进攻别人有利呢？"

于是，秦王派兵出峭关去救援韩国。楚国见秦国来救，便撤兵而返。

韩国派使臣韩珉（亦作韩夤、韩聂）出使秦国，请求秦国归还上年被秦国攻取的武遂[①]（今山西垣曲东南）。韩珉是韩国大臣中的亲秦者，也是秦昭王的好朋友，为了进一步拉拢韩国，避免其倒向楚国，危及秦国，甘茂说服秦王归还武遂，秦国便将武遂归还给了韩国。但这一举动引起了向寿、公孙奭（亦作公孙郝，奭音同是）等人的不满，他们齐向秦王劝谏，但也没成功，因此就怨恨上了甘茂，在秦王面前说他的坏话。

由于秦王知道韩相公仲朋因甘茂率秦军攻占韩国宜阳（今河南宜阳西）、武遂而仇恨甘茂，如今甘茂却主张将武遂归还韩国，秦王本来就怀疑甘茂借

---

① 关于武遂的今址，众说纷纭，主要有四种观点：一是在今山西省垣曲东南，二是在今在山西省临汾市西南，三是在今山西省阳城县西南，四是在今河北省保定市徐水区西北遂城。

用归还武遂来化解他与公仲朋之间的仇怨，现在恰恰又有人说公仲朋想通过甘茂来侍奉秦王，于是秦昭王勃然大怒，对甘茂十分生气。

这时，秦国正命樗里疾和甘茂攻打魏国的皮氏（今山西河津）。甘茂听说内有向寿、公孙奭，外有韩国公仲朋等向秦王进谗言，形势对自己极为不利，十分害怕，就从魏国前线逃走了。与甘茂一起带兵攻打魏国皮氏的樗里疾，于是与魏国签订合约，撤军停战。秦未攻克皮氏。

苏秦助甘茂出奔齐国

甘茂打算逃往齐国[①]，在去齐国的路上遇见了正前往秦国的燕臣苏秦[②]。

为了让苏秦帮助自己，甘茂说："您听说过江边上那未出嫁姑娘的故事吗？"

苏秦说："没有听说过。"

甘茂说："江边上没有出嫁的姑娘中，有一个家境贫寒而点不起烛灯的，其他姑娘在一起商量，想赶走她。那个被驱逐的姑娘临走时对她们说：'我因为点不起烛灯，经常早早到来，打扫房屋，铺好席子，你们又何必吝啬那照在墙壁上的余光呢？大方地赐给我一点余光，对你们又有什么妨碍呢？我自认为对你们也有一些好处，为什么要赶走我呢？'姑娘们在一块儿商量后，认为她说得对，就把她留了下来。如今我没有才能，被秦国抛弃，将要出走，我愿意为您打扫房屋，铺好座席，希望您不要赶我走。"

苏秦说："好。我想办法让齐国重用您。"

于是，苏秦西去，劝秦昭王说："甘茂是个贤能之人，不是平庸之辈。他留在秦国，几代受到重用，对秦国的山川地形都了解得很清楚。他如果通过齐国结盟韩、魏两国，反过来算计秦国，这对秦国是没有好处的。"

秦王说："那该怎么办呢？"

---

① 《史记·甘茂列传》记载"甘茂之亡秦奔齐"，《战国策·秦策二》第十二章亦谓"甘茂亡秦，且之齐"，而《史记·秦本纪》则言"甘茂出之魏"，今采前者。本书引用《史记》列传，若是几人合传的，均只标注与相关人名作为篇名，如此处《樗里子甘茂列传》简化为《甘茂列传》。

② 《战国策·秦策二》第十二章开始称"苏子"，其后又有"苏代曰""苏秦为谓齐王曰"等；《史记·甘茂列传》皆作"苏代"。以《战国策》《战国纵横家书》中的苏秦史料与《史记》进行比较，若干原作"苏秦"者，司马迁都改为"苏代"，是因司马迁误以为苏秦已死于燕王哙初立时，因而将若干苏秦之事改作苏代所为。《战国策》流传中受《史记》影响，也将"苏秦"改为"苏代"，尚留有一处仍作"苏秦"，今据原始策文统一订正为苏秦。

苏秦说："不如带贵重的礼物，用丰厚的俸禄，把他从齐国接回来。他来了，就把他安排在鬼谷，终身不让他出来，各国又怎么能用甘茂来算计秦国呢？"

秦王说："好！"于是封甘茂为上卿，让苏秦带着相印到齐国去迎接甘茂。

但甘茂推辞，不肯再回秦国。

苏秦为甘茂对齐宣王说："甘茂是贤能之人，现在秦国封他为上卿，带着相印来迎接他，甘茂感激大王的恩赐，所以不回秦国去，愿意做大王的臣子。现在大王用什么礼节来对待他呢？大王如果不留住他，他一定不会感谢大王。如果秦国利用甘茂的才能，让他可随意调动秦国强大的军队，那就难以对付了。"

齐王说："对。"于是也封甘茂为上卿，让他留在齐国。

见此，秦国立即免除了甘茂家人的赋税徭役，以免甘茂挑动齐国来算计秦国。

公元前 305 年，齐国派甘茂出使楚国。此时秦昭王刚迎娶叶阳后，秦、楚两国结为姻亲，楚怀王十分高兴。秦国听说甘茂在楚国，就派人对楚王说："希望把甘茂送到秦国来。"但楚王想推荐甘茂去秦国做丞相。

楚臣范蜎（音同渊）劝阻说："以秦惠王的精明、秦武王的苛刻、张仪的雄辩，甘茂在他们手下做事，担任十个官职都没有得罪他们。可见甘茂确实是个贤人，但不能让他做秦国的丞相。因为秦国若有贤能的丞相，会对楚国不利。如果大王想要在秦国安插一个丞相，就没有比向寿更合适的人了，这样做才对楚国有利。"

于是，楚怀王就推荐向寿担任了秦国的丞相。当然也没有把甘茂送去秦国，他毕竟是齐国派来的使臣。而向寿，是宣太后在楚国的外族，与秦昭王一起长大，相互友好，武王时已在秦国任职用事。

秦国不想与楚国为敌，此时任向寿为丞相，看起来顺理成章，实际上也是秦国送给了楚怀王一个顺水人情。于是，向寿被任为丞相，补甘茂之缺，与樗里疾共为秦相。此后，史书中便不见了樗里疾为相用事的记载，表明其已虚有相名。樗里疾卒于秦昭王七年（公元前 300 年），魏冉继任右丞相。

而甘茂也再没有回秦国，最后死于魏国。

楚国对秦、齐摇摆不定

秦昭襄王元年（公元前 306 年），此时秦国中诸公子争夺君位的内乱尚未平息，齐国欲趁此机会合纵攻秦。齐宣王想当合纵长，但担心楚国与秦国联合，就派遣使者送信给楚怀王，说：

> 如果楚国侍奉秦国，韩国和魏国就会恐慌，必然会与秦国联合起来，燕、赵两国也会侍奉秦国了。四国争相侍奉秦国，那么楚国便成为秦国的一个郡县了。大王为什么不与寡人同心协力聚集韩、魏、燕、赵四国之力，合纵结盟而尊奉周室，号令天下呢？那便没人不乐意听从，大王的功名也就建立了。到那时，大王率领诸侯一起征伐，定能攻破秦国。大王就可以夺取武关、蜀、汉的土地，韩国、魏国割让上党，西面直逼函谷关，楚国就会强大百倍。况且大王被张仪欺骗，丧失了汉中土地，军队在蓝田受挫，天下人无不为大王心怀怨怒。可如今居然还带头侍奉秦国！希望大王好好考虑此事。

楚怀王原打算与秦国和好，看了齐宣王的书信，又犹豫不决，便将此事交由大臣商议。大臣中，有的主张与秦国和好，有的主张听从齐宣王的意见。

大臣召雎（音同居）说："大王虽然在东面取得了越国土地，但也不足以洗刷耻辱，必须从秦国取得土地，才可以。大王不如深交善待齐国、韩国，这样便能依靠齐国、韩国的力量来取得土地了。秦国攻破韩国的宜阳，又取得武遂。楚国救援韩国，虽然不能保证韩国不灭亡，但能够保存韩国的只有楚国。韩国从秦国手里夺回武遂的话，以黄河、西山作为要塞，将没有哪个国家比楚国给它的恩德更深厚。臣以为韩国必定会卖力地侍奉大王。齐国信任韩国，如今又加上咱们楚国的力量，秦国就可能把侵占的土地归还楚国了。"

于是楚怀王听从了召雎的意见，没有联合秦国，而是联合齐国亲善韩国。

秦国担心楚国与齐国联合，于己不利，便"厚赂于楚"，并于公元前 305 年与楚联姻，秦昭王迎娶楚怀王之女为王后，即叶阳后。次年，楚怀王入秦与秦昭王会盟于黄棘（今河南南阳南），秦国将其占领的楚地上庸（今湖北竹山县西南）六县归还楚国。

上庸是楚怀王梦寐以求之地。楚国兵挫蓝田以后，秦惠文王为了拉拢楚国，曾以此地许楚。秦、韩宜阳之战时，秦武王又曾以此地许楚，以求楚国中立。秦国两次承诺把上庸还给楚国，但都未实际交割，黄棘之会终于使楚怀王如愿以偿。可见秦、楚此次改善关系，确实是以诚相见。楚国因此再次背离齐国。

因楚国背盟而与秦国和好，齐国联合韩国、魏国于公元前303年共同伐楚。

楚王将太子横入质于秦，向秦国请求救援，同时派人游说魏冉，说："如果楚国被齐国打败，秦国就不能同齐国抗衡了。秦国已历经三代和韩、魏建立了友好关系，可齐国只不过刚刚开始和韩、魏交好。齐、秦两国都在争取韩、魏，一旦韩、魏和齐国结盟，那么秦国就会遭到三国的进攻。如果齐国拥有楚国方圆千里的东部土地，又占据楚国方圆千里的九夷之地，齐国便可以取得两个方圆千里之地，又能拥有越国的民众（此时楚已灭越），秦国哪能和齐国抗衡呢？再说，韩、魏两国打败了楚国，瓜分了楚国方城一带富庶的土地，并逼近南郑地区，先休整士兵，再进军攻秦，不必等待齐国的援助，就足以削弱秦国。"

听此游说后，秦国便派客卿通领兵救援楚国。秦国刚一出兵，齐、韩、魏三国认为不敌秦、楚两国之军，于是便立即退兵了。

秦与楚反目而拉拢韩魏

但是，秦、楚联盟很快就破裂了。公元前302年，楚国派到秦国作人质的太子横，因私斗杀死了秦国的一个大夫，逃回楚国。秦、楚两国就此结怨，关系恶化。

此时，秦国与魏、韩两国的关系又如何呢？

秦惠文王时期张仪为相，推行连横策略，主张亲魏、韩而拒齐、楚，自公元前312年第一次翁氏之役以来，特别是秦武王继位、张仪出走之后，因秦武王欲"通三川，窥周室"，挟天子以令天下，联合韩、魏的策略已被改变。公元前308年，武王命甘茂进攻韩国的宜阳，次年拔宜阳、占武遂。公元前306年，秦国派樗里疾、甘茂攻伐魏国的皮氏，但因甘茂出走而撤兵。公元前304年，秦、楚黄棘会盟之后，两国共同攻打韩国的纶氏（纶音同关，纶氏在今河南伊川与登封之间）。下一年，秦国再次攻取韩国的武遂。武遂是贯通韩国南北的主要通道。此外，秦国还同时攻克了魏国的蒲阪、晋阳、封陵（均在今山西永济附近），三处都是河西通往河东的重要渡口，为军事战略要地。

可以说，秦国对魏国、韩国的一系列攻伐行为，给韩、魏两国造成了很大的生存威胁。在这样严峻的形势下，韩、魏只有投靠齐国才有生路，而齐国早有拉拢韩、魏之心，甚至还致信楚怀王，一起合纵攻秦。于是，韩国和魏国理所当然地投入了齐国的怀抱，这让秦国也感到了很大的压力。

公元前 303 年，齐、韩、魏三国攻楚。秦国救楚，三国退兵后，秦国便想试图改善与韩、魏两国的关系。

次年，魏襄王和韩太子婴入秦朝见，与秦昭王会于临晋（今山西大荔东黄河西岸）的应亭。韩太子婴还借机去咸阳参观游览一番之后才回韩国。同时，秦国还把上年攻取的蒲阪归还魏国，以示停战修好，两国关系因此缓和。

而楚国在答应齐国合纵之邀后，又亲近秦国，先是会盟，继而联姻，这一系列的举动引起了齐国的强烈不满。之后，楚国质于秦国的太子横因杀死了秦国大夫，又导致秦、楚两国反目成仇。而且，从当时秦国争雄于诸国的形势看，韩国、魏国还不足以撼动秦国。楚国实力较强，又是秦的邻国，它才是秦国的劲敌，打击、削弱楚国才应当是秦国的国策。

此时，楚国已被齐、韩、魏、秦四国孤立，对齐、韩、魏的三国联盟和秦国真是两面不讨好。一场这四国针对楚国的战争即将爆发。

四国攻楚的垂沙之战

公元前 301 年，齐、韩、魏三国联合秦国[①]，发动了对楚国的垂沙之战。

齐国大将匡章与魏国大将公孙喜、韩国大将暴鸢率领三国军队，秦国庶长奂率领秦军，共同伐楚。四国军队绕开楚国方城（楚长城）的重点防守地区，插向方城以内的楚国膏腴之地。

联军兵分两路。秦军从三川地区出发，从西线进攻襄城（亦作新城，今河南襄城），斩首两万；齐、韩、魏联军从东线进攻，魏军在陉山（今河南郾城东）打败楚军；另一路向西南进发，四国联军在重丘（今河南泌阳东北）会合。重丘地处楚国方城的东南端，过此便可攻击方城以内的腹地，所以四国联军选择此地作为突破口，一起在重丘打败楚将唐昧（亦作唐眛、唐蔑、唐明）。

联军沿泚水向西南方向进攻，两军在垂沙（今河南唐河西南）对峙达六

① 关于秦国是否参加垂沙之战，《史记》与《战国策》的记载有差异，历史学家也有不同意见：杨宽、林剑鸣等认为此年秦攻楚未与齐、韩、魏联合，缪文远、晁福林等认为此役为四国联军兵分两路，秦国从西线进攻楚国。今从后者，依据是《史记》之《楚世家》《韩世家》《田世家》《六国年表》《秦本纪》，秦简《编年记》及《吕氏春秋·处方》，参考晁福林《垂沙之役考》一文。

个月之久。

齐王派周最（亦作周冣、周聚）催促匡章迅速交战，言辞非常严厉。但匡章回答周最说："杀死我，罢免我，诛灭我的全族，大王可以做到；不可交战而硬要交战，可以交战却不让交战，大王在我这里却办不到。"

当齐军与楚军隔沘水驻军对垒时，匡章派人察看可以渡河之处，楚军发现后放箭，令齐军的侦察兵无法靠近河边。正好此时有一个人在河边割草，就告诉齐军侦察兵："河水的深浅很容易知道。凡是楚军防守严密的，就是水浅的地方；楚军疏于防守的，就是水深的地方。"

齐军侦察兵让割草的人坐上车，和他一起来见匡章。匡章很高兴，于是就乘着黑夜用精兵突袭楚军防守严密的地方，果然大胜楚军，杀掉楚将唐昧。

这就是历史上著名的垂沙之战。此役，韩、魏两国取得了楚国宛、叶以北的地区，让之前曾经连遭重创的韩、魏暂时遏制了颓败之势，免于过早灭亡。

齐、韩、魏攻楚持续五年之久，给楚国以沉重打击。垂沙之战，是楚国在丧失了汉中地区以后所遭受的又一次重大战役的完败，在很大程度上改变了诸国之间力量的对比。

同一年，秦国还攻打韩国，夺取了穰（今河南邓州）。因秦国将穰作为魏冉的封地，所以魏冉从此便被称为穰侯。

也在这年，秦国将秦昭王之弟、泾阳君公子市（音同伏）作为人质送往齐国，先于楚国太子入质于齐。这主要是基于以下两方面因素：

一方面，齐与秦东西对峙，相距遥远，两国虽很少直接发生战争，但同为强国，相互忌惮，并不友好，现秦国既已决定与楚国决裂，如果楚国又倒向齐、韩、魏联盟，将危及秦国。因此，为取信于齐国，必须采取非常措施，而公子入质便是最有诚意的举动。

另一方面，也是更重要的，因为孟尝君田文在齐为相，齐国联合韩、魏伐楚都是孟尝君主持的，孟尝君威震各国、声望颇高，以后更有可能合纵攻秦，对秦国是个巨大威胁。如果能让孟尝君入秦为相，不仅能使其为秦所用，也能让在这年刚刚继位的齐湣王失其贤相。于是秦昭王"先使泾阳君为质于齐，以求见孟尝君"，邀请孟尝君入秦为相。

公元前 300 年，秦国继续攻打楚国，楚王恐惧，于是送给齐国六座城邑，并将从秦国逃回的太子横再入质于齐，谋求与齐国和好。可结果是秦军斩首三万，攻占了楚国八座城邑，上年开始攻打的襄城（新城）也被攻陷，杀楚将景缺。再加上楚国内庄蹻起义，一度攻到郢都，楚国出现了四分五裂的局面，国家几近破亡。

【剧情释疑】

〇秦宣太后叫“芈月”吗？她是否如《芈月传》所言，是楚威王庶出的公主？

史书对秦宣太后记载不多，加起来也不过一页纸的文字。对于其出身，《史记·穰侯列传》载：“其先楚人，姓芈氏，故号芈八子。”又云：“及昭王即位，芈八子号为宣太后。”

在上古时期母权社会，姓原本是指母系血缘关系；氏，则是指的父系血缘。姓是一种族号，氏是姓的分支。周代的姓氏制度，贵族有姓氏，一般平民则没有。贵族中女子称姓，男子称氏。这是因为姓的功能是“别婚姻”，而氏的功能则是“明贵贱”，两者的作用不同。[1]

芈是楚国王族的通姓，凡是楚国王族的后裔皆以芈为姓。所谓王族就是与楚王同宗同源，有共同祖先的所有人。在战国时期，楚国屈、景、昭三家最大，成为楚国的代表。熊是楚王的氏，只有在其当了楚王以后，才能以熊为氏。当然，楚王在以熊为氏的同时，还在以芈为姓，只是不再这样称呼了。

宣太后姓芈，当然也是楚国的王族。没有任何史料记载她叫“芈月”，实属电视剧《芈月传》所虚构。若她真是如《芈月传》所说为楚威王（芈姓，熊氏，名商）的庶出公主，史书一般应该会有记载，比如楚怀王（芈姓，熊氏，名槐）之女叶阳公主，嫁给秦昭襄王嬴稷，就有据可查。据此推测，秦宣太后应不是楚国公主，只是一个没落的楚国贵族。

电视剧《大秦帝国之纵横》叫她为“芈丫头”，说她与楚怀王同姓同宗，是芈靖之后，芈靖被楚国重臣昭阳打压，获罪于先王，被贬云梦泽猎场，故芈丫头一直生活在云梦泽乡间。虽无确据，但这仍与楚国没落贵族的身份相

① 王力主编《中国古代文化常识》（插图修订第4版）第116-117页，北京联合出版公司2014年8月版。

吻合，比电视剧《芈月传》说她是楚国公主更为客观。

〇芈戎是秦楚联姻时护送叶阳公主入秦的吗?

史书对芈戎的记载较为零星、分散，不能串联成故事，现在此作一简要介绍。芈戎（？—公元前262年），楚国人，是宣太后的同父异母弟，秦昭王的舅舅。早年因在楚国犯罪，被迫出逃到东周。秦昭王初年，芈戎应太后之邀入秦为官，先封于华阳（今陕西华阴华山之南），故号为华阳君，协助宣太后和魏冉执掌朝政。

所以，芈戎入秦虽然与秦昭王迎娶楚国叶阳公主的时间相仿，但楚国派芈戎护送入秦应不是事实，因为芈戎是楚国的罪犯，入秦前在东周而不在楚国。

公元前300年，秦攻取韩地新城（今河南密县东南）后，芈戎又加封于新城，故又号新城君。次年，芈戎为秦国将军，攻楚取得新市。《战国策》的一句对话中，说话的人称芈戎为相国，故此推测芈戎曾官至秦国左丞相。

〇秦昭王派公子市、公子悝去齐国迎回甘茂?

电视剧中讲到，秦昭王派其两个弟弟公子市和公子悝一起去齐国，接甘茂丞相返秦，并且说："他们若不放，你们就别回来。"但历史事实并非如此。

据《史记·孟尝君列传》记载："昭王七年，王闻孟尝君贤，乃先使泾阳君市质于齐，以求见孟尝君。八年，市归自齐。孟尝君来相。"可见，泾阳君公子市去齐国不是去接甘茂返秦，而是被派去齐国当人质，目的是邀请孟尝君来秦国做丞相，同时兼顾秦、齐联盟。公子市于公元前300年入质于齐，第二年孟尝君田文入秦时，他才回到秦国。

《史记·穰侯列传》和《范雎列传》都记载："昭王同母弟又有高陵君、泾阳君。"公子市即泾阳君，其名史书中均写作"市"，而不是电视剧字幕中的"芾"。公子悝即高陵君，又称叶阳君。"悝"字在《古代汉语词典》中只有一读，读音为kuī。在《现代汉语词典》和《辞源》中虽有两读，另一读音为lǐ，但在用于人名时，应读为kuī，比如战国魏文侯时期的魏国改革家、法家代表人物的李悝（kuī），而电视剧中却将其读为lǐ，令人遗憾。

公子市初封于泾阳（在今陕西省泾阳县西北），后封于宛（在今河南省南阳市）；公子悝初封于彭（在今陕西省澄城县西北），后封于邓（在今河南省孟州市西）。他们的最初封地泾阳、高陵，都在秦都咸阳以北不远的地方，是因太后和秦王宠幸而封之。他们后来的封地宛、邓，都是秦攻韩所取得之重要城市，此等城市手工业与商业发达，经济繁荣，封君有征收工商业税收之特权，积累了庞大的税收收入，因而“私家富重于王室”。

○韩聂是秦国大臣吗？他的爵位是大上造？

电视剧中的韩聂，史书中多作韩珉，亦作韩呡、韩夤、韩聂，故本书用韩珉。韩珉的史料也不够详尽。正如电视剧所说，他是秦昭王的好朋友，但他并不是秦臣，而是韩国的大臣，只不过他一直主张亲善秦国，在韩国如此，后来做了齐国相国也是如此，所以一直被秦国所重视，经常作为执行秦国主张的他国代表。

韩珉既然不是秦国大臣，而在电视剧中，他的官爵为秦国大上造，当然也就不实了。

大上造又叫大良造，在电视剧《大秦帝国之裂变》《大秦帝国之纵横》中都被称为大良造，是战国时期秦国的高级爵位名称之一，位列二十等军功爵制的第十六位。

商鞅变法时为奖励军功，建立二十等军功爵制：一级为公士，二级为上造，三级为簪袅（zān niǎo），四级为不更，五级为大夫，六级为官大夫，七级为公大夫，八级为公乘，九级为五大夫，十级为左庶长，十一级为右庶长，十二级为左更，十三级为中更，十四级为右更，十五级为少上造，十六级为大上造，十七级为驷车庶长，十八级为大庶长，十九级为关内侯，二十级为彻侯。

这二十个爵位中，一到四级相当于士，五到九级相当于大夫，十到十八级相当于卿，最后两级相当于诸侯。其中，有的原来是官职名称，如“庶长”原是春秋时秦国掌军政大权的官职，“大上造”或“大良造”原是战国初期秦国的最高官职。

秦惠文王设立相国一职掌管军政大权后，主要用作爵名，沿用至汉朝。但定为爵位名称后，就只有荣誉称号，不再是实际官职名称了。当时这些爵位是没有采邑的。秦国一些立有军功者或名臣都曾被封为大良造，如商鞅、公孙衍、白起等。

○苏秦为甘茂谋取齐国的上卿之位，当时的齐王是谁？苏秦在齐期间，齐王又是谁？

甘茂奔齐，是在秦昭王元年，即公元前306年。此时的齐国国君为齐宣王（妫姓、田氏，名辟疆）。而电视剧中的字幕却是“齐王 田地”，田地是齐宣王之子齐湣王（妫姓，田氏，名地）。齐宣王卒于公元前301年（也就是垂沙之战那一年，在秦国拘留楚怀王之前），齐湣王继位。下一年，苏秦第一次去齐国为燕国从事反间活动，苏秦与齐湣王死于同一年，都是在公元前284年，只不过齐湣王先把苏秦处死后，才被楚国将领淖齿杀害。所以苏秦在齐为官期间，齐国国君一直是齐湣王。

电视剧之所以做这种安排，可能是考虑到甘茂奔齐离齐宣王去世只有短短五年时间，而电视剧和观众都是忽略严格的时间界限的，因此可以不用变换演员。但是，甘茂奔齐时齐湣王才17岁，齐湣王继位时才22岁，齐湣王被杀时也才39岁，即使不换演员，单就年龄而言，扮演齐湣王的演员王绘春年龄似乎也太大了些。

有必要说明的是，齐宣王、齐湣王以及秦惠文王、秦昭襄王等，都是君王的谥号，而谥号是在他们死后才确定的，他们在世时还没有谥号，当然也就不会以谥号相称了。

○什么是君王的谥号？

所谓谥号，就是在君王死后，朝廷用简短的几个字对君王的生前事迹和品德做一个概括性的评价，这些字被赋予特定的含义，用来代表死者的美德、恶德等，算是盖棺定论，但往往不符合事实。谥号大致可以分为三类[①]：

1. 表扬的。例如：

经天纬地曰文　布义行刚曰景　威强睿德曰武　柔质慈民曰惠

圣闻周达曰昭　圣善闻周曰宣　行义悦民曰元　安民立政曰成

---

① 王力主编《中国古代文化常识》（插图修订第4版）第124—125页，北京联合出版公司2014年8月版。

布纲治纪曰平　照临四方曰明　辟土服远曰桓　聪明睿智曰献

温柔好乐曰康　布德执义曰穆

2. 批评的。例如：

乱而不损曰灵　好内远礼曰炀　杀戮无辜曰厉

（“灵”是无道昏君的谥号，所谓“乱而不损”，只是带有隐讳的说法。）

3. 同情的。例如：

恭仁短折曰哀　在国遭忧曰湣　慈仁短折曰怀　短折不成曰殇

谥号是从周代开始的，除了天子，诸侯、大臣也有谥号。秦始皇认为谥号有“子议父、臣议君”之嫌，于是废除了谥号，从他这个始皇帝开始，想传二世、三世以至无穷，可惜只传了二世就亡了。而到了西汉又恢复了谥法制度。

中国古代，皇帝的称呼往往和年号、谥号、庙号联系在一起。唐高祖是庙号，隋炀帝是谥号，乾隆皇帝采用的就是年号。一般来说，早期的皇帝多用谥号，后来的皇帝多用庙号，明清时期则年号更深入人心。

〇秦国称“丞相”，齐国也称“丞相”吗？

电视剧中，秦、齐两国都称辅助君王总揽朝政的官职为丞相，其实这样不妥。中国历史上最早的丞相，据《史记·秦本纪》记载：秦武王二年（公元前 309 年），“初置丞相，樗里疾、甘茂为左右丞相”。但就“相”而言，春秋时齐景公设左、右相，“相”成为齐国卿大夫的世袭官职。而秦国于惠文王十年（公元前 328 年）始设，当时是以张仪为相。虽然其他诸侯国也有此设置，但一般称为“相国”或“相邦”，简称为“相”。唯楚国未设相位，以“令尹”代之。

尽管“丞相”与“相”“相国”“相邦”“令尹”职责相同，但毕竟称谓有别。在战国时期只有秦国称为“丞相”，楚国称为“令尹”，包括齐国在内的其他国家并不称为“丞相”，而是称为“相国”，简称为“相”（比如“齐相”）[①]。

① 吴晓懿《战国官名新探》第 142 页《战国文字资料所见官名称谓对照表》，安徽师范大学出版社 2013 年 5 月版。

第二章
秦拘楚王，三国破秦

秦昭王骗楚怀王入秦

秦、楚反目成仇后，公元前299年，秦昭王写信给楚怀王，信中说：

当初寡人与大王结为兄弟，在黄棘订立盟约，贵国将太子作为人质，我们关系非常融洽。但太子杀死了寡人的重臣，不来谢罪反而逃跑了，寡人实在按捺不住怒火，派兵进犯了大王的边境。但如今听说大王命太子到齐国作人质，以求和好。秦国与楚国接壤，原已结为婚姻，相互交往亲善很久了。如今两国关系不和，便无法号令诸侯。寡人希望同大王会于武关，当面立约，结盟后再离去，此乃寡人的心愿。

楚怀王看到秦昭王的书信，十分担心，又十分为难。他打算前往，可又恐怕被欺骗，但不去的话，又畏惧秦国。

于是，楚怀王询问众臣，也是意见不一。楚臣中有坚决反对的，但究竟是谁持反对意见,《史记》的记载并不一致,在《楚世家》中说是昭雎,而在《屈原列传》中又说是屈原，或者是两人都反对。

他（们）劝楚怀王说：“大王不要去，派军队加强防守即可。秦国犹如猛虎恶狼，不要相信秦王的话，他有吞灭诸侯的野心，大王您千万不能去啊！”

而楚怀王的儿子子兰却说：“怎么能断绝与秦王的友好往来呢？不去就会得罪秦王，于楚国不利啊！”

之后，楚王还是听信了公子子兰的意见，决定去武关与秦王会盟。

秦昭王则预先设局，命令一位将军在武关埋伏军队，谎称是秦王。楚王到达后，秦军就关闭了武关，那位将军就带着楚怀王西行到达咸阳，在章台朝见秦昭王。秦人如同对待藩臣附庸一样，不用对等的礼节接待楚怀王。

见此，楚怀王勃然大怒，后悔不已。秦国于是拘押楚怀王，要挟他割让巫郡、黔中郡。楚怀王打算订立盟约,但秦昭王却想先得到土地。楚王大怒,说：“秦国欺骗我，又强迫我割让土地，休想得逞！”于是就不再答应秦王的要求。

秦国因此扣留了楚怀王。

这年，赵武灵王打破成例，自己还没死就传王位给儿子何（即赵惠文王），自号“主父”。赵惠文王初立，主父又一直征战北方之地，对于楚王会不会去秦国、去与不去该如何应对这一事，有人为赵惠文王出谋划策。

献策者认为：赵、魏、韩三国联合则秦弱，三国疏离则秦强，山东（崤山以东，即秦国以外的其他诸侯）诸国兵力较弱，又不能团结一致对付秦国，这才是症结所在。现在山东各国不了解秦国就要吞并它们，仍在互相争斗攻伐，结果是各自疲惫，都给秦国送死。趁楚王还没有入秦，赵、韩、魏三国应该互相友好，团结起来，赵国派出精锐部队，驻守韩、魏两国的西部边境，楚王得知，一定不会去秦国，而秦国一定会恼怒，就会进攻楚国。这样，秦国的危害就只祸及楚国，从而有利于赵、魏、韩三国。如果楚王去了秦国，秦国见赵、魏、韩三国结盟，而且牢不可破，一定不会放出楚王，就会要求楚国多割让土地。这样，秦国的危害仍然只祸及楚国，同样有利于赵、魏、韩三国。

于是，赵王派兵到韩、魏两国的西部边境去驻防。秦国见赵、魏、韩的同盟牢固，果然不放楚王回国，以此来要挟楚国割让更多土地。

这时有个名叫游腾的辩士为楚王劝秦王说：“大王挟持了楚王，与齐、魏、韩三国一起进攻楚国，这是不义之举；可是，不与三国一起进攻楚国，又会失利。大王不如与楚国结盟，放楚王回国。他害怕秦国，必然不敢背约；如果他背约，大王再与三国一道进攻楚国，就名正言顺了。”

可秦昭王没有听从，仍旧拒绝放楚怀王回国。

楚立新王，怀王客死咸阳

楚国大臣忧虑楚国无主，于是商议说：“我们的君王在秦国不能回来，秦王要挟他割让土地，而太子在齐国当人质，如果齐、秦两国合谋，那么楚国就会亡国了。”于是，众人打算拥立楚怀王在国都中的儿子为王。

昭雎说：“大王和太子都被困在诸侯国，如今又违背大王的旨意立其庶子为王，这不合适。”

于是，楚国派使者到齐国，假称楚怀王去世了，请求齐国让太子横回楚国继位。

对于是否放楚国太子回国继位，齐国君臣有不同意见。

齐湣王对孟尝君田文说："不如扣留太子，以此来索要楚国的淮北之地。"

孟尝君说："不可。如果楚国立了新王，这样我们便留着无用的人质，而在天下人面前做了不义之事。"

苏秦对孟尝君说："不是这样。如果楚国另立新王，您就可以对新王说：'把淮北之地给我，我就为大王杀掉太子。不然的话，我就联合秦、韩、魏三国共同拥立太子为楚王。'这样一来，淮北的土地一定可以得到。"

楚太子来向齐王告辞，要求回到楚国，齐湣王不准他离开齐国，说："你给我割让淮北之地[①]五百里。我才放你回去。你不割地给我，就不能回去。"

太子横说："我去问问我的老师。"

他的老师慎子[②]说："给齐国割让土地，是为了保全自己。舍不得土地就不能回国为你父亲送葬，这就是不义。所以，我认为割地有利。"

太子入见齐王，回复说："我愿献地五百里。"

于是齐王便放太子回楚国。太子横回到楚国后，继位为王，是为楚顷襄王。

楚国于是向秦国通告说："仰赖社稷神灵的护佑，我们楚国有新王了！"

楚国拥立了新王来对付秦国，秦国要挟楚怀王割地未能实现。秦昭王大怒，派兵出武关攻打楚国，大败楚军，斩首五万，夺取楚国的析（今河南西峡）等十五座城邑后才撤兵离开。

公元前297年，楚怀王准备逃回楚国，秦人发现后，在通往楚国的道路上阻拦，怀王害怕，想从小路迂回先逃奔赵国再回到楚国。当时赵国的主父（即赵武灵王）在代郡，他的儿子赵惠文王继位不久，害怕秦国，不敢接纳楚怀王。于是，楚怀王逃往魏国，秦国派人追上了，不得已，楚怀王再次回到秦国。而当时的楚怀王已在逃难途中颠沛流离两个年头，人已病入膏肓。

---

① 前文《史记·楚世家》载齐湣王所说的原文为"不若留太子以求楚之淮北"，《战国策·秦策三》载苏秦说"君何不留楚太子以市其下东国"，此句《战国策·楚策二》载齐湣王所说的原文为"予我东地五百里乃归子"，三者表述不一。与齐国接壤的楚国东部地区，称为楚之东国，又以河水之西为上、之东为下，故分为上东国和下东国，三者皆指楚国东部淮北地区，本书统一称为淮北之地。

② 据多位学者考证，楚太子傅慎子并非慎到。慎到也被尊称为慎子，齐宣王时曾长期在稷下讲学，是当时稷下学宫中最具有影响的学者之一，也是出身道家的法家创始人之一。著有《慎子》四十二篇，现仅存五篇，大多已经失传。

公元前296年，楚怀王死在秦国，秦国将其尸首送还楚国。楚国人都怜悯怀王，就像悲痛地悼念自己的亲人一样。

楚国人都怪罪楚怀王的儿子子兰，因为是他劝说父王去秦国的，导致楚怀王再也没有活着回到楚国。但当楚顷襄王继位后，还是任命他的弟弟子兰为令尹。

屈原对子兰尤为痛恨，尽管当时他已经因反对楚国与秦国联姻而被流放到汉北云梦，但他仍然眷恋楚国，心系怀王，直到楚怀王去秦国的前一年才被召回。

令尹子兰听说屈原怨恨他，十分恼恨，便让上官大夫靳尚在顷襄王面前说坏话诋毁屈原。顷襄王大怒，先是疏远屈原，后来再次把屈原放逐到江南，生活在沅、湘一带。

纵观楚怀王的一生，由于他不明白什么样的人才是忠臣，在外受到张仪的欺骗，在内受到郑袖的迷惑，疏远屈原却宠信靳尚、子兰，军队被打败，国土被分割，丢失了六郡之地，自己也死在了异国他乡，被天下人所耻笑。这就是不知人善任给国家带来的祸患。

再说秦国，由于它诱骗、扣留楚怀王，使其在秦国被拘三年，并最终死于秦国，令山东诸国都认为秦国不仁不义，太过分了。

齐国向楚索地不成

太子横回楚国继承王位后，齐国立即派使臣带车五十辆，来向楚国索要淮北之地。

楚王告诉慎子说："齐国使者来索取淮北之地，怎么办？"

慎子说："大王明天召见群臣商议此事，让他们提出自己的对策。"

第二天，上柱国子良来朝见楚王。

楚王说："我之所以能回楚国来，祭拜先王，见到群臣，恢复国家，那是因为答应了献出淮北之地五百里给齐国。现在齐国派使臣来索取土地，该怎么办呢？"

子良说："大王不能不给啊！大王金口玉言，答应了拥有万乘战车的强大齐国，如果不兑现，那就是不讲信用，以后就很难与诸侯打交道了。建议先献出土地，然后再出兵攻取回来。先献出是守信用，再攻取是显威力，所以我说给予齐国。”

子良走后，昭常来见楚王。

楚王问：“齐国派使臣来索取淮北之地五百里，该怎么办呢？”

昭常答：“不能给。我国之所以号称万乘大国，就是因为土地广袤。如果割让淮北之地五百里，就等于失去了楚国东部的一半，楚国就徒有万乘的虚名而没有千乘的实力了。不能这样，我愿意去守卫淮北之地。”

昭常出宫后，景鲤去见楚王。

楚王问：“齐国派使臣来索取淮北之地五百里，该怎么办呢？”

景鲤答：“不能给。虽然大王金口玉言，答应了拥有万乘战车的强大齐国，如果不兑现，就背上了失信于天下的恶名。可那也是楚国的土地，但楚国自己又不能单独防守，所以我愿意到西边去向秦国求救。”

景鲤出来后，慎子进去，楚王把三位大臣的计策都告诉了慎子。

楚王问：“寡人到底该采用他们三人中谁的计策呢？”

慎子答：“大王都可采用。”

楚王突变脸色，很生气地问：“这是什么说法？”

慎子答：“大王请听我解释，就明白我为什么这么说了。大王可先派上柱国子良带车五十辆，去齐国献上淮北之地五百里。在子良出发的次日，大王再命昭常为大司马，让他去防守淮北之地。在昭常出发的次日，大王又派景鲤带车五十辆，西去向秦国求救。”

楚王于是依计而行。

子良到了齐国，齐国派人带兵去接收淮北之地。奉命防守的昭常对齐国使臣说：“我负责防守此地，并誓与此地共存亡。我已征召从儿童到六十岁的老人，共计三十余万，虽然我们的铠甲破旧，兵器鲁钝，但也要一决高下。”

齐王问子良：“您来献地，而昭常却在那里防守，这到底是怎么回事？”

子良回答说：“我是受敝国君王的派遣，肯定是昭常假传王命。大王可以去攻打他。”

于是，齐王调动大军攻打淮北之地，讨伐昭常。可齐军还没进入楚国边境，秦国的五十万大军就已经逼近齐国的西部边境了。

秦将说：“齐国不让楚太子回国是不仁，又想抢夺楚国淮北之地五百里是不义。你们退兵则罢，否则我们便决一死战。”

齐王害怕了，就请子良去南边到楚国，去西边到秦国，解救齐国的灾难。至此，楚国不用一兵一卒就保全了淮北之地。

“鸡鸣狗盗”

前文已述，秦国派泾阳君公子市入质于齐，主要目的是想请孟尝君来秦国做丞相。自从孟尝君主持合纵攻楚并且大胜楚军之后，一时天下共知、声名鹊起。秦昭王也想孟尝君能够为秦计谋，同时削弱齐的力量。

在楚怀王被骗入秦的那年（公元前 299 年），也就是秦国人质入齐两年之后，齐滑王终于同意派孟尝君田文入秦为相，人质泾阳君也回到秦国。

在此，我们稍微了解一下孟尝君田文其人。

田文是齐国的贵族，“战国四公子①”之一。他的父亲田婴，在齐威王晚年时期，因相国邹忌和将军田忌发生矛盾，田忌一度被迫出走到楚国，之后田婴接替邹忌当上相国。田婴营私舞弊，“私家富累万金”，还取得彭城（今江苏徐州）作为封地，公元前 322 年又改封于薛（今山东滕州东南），并在那里筑城，号为靖郭君或薛公。田婴是齐威王后期和齐宣王初年的相国。公元前 316 年公孙衍约结田婴，召田婴的儿子田文做魏国的相国，公孙衍自己做韩国的相国，合纵抗秦，结果失败。等到齐宣王时便改用储子为相，不再重用田婴，田婴就回到自己的封地薛邑。

田婴死后的公元前 310 年，田文承袭了薛的封地，号称孟尝君或薛公，而且在齐宣王最后几年担任相国。到公元前 301 年齐滑王继位后，田文专权，甚至有了“闻齐之有田文，不闻有其王”之说。田文不但被封为万户侯，在薛邑征收万户的租税，还大放高利贷，一次可以得到利息钱十万以上。他收养门客三千人，招揽诸侯的宾客和逃亡的罪犯，其中包括能够学鸡叫和扮狗

① 战国末期，秦国越来越强大，各诸侯国贵族为了对付秦国的入侵和挽救本国的灭亡，竭力网罗人才。他们礼贤下士，广招宾客，以扩大自己的势力，因此养士（包括学士、策士、方士或术士以及食客）之风盛行。当时，以养士著称的有齐国的孟尝君田文、赵国的平原君赵胜、魏国的信陵君魏无忌、楚国的春申君黄歇。因该四人都是王公贵族（一般是国家君王的后代），被称之为“战国四公子”。本书都将涉及。

偷窃的人，即所谓“鸡鸣狗盗”之徒。所有食客不分贵贱，孟尝君一律平等对待。于是，天下各色人等慕名而来，归附在他的门下。

孟尝君到秦国后，秦昭王立即拜他为秦相。

第二年，有人对秦昭王说：“孟尝君贤能，又是齐国王族，现在做秦相，必然先考虑齐国的利益而后才想到秦国，秦国恐怕危险了。”

于是秦昭王便免除了孟尝君的相位，并且把孟尝君囚禁起来，想要杀害他。孟尝君派人去秦昭王的宠姬那里去求救。宠姬说：“我想得到孟尝君的白狐皮衣。”

孟尝君确实有一件白狐皮衣，价值千金，天下无双，但在入秦时已经献给了秦昭王，再没有第二件了。孟尝君感到忧虑，问遍了随行的所有门客，也没有人能够想出个解决办法来。座位最下边的一位能像狗一样去偷东西的门客说：“我能得到那件白狐皮衣。”

于是，他就在晚上装成一只狗，潜入秦国宫中的仓库里，把那件已献给秦昭王的白狐皮衣偷了出来，接下来，孟尝君再把它献给秦昭王的宠姬。宠姬在秦昭王面前为孟尝君说情，秦昭王便释放了孟尝君。

孟尝君得以脱身后，立即快马逃走，为了方便出关，他更换了证件，改变了姓名，夜半时分就逃到了函谷关。而秦昭王果然在放走了孟尝君不久后便后悔了，派人去找他，发现他已经跑了，立即派人快马传书追赶他。此时，孟尝君已经到了函谷关，但关卡的法令规定要到鸡叫以后才能放人出关。

孟尝君担心追兵赶到，便问随行的门客有什么办法，这时恰好有一位门客会学鸡叫，他一叫，附近所有的鸡都叫了起来，于是孟尝君一行人出示证件后顺利地出了函谷关。出关大约一顿饭的工夫，秦国的追兵果然赶到了函谷关，但孟尝君早已出关，秦兵只好返回。

早先孟尝君把会狗盗鸡鸣的这两个人招到门下，其他门客都觉得很不光彩，直到孟尝君在秦国遭难，最后竟然是靠这两个人才使他顺利脱险，从此后，宾客们也都服气了。

这就是著名典故“鸡鸣狗盗”的由来。

孟尝君合纵攻秦破函谷

孟尝君回到齐国后，齐湣王因派其入秦遇险而内疚，便再次任命孟尝君为相国。

孟尝君憎恨秦国，便准备联合韩、魏攻打秦国。对于这场由孟尝君主持，由齐国操纵韩、魏两国发起的战争，相关各国甚至一国内部所持的态度与应对策略均各不相同。

开战之前，孟尝君想向西周[①]借兵、借粮。西周是不堪一击的小国，得罪不起任何国家，更何况是齐、秦这样的大国、强国。若是答应借给齐国，必然会得罪秦国；不答应吧，又会惹怒齐国，正左右为难。

此时，西周臣韩庆对孟尝君说：“您以齐国之力帮助韩、魏攻楚五年，夺去了宛、叶以北的土地，从而增强了韩、魏的实力，现在又通过攻秦来使这两个国家强大。韩、魏南边不担心楚国，西边不担心秦国，在这样的局势下，韩、魏必然会轻视齐国而畏惧秦国，那么齐国就危险了，我为您感到担忧。您不如让西周暗地和秦国联合，而您不去攻打秦国，也不向西周借兵、借粮。您兵临函谷关下，而不发起进攻，让西周把您的想法告诉秦王说：‘薛公一定不会击破秦国以强韩、魏，他之所以向秦国进兵，无非是希望您能让楚王将其淮北之地割让给齐国，而您则释放楚怀王，与楚国重归于好。’您让西周以此给秦国一点好处，秦国不被击破而通过牺牲楚国的领土来免除自己的祸患，一定会同意。楚怀王被释放，一定会对齐国感恩戴德。齐国得到楚国的淮北之地，必将更加强大，您的薛邑也就永世无忧了。虽然秦国没有受到重大削弱，

① 西周，既是朝代名称也是国家名称。公元前770年，周平王将都城从宗周镐邑（今陕西西安南）东迁至成周洛邑（今河南洛阳），因镐邑在西、洛邑在东，历史上称东迁以前的周王朝为西周，东迁以后为东周，这是朝代名称。此处的“西周”指东周时期的诸侯国，是周王室分裂的产物。公元前367年（周显王二年），周天子的领地仅为洛阳周围的几个县，在韩、赵两国的干预下，又落入周显王手下的两个贵族之手，东部的叫东周，国都在巩（今河南巩义西南），西部的叫西周，国都在王城（今河南洛阳市）。战国时，周虽是名义上的天子所在，但已十分微弱，又分裂为东周和西周两个小国后，更加微不足道。东周、西周之间还互相开战，在诸侯各国中几乎失去独立地位而成为大国的附庸。从此以后的周天子（慎靓王、赧王）名为天下共主，已成为寄人篱下的傀儡。

但它地处三晋[①]之西，对三晋构成威胁，这样三晋必然重视齐国。”

孟尝君认为此计大妙，便让西周派人出使秦国，停止了三国攻秦的行动，也不再向西周借兵、借粮了。

韩庆一石二鸟，既帮西周排忧解难，又使秦国免遭攻打，终于解决了这个让西周左右为难的棘手问题。

此时赵国在与各国邦交关系中，推行的是“结秦连楚、宋，抗齐、魏、韩”策略，于是在秦国免除孟尝君的相位后，马上派亲秦之臣楼缓入秦为相，派亲宋之臣仇郝（亦作仇赫）入宋为相。

秦国为了打败齐、韩、魏三国的合纵进攻，也正需要赵、宋两国在东方形成对齐国的牵制，于是齐、魏、韩三国与秦、赵、宋三国对峙的形势就形成了。齐欲打败楚、秦而称雄于中原，赵欲压制齐国而攻灭中山。

但在赵国内部，却存在不同的意见。富丁是亲齐的赵臣，他想让赵国联合齐、魏；而楼缓是亲秦的赵臣，他想让赵国联合秦、楚。

富丁担心主父听从楼缓，就派司马浅对主父说：“赵国不如顺从齐国。如果我们不跟随齐国去进攻秦国，秦、楚两国必然联合进攻韩、魏。韩、魏两国向齐国告急求救，齐国不想攻秦，必然拿赵国不联齐攻秦说事，韩、魏也必然抱怨赵国。齐国不攻秦，韩国必然听从秦国，对抗齐国，而韩与秦亲善，必会出兵进攻赵国。如果我们与齐国一起行动，而齐国不攻秦，韩、魏两国必然与齐国绝交，他们都会来服从我国。如果齐、魏、韩攻打秦国的话，将使齐、秦两国疲惫不堪，赵国必将成为诸侯中举足轻重的国家。”

主父说：“如果我们和齐、魏、韩三国一起进攻秦国，都会疲惫不堪的。”

司马浅说：“不会这样。我联络三国，把赵国未与中山国讲和的事告诉他们。三国决定攻秦，他们一定会听从赵国，让赵国与中山国讲和以后再去攻秦。中山国如果同意与赵国讲和，这样我们以三国的力量使中山屈服，让它割地。中山国如果不听从，三国必定会与中山国绝交，这样中山国就被孤立了。如果三国的力量都不能使我们与中山国讲和，那我们少出兵攻秦也是有理由的。

---

① “三晋”是指韩国、赵国、魏国三国的合称，韩、赵、魏三家原是春秋时期晋国六卿中的三个，他们在春秋晚期实际掌握晋国的大权，公元前403年，周威烈王承认韩、赵、魏三家为诸侯，史称“三家分晋”，因此史书称韩、赵、魏三国为三晋。

我们可以分兵进攻遭到削弱和孤立的中山国，这样中山国必亡。而我们灭了中山国后，以剩余的兵力与三国一道攻秦，这样我们一举就可以获得秦国和中山国两国的土地。”

魏国作为参战国之一，可其态度并不坚定。赵国一度曾想通过楼缓与秦联合，但也是因为魏国的不坚定，令赵国恐惧，害怕因此影响到孤立中山的目标，于是要求割地给魏国，听命于孟尝君。

有个名叫李欸（音同忾）的赵臣对赵臣李兑说：“赵国害怕连横阵线成功。您不如让主父拿土地去帮助周公子周最，请求魏国任命周最为相国。周最在诸侯中对秦国很不友好，如果他做了魏相，魏、秦两国必然分离；齐、魏两国虽强，如果没有秦国的支持，就不能伤害赵国。魏国如果不同意任命周最为相国，这就是轻视齐国；秦、魏两国虽强，如果没有齐国的支持，也不能得到赵国。这样做既有利于赵国，也有利于周最。”

有人对周最说：“仇赫做宋国的相国，是要看秦国能否和赵、宋两国共同击败齐、韩、魏三国，如果齐、韩、魏三国不败，他将使赵、宋与齐、韩、魏三国联合，以此孤立秦国。同时他也要看看韩、魏两国与齐国的关系，如果三国关系不牢靠，他就要赵、宋两国与秦国联合攻击三国。”

最终，赵、宋两国对齐、韩、魏三国攻秦果然采取了观望的态度。赵国虽然名义上与秦联合，但它的目的是在利用大国之间的矛盾，以便兼并小国土地而不受大国干预，因而没有对秦国提供实质性的援助；而宋国为了对抗齐国的兼并，正需要秦、赵两个大国的帮助。因此，赵国趁此机会进攻中山和北方之地。

三国攻秦先后达三年之久。联军先是把军队开到函谷关，驻屯大军，加以封锁，终于在公元前 296 年，也就是楚怀王死于秦国的那年攻破函谷关，取得胜利。

赵、宋两国一直是持观望态度，此时见三国获胜，于是赵、宋两国也起兵伐秦，与齐、韩、魏三国向河东进攻，攻至盐氏（今山西运城），秦国战败。

秦昭王对秦相楼缓说：“三国的军队已深入秦国，我想割河东地求和，不知您意下如何？”

楼缓回答说：“割河东之地，损失太大，但对解除国家的危难又有很大的好处。现在只有父兄才能承担此事的责任。大王为什么不征求公子池的意见呢？”

于是，秦昭王召见公子池，向他咨询。

公子池说：“我看大王是讲和也后悔，不讲和也后悔。”

秦王问他：“为什么？”

公子池回答说：“大王割河东之地讲和后，三国一定撤兵，大王一定会说：‘可惜啊！三国快撤兵了，我还送三城给他们。’这是讲和的后悔之处。大王不割地讲和，三国攻入函谷关，必然危及咸阳，大王又会说：‘可惜啊！我太吝惜三城没有讲和。’这是不讲和的后悔之处。”

秦王说：“我确实怎么做都会后悔，后悔失掉三城和后悔危及咸阳，但相比之下，我宁肯后悔失掉三城，也不愿因危及咸阳而后悔。所以我决定讲和。”

秦昭王面对三国大军，在无可奈何的情况下，被迫派公子池和三国谈判，割让河东三城与三国讲和。所谓割让三城，就是把武遂割给韩国，把封陵、晋阳割给魏国，而这三城原本就是魏、韩两国重要的防守要塞，两国收复，可以缓解秦国东侵之威胁。此战齐国用兵于两千里之外，却没有得到一寸秦国土地。

这个战役与上次齐国合纵攻楚一样，也是以齐将匡章为统帅。这是东方诸国合纵攻秦第一次攻入函谷关，迫使秦国割让土地的一次重大胜利。

【剧情释疑】

○电视剧中为什么只有昭阳没有昭雎？昭阳、昭雎是同一人吗？

昭阳，是楚国的令尹（楚国官职名，相当于其他国家的相国）。楚威王六年（公元前 334 年），昭阳率兵攻打越国，杀死越国国君无疆，将越国之地并入楚国。楚怀王六年（公元前 323 年），为了送流亡在楚的魏公子高回魏当太子，此时为上柱国（仅次于令尹的官职）的昭阳，又率兵攻打魏国，得襄陵等八邑，史称“楚魏襄陵之战”，威震诸侯。为表彰昭阳的功绩，楚怀王任命昭阳为令尹，将传国之宝“和氏璧”赐给昭阳，又将越国“古勃海之地”封为昭阳食邑。此后不久，昭阳在封地病死。

昭雎，也担任过楚国的令尹。他初任工尹，掌管百工。楚怀王六年（公元前 323 年），奉命为鄂君启铸造水陆通行符节——鄂君启节。楚怀王二十八年（公元前 301 年），在垂沙之战中，受命与唐昧（亦作唐眜）共击秦、齐、韩、魏的来攻，因配合不力，致唐昧兵败身死，宛、叶二地尽失。楚怀王三十年（公元前 299 年），秦约楚怀王去武关，他力阻怀王入秦，怀王不听，入秦，被秦昭王扣押。当时楚太子横正为质于齐，楚国无君，有人欲立怀王庶子为楚王。昭雎坚持迎立太子横归楚继位。顷襄王十八年（公元前 281 年），楚国谋取周，周赧王遣武公至楚，说服昭雎，楚国遂打消了取周的计划。

昭阳、昭雎在《史记》《战国策》《国语》等古籍中都各有记载，从他们的活动时间和事迹来看，昭阳在前，昭雎在后。昭阳去世后，昭雎仍在楚执政，可见他们不是同一人。

本书前两章所涉昭雎事迹，在电视剧中也有表现，却是承接《大秦帝国之崛起》中的昭阳，并无昭雎，而是把昭阳、昭雎两个历史人物合并为一个剧中人物。电视剧这样处理，可能是为了避免电视剧角色和演员过多，显得杂乱。何况，他们都曾是楚国大将，也都当过令尹，而且两人的观点也近似，姓（氏）名仅一字之差，从编剧的角度讲，合并为一个角色也无可厚非。

○“挟太子以易楚地”到底是由齐湣王还是苏秦提出的？

对于这个问题，现存史料共有三条，但不统一。

其一，《史记·楚世家》：“齐湣王谓其相曰：‘不若留楚太子以求楚之淮北。’相曰：‘不可……’”

其二，《战国策·齐策三》第一章：“苏秦谓薛公曰：‘君何不留太子，以市其下东国。’薛公曰：‘不可……’”

其三，《战国策·楚策二》第八章：“太子辞于齐王而归。齐王隘之：‘予我东地五百里，乃归子。子不予我，不得归。’”

其中的“淮北”“下东国”“东地”均指楚国东部淮北之地，在前文注释中已说明。

可见，《史记》说是齐湣王首先提出的，《战国策》一处说是苏秦首先提出，另一处则说是齐湣王阻拦楚太子回国，并提出了放他回国的条件，那就是“予我东地五百里”。《史记》的可信度应比《战国策》高。因为，在《战国策》的两处记载中，还有一处与《史记》相同，且更为详细。所以，本书采用首先由齐湣王提出的观点。

而电视剧中楚国使者一提出迎太子回楚继位时，齐湣王就立刻表示“贵王仙逝，太子理应归楚继位”，苏秦立刻打断齐王，说：“送立楚王，于齐与楚皆乃大事，如何送立，当慎重商议，以免礼数不周。”齐湣王才暂未定论，让使者先回驿馆歇息，然后与薛公、苏秦商议。苏秦先是提出楚王“死”得蹊跷，然后提出暂且扣留楚国太子，换取楚国淮北之地。齐湣王对此还感到吃惊，担心楚国不会应允。但苏秦坚持，而薛公反对，齐王更倾向于薛公。苏秦说无论楚国是否另立新王，此计都胜算在握，薛公仍然反对。苏秦又提出退而求其次的计策，最后齐湣王才采纳苏秦的次策，让苏秦先出面与楚太子和使者谈判，在苏秦的威逼下，楚太子不得不同意签订割地契约。

至于齐国索要的楚国淮北之地（也就是史书中的“下东国”“东地”）到底是五百里还是二百里，《史记》未记载，《战国策》记载的是五百里，未见电视剧中所谓的二百里之说。

〇为什么孟尝君刚到秦国为相，就被秦王免职并囚禁，不得不逃跑？

关于此中原因，史书记载得比较简略，仅见于《史记·孟尝君列传》：“人或说秦昭王曰：‘孟尝君贤，而又齐族也，今相秦，必先齐而后秦，秦其危矣。’于是秦昭王乃止，囚孟尝君，谋欲杀之。”

这个理由，似乎有些单薄、牵强，而且秦昭王在邀请孟尝君入秦时就应该能够想到，何况在派泾阳君公子市为质于齐后，由于齐国王位更迭，一年之后齐湣王才同意孟尝君入秦为相，在这么长的时间里，不可能直到孟尝君入秦为相之后经人提醒，秦昭王才会想到这一点。

所以，电视剧编剧在此发挥了想象力，利用孟尝君占据相位后对魏冉造成的冲击，以及宣太后偏袒魏冉，于是引发了宣太后、魏冉与秦昭王、孟尝君的矛盾和冲突，前者设局制造事端，动摇秦昭王对孟尝君的信任，逼迫孟尝君离开秦国，倒也合情合理。

但并非电视剧中所谓的孟尝君刚被任命为丞相，军政文牍尚未送达相府即被罢免，史书重记载孟尝君是在入秦为相后的第二年才被迫离开秦国的，虽然没有记载入秦、离秦的具体月份，但孟尝君在秦前后应有几个月的时间。

○在孟尝君到秦国做丞相之前，魏冉一直未被任命为丞相吗?

电视剧剧情是这样编排的：秦昭王继位后，宣太后、秦国大臣，乃至魏冉自己都认为秦昭王应该任命魏冉为丞相，但当时是宣太后、魏冉把持朝政，让秦昭王产生了强烈的逆反心理，偏偏不任命魏冉为丞相，但这并非史实。

史书记载，秦昭王七年（公元前300年），樗里疾病故后，魏冉即接替丞相之位，这是魏冉第一次当丞相。下一年孟尝君入秦，秦昭王就免去了魏冉的相位，给孟尝君腾出位置。也就是说，魏冉当丞相才一年时间，其相位就被孟尝君给挤掉了，肯定会对孟尝君怀恨在心，这样对孟尝君和秦昭王的强力反弹也就理所当然了。

但孟尝君逃走后，秦昭王也未让魏冉接任丞相之职，而是接受了赵国派来的亲秦之臣楼缓继任秦相。并非电视剧所说的秦昭王因自己任用孟尝君失误，导致其合纵攻秦，向太后、魏冉谢罪，并当即任命魏冉为相，救秦国于危难之际。电视剧删减了楼缓任秦相这一史实。

○孟尝君合纵齐、韩、魏三国伐秦，是以楚怀王死在秦国为旗号吗?

不是。这从两件事发生的时间上就能找到答案。

楚怀王于公元前299年被骗入秦。公元前297年，楚怀王准备逃回楚国，秦人在通往楚国的道路上阻拦，于是准备从小路迂回先逃奔赵国再回到楚国，赵国不敢接纳，又逃往魏国，在途中就被秦国派人追上了，于是又被迫回到秦国。直到公元前296年，楚怀王病死在秦国。

而孟尝君攻秦，在公元前298年就开始了，此时楚怀王被秦国拘留在章台，还没去世，直到公元前296年，齐、韩、魏三国联军才攻破函谷关，“秦予我河外及武遂”（《史记·韩世家》），“秦复予我河外及封陵为和”（《史记·魏世家》），也就是秦国割让土地后，韩、魏才罢兵，齐军才撤退。

可见，孟尝君攻秦比楚怀王客死秦国早两年，怀王去世与联军破秦则在同一年。所以，电视剧中孟尝君所谓的“我齐、韩、魏三国攻秦出师无名，老楚王正好成全了我们。速把老楚王送返咸阳，老楚王死秦之日，正是合纵伐秦之时”，与两者真实时间不吻合。孟尝君合纵攻秦，泄私愤的因素居多，若是真正为楚王、楚国兴义兵，怎么楚国没有参与合纵呢？

另外，秦国此次战败后分别割给韩国的武遂、割给魏国的封陵（并非电视剧中的“风灵”），本来就是韩、魏的土地，只是被秦国攻占，特别是武遂，韩、秦更是多次易手，这次只不过是还给他们而已。

至于秦向韩、魏割地的决策及讲和的过程，史书中记载的是秦昭王向新任丞相楼缓和公子池征求意见、作出决定后，派公子池与韩、魏两国谈判的。关于公子池的史料很少，有秦史专家认为他是秦惠文王的儿子，也就是秦昭王的同父哥哥。因此，这并非电视剧中那样，魏冉、白起调兵佯攻魏、韩，迫使两国与秦国签订和约。

第三章
胡服骑射，赵国崛起

赵武灵王“胡服骑射”

赵国东北都与东胡相接，北方与匈奴毗邻，西北又与林胡和楼烦接壤。这些都是游牧部族，他们经常以骑兵侵扰赵国，影响赵国边地安定。而赵人穿的服装袖子长、腰围粗、领口宽、下摆大，这种长袍大褂不适合打仗，无法在马上射箭，严重削弱了军队的战斗力。

公元前307年，赵武灵王推行军事改革，命令军人采用胡人服饰，把衣裳连体、一直拖到地面的服装改为上穿短衣、下着分裆裤的服装，改肥大宽松为紧身束腰，衣服有钩，用于挂结，腰里系皮带，脚穿长皮靴，头戴插有貂尾或鸟羽的武冠。这样一来，骑马射箭就方便、灵活多了，这就是所谓的“胡服骑射”。

中山国也是赵国的一个心腹之患。中山国在魏文侯时期被攻灭又复国后，便雄踞现在的河北中部一带，几乎将赵国一分为二。早在赵武灵王之前，中山国就倚仗齐国的支持，侵略赵地，曾经包围赵国的重要城市鄗（音同浩），引水灌城，鄗城几乎不保。赵武灵王继位后，中山国多次与赵发生战争。公元前314年，燕国发生燕王哙让国给子之的内乱，中山国乘机出兵攻燕，赵武灵王救援燕国，中山国则在南方打败赵国，在北方攻克燕军。如此，中山国已成赵国的最大威胁。

正是基于北方和中山国带来的这种威胁，赵武灵王提出了胡服骑射的改革方案。

胡服骑射，表面上看只是服装改革，学穿胡人服饰；实质上，则为军事改革，借以发展骑兵；在更深层次上，却是政治改革，通过增强军事实力，最终实现国家强盛。但是服装改革实际上是要改变千百年来形成的风俗习惯，而且还要向生性强横、经常遭其欺凌的胡人学习，赵人心里怎么也转不过弯来，因此改革推行受到了极大的阻力。

赵武灵王召见大臣楼缓。赵王说：“我先王适应时局的演变，或防守御敌，或进攻掠地，可是大功仍未告成。现在中山国处在我赵国的腹心之中，北邻燕国，东连东胡，西接林胡、楼烦和秦国、韩国的边界，如果没有强大的军力来自救，国家社稷危亡在即，如何是好？要取得强于世人的功名，就必然遭到陈规陋俗的牵绊。因此，我想改穿胡人的服装！”楼缓说：“好。”但是群臣都反对。

赵王对相国肥义说：“我想继承先辈襄子的事业，开拓强大对手所在地区，这种担心永远都不会被国人所理解啊。就像现在我准备教导百姓改穿胡服、练习骑射，想必社会上一定开始有人非议我了。”

肥义说：“在事业上犹豫不决就不能取得成就，在行动时顾虑重重就不能建立功名。现在大王既然下定了摆脱世俗的决心，那就不必顾虑世人的非议了。讲求最高道德的人，不附和世俗之见；成就伟大功业的人，不和平庸之辈谋划。愚蠢的人在事情做成之后还看不明白，而智慧的人在事情还没有萌芽之前就已经觉察出来了，大王您就去实施吧。”

赵王说：“我对改穿胡服的好处毫不怀疑，只是担心天下人笑话我。愚蠢者笑我，贤明者自会明白。如果人们支持我这些改革，那么改穿胡服的成效是不可估量的。即使所有人都讥笑我，我也一定要得到北方之地和中山。”

于是赵武灵王首先改穿胡服。

克服重重阻力推行改革

实行“胡服骑射”并不是号令一出，就能顺利推行的。哪怕朝中有肥义和楼缓两位重臣的支持，所有大臣、各级官吏，特别是全军将士、全国百姓，基本上都不能接受。

正因为阻力巨大,赵武灵王才进行分步实施。第一步,赵武灵王率先垂范、以身作则，自己带头穿胡服；第二步，推行于王族家庭、朝廷群臣；第三步，才是推行于各级官吏、全军将士、全国百姓。

在这个过程中，尤其是在推行初期，对于上层王族和朝臣之中遇到的阻力，赵武灵王并未采取强权高压政策，迫使王公贵族和朝中大臣被迫就范，而是循循善诱、苦口婆心地劝导说服教育，可谓用心良苦、耐性十足。

其中，公子成是赵武灵王的叔父，也是很有影响的赵国公族，但他同样反对改革。

于是，赵王派人传话说：家事由父母做主，国事由君王做主，这是古今公认的准则；子女不违抗父母，臣子不违抗国君，这是先王定下的规矩。治理国家首先要保证政令畅通，推行政令首先要使宗室贵族奉行。“如今我已下令改穿胡服，可是王叔却不穿它，我担心您违背从政原则，从而助长他人的非议。所以我希望借助王叔的威望，来促使改变服饰成功。”

公子成说自己因卧病在床，才没有及时进宫，也传回话来表达了自己的意见：“中原地区是聪明而有远见人士居住的地方，是各种物资和财富聚集的地方，是先贤圣哲进行教化的地方，是仁义道德普遍施行的地方，是诗、书、礼、乐发挥作用的地方，是发明创造、能工巧匠层出不穷的地方，是边远各国参观学习的地方，是部族崇拜效法的地方。现在大王却放弃这些而去套用边远部族的服饰，改变了古代的礼教和原则，与人心民意背道而驰，违背了祖祖辈辈积累的先进文化，抛弃了中原地区的传统习俗。我希望大王慎重考虑啊。”

赵武灵王听说后，亲自去看望生病的公子成，对他说：“衣服是为了穿用方便，礼制是为了办事方便。圣贤之人总是考察当地的习俗而因地制宜，根据实际需要来制定礼法，这样做既有利于人民，也有利于国家。所以圣人治理国家，如果有利于人民，在做法上不必相同；只要真正能便于做事，在礼法上就不必统一。自己不了解的事物不要轻易怀疑，不同于自己观点的意见不要轻易反对，这才是追求真理的公正态度。”

赵王继续说：“王叔您所说的传统习俗是什么，我所说的则是如何改变传统习俗。我们改穿胡服，训练骑马射箭，是为了防守我们赵国与燕国、东胡、楼烦、秦国、韩国接壤的边境。从前，简子不把疆土局限于晋阳和上党，襄子又兼并了戎狄和代郡，赶走了各部之人。过去，中山国倚仗齐国强大的军队，侵夺我国的土地，掳掠我国的人民，还引水冲灌鄗城，鄗城差一点就失守了。先王对此非常愤恨，可是至今还没报此仇。现在我们采用便于骑射的胡服，近可以保卫上党这个形势险要的地方，远可以向中山国报仇雪恨。可王叔您却偏偏要顺从中原地区的传统旧俗，来违背简子和襄子的遗愿，反对改穿胡服的命令，却忘记了国家曾经遭受的耻辱，这可不是寡人对您的希望啊！”

听罢，公子成拜了两拜，叩头说："是我愚昧无知，竟然没能领会大王的良苦用心，大胆地讲了一些世俗的偏见。如今大王想要继承简子和襄子的遗愿，完成先王没有完成的事业，我怎么敢不服从命令呢！"公子成又拜了两拜。于是赵武灵王就赐给他一套胡服。

公族赵文、赵造也反对胡服，他们说要遵守礼教、习俗，"循法无过，修礼无邪"，否则"百姓会乱"。

赵王对他们说："一般人沉溺于旧的习俗，读书人又拘泥于书本上的知识，这两种人都只能遵守本分、服从命令，是不可能高瞻远瞩、改革创新的。有远见的人制定法令，而一般人只能去遵守；有才能的人能够移风易俗，无才之人只能墨守成规。习俗应随着形势的变化而变化，礼法也要根据形势的改变而改变，有见识的人能根据新事物而改变旧观点，还要做到改变相应的礼法制度，使之随着时代的变化而变化。真正自信的人不依靠别人的赞许，治理当世的人不效法古代的先例。凡是适合穿着的，就是好服装；凡是便于办事的，就是好规章。"赵武灵王说服了他们。

公族赵燕迟迟不肯穿胡服，赵王严厉命令他："你有意违抗我，犯了大罪，小心我严惩你，处以极刑以示天下。"赵燕吓得直打哆嗦，一再称罪，并立即穿上胡服。

赵武灵王就是这样软硬兼施，艰难地推行胡服。从作者摘录的史料中可以看出，赵武灵王是一个高瞻远瞩、与时俱进的人，他不愿受传统观念的束缚，因时制宜、因地制宜，从一个国家的长远利益和战略高度出发思考问题，做出抉择，而且凡是认定了的事情，都会用坚定的决心和顽强的意志去推动实行。

正因为他的创新意识和进取精神，他还打破了父死子立的王位继承传统，当自己尚健在之时就将王位传给自己的小儿子，自命为"主父"，专事攻取北地、消灭中山，并最终实现了这一愿望。

"胡服骑射"是民族文化融合的产物，是赵国变法改制的独有方式。赵王没有照搬中原一些诸侯国的先例，而是学习了近邻游牧部族的长处，这种从实际出发，取长补短的做法，证明赵武灵王是多么地具有战略眼光和过人胆识。

略北地，攻中山

“胡服骑射”是中原诸国使用骑兵的开始，以车战为主的战术逐渐被淘汰，能迅速突击的骑兵日益崭露头角。赵国“胡服骑射”、建立骑兵部队后，军队战力迅速提高，军事实力大为增强。在赵武灵王的亲自率领下，赵国不断向外开疆拓土，像一股旋风般横扫北地和中山，所向披靡，成为北方强国。

公元前 307 年，赵国开始攻打中山国，进攻到房子（今河北高邑西），次年又攻到宁葭（今河北石家庄西北）。同年，赵国又“西略胡地，至榆中，林胡王献马”，表示归附赵国，由代郡的相国赵固主管当地事务，并收编了林胡的军队由赵国指挥。榆中在秦上郡之北、北河之南，即今陕西榆林市榆阳区（原榆林县）以北①，原为部族放牧的榆林地带，“林胡”这个部族因其在此地游居而得名。

赵武灵王撤销原阳（今山西大同西北）原来的步兵编制，并将其改为骑兵训练基地。但赵臣牛赞对此表示反对，认为这是改变了原有的法令和兵制，士兵用惯了原来的兵器，突然改为骑马射箭，反而会削弱军力，得不偿失。

赵王说：“贤能的人顺应时机而行动，而不被客观条件所限制；主动地操控兵器，而不被兵器所操控。你只知道官府的旧法令，而不知道军械要便于使用；只知道习惯性地使用原有兵器，而不知道顺时而改变。所以，兵器如果不便于使用，为什么就不可以改换？法制如果不符合现时情况，为什么就不可以改变呢？”牛赞终于被说服了。

于是，赵武灵王穿好胡服，率领骑兵，越过重重关隘险阻，终于攻取榆中，开拓千里疆土。

公元前 305 年，赵国大举进攻中山国。赵武灵王亲自率领左、中、右三军，加上战车和骑兵，并统管胡、代两地兵马，会师于曲阳（今河北曲阳西北）攻取丹丘、华阳、鸱（音同痴）、鄗、石邑、封龙、东垣等地。中山国割让四座城池求和，赵武灵王同意中山求和，双方停战。过了两年，赵国又攻中山国。

① 关于榆中的今址，杨宽教授认为在陕西榆林市榆阳区（原榆林县）以北，韩兆琦教授认为在内蒙古鄂尔多斯市东胜区一带，缪文远教授则认为在内蒙古鄂尔多斯市伊金霍洛旗一带。因赵国后来才取得黄河河套以南的现今鄂尔多斯地区并设置九原郡，榆林与林胡的由来似有关联，从方位来看也更符合《史记·赵世家》记载的“西略胡地，至榆中”，故从杨宽之说。

公元前302年，赵国又攻取了榆中以北黄河河套地区的少数民族部族，设置了九原郡和云中郡。赵王命吏大夫奴迁于九原，又命将军、大夫、嫡子、戍吏都改穿少数民族服装，以巩固边陲，扩大战果。

这几年，赵国乘秦、齐对峙，两国先后拉拢韩、魏发动合纵连横战争的时机，连续发动对中山国的战争。这时的中山国得不到其他国家的救援。于是，赵国在攻击中山国的同时，还攻伐了林胡、楼烦。

公元前301年，赵攻破中山，迫使中山君出奔齐国，后来死于齐国。中山国事瓦解，中山君子嗣收集乌合之众，抵抗赵国。

次年，赵国再攻中山，扩地北至燕、代，西至云中、九原。同一年，赵攻破林胡、楼烦，修筑长城，自代郡沿着阴山直至高阙，作为边塞。

传王位，灭中山

公元前299年5月，赵国在东宫举行传授王位的盛大朝会。武灵王将惠后吴娃所生的小儿子何立为赵王，是为赵惠文王。同时，任命肥义为相国，大夫悉为大臣，他们两人共同担任新王的老师。武灵王自号为“主父”。

主父为了让儿子独立主持国政，自己穿着胡服率领大夫一行去西北勘察，他想从云中、九原径直南下，袭击秦国。于是，他谎称自己是赵国使臣来到了秦国。

秦昭王不知道来人就是赵武灵王，见过后非常惊讶于他的体态魁伟、气度非凡，不像为人臣子的模样，于是立即派人追赶。而主父早已骑马飞奔，出关了。秦兵抓到落在后面的随从审问后，才得知那人果真是主父。

秦国人大为惊讶。原来主父之所以进入秦国，是想亲自考察秦国的地形，顺便观察一下秦王的为人。

两年后，主父巡视新开拓的疆土，离开代郡边境，向西行进与楼烦王在西河相遇，收编了楼烦王的军队。

由于三国攻秦持续三年，给赵国留出了足够的时间进攻中山。公元前298年，齐、韩、魏三国开始攻秦，陈兵函谷关，以封锁秦国。赵国趁中山已被孤立之时再次大举进攻，已攻取扶柳（今属河北衡水），并攻至滹沱河一带。

公元前 296 年，齐国与燕国在权（今河北正定北）发生大战，即史书上所说的“权之难”。燕不敌齐，秦欲救燕，便派魏冉到赵国，劝赵国出兵帮助燕国攻打齐国。

齐相孟尝君田文派人到赵国，对赵臣李兑说：“您如果出兵助燕攻齐，齐国必然告急，就一定会割地与燕讲和，反过来与赵国交战。这样，赵国向东出兵就是为燕国而战，为燕国夺地。所以，为您考虑，不如按兵不动，等齐国的局势缓和后，定会重新与燕国交战。齐国战胜了燕国，兵力疲惫，赵国可以趁机夺取中山国的唐邑和曲逆两地；齐国如果没有战胜燕国，它的命运就完全掌握在赵国的手里。这样看来，如果您保持中立，而齐、燕在战争中互相削弱，齐、燕两国的命运全都由您掌握了。”

因此，赵国没有助燕伐齐。结果，燕国大败，十万大军被消灭，两名燕将被生擒，敌人乘机攻占燕国数县，夺走牛马。赵国趁此良机在当年一举攻灭了中山国，流放中山王尚于肤施（今陕西榆林市榆阳区南）。

赵武灵王胡服骑射，略北地，灭中山，获得了大片领土，一共新设了九原、云中、雁门、代郡共四郡。他当初宣告的“胡地、中山，吾必有之”的目标终于实现了。

对“胡服骑射”改革的评价

赵武灵王的军事改革及其灭中山、略北地的军事行动，使赵国崛起于战国中期，成为列强中一支举足轻重的力量。

赵武灵王将赵国的战略发展方向从南面的中原转到北面的中山、胡地，是基于对赵国积弱的实际情况，以及赵国周围的战略环境的深入分析与清醒认识后而作出的正确决策。这是一个目标明确、步骤分明、谋略高超的战略迂回计划。此举反映出赵武灵王作为一个战略家的高瞻远瞩和雄才伟略，这在当时的各诸侯国国君中是十分罕见的。这一战略与秦国司马错提出的南并巴蜀、以巴蜀迂回楚国、以楚国迂回中原的战略有异曲同工之妙。

“胡服骑射”从表面上看，是军队装备与作战方式的改变，实际它是封建改革的进一步深化，它涉及政治、军事、文化等各个领域，尤其是对传统观念、习俗的大胆挑战与革新。赵武灵王以其恢宏的气度和魄力，能够突破传统观念的束缚，从赵的实际情况出发，以利国利民为准则，毅然实行胡服骑射，学习胡人的服饰装束和军事技术以为己用，这在当时的历史条件下十分难能可贵，即使在今天也有很大的启示意义。

从更广阔的范围看，“胡服骑射”是中原农业文化与少数部族游牧文化的一次有益交流和融合，它打破了中原文化内部循环的封闭状态，为中原文化植入了新的文化因子，有力地促进了中原文化的丰富和发展，也对后世产生了深远的影响。①

赵武灵王实行“胡服骑射”改革，并身穿胡服进行教化，这对北人是最友好的表示，不仅很快缩短了赵人、北人心理上的差异，改变了他们思想中的成见，也让北人开始从感情上亲近赵人。

胡服令下达后，林胡王献马、楼烦王致其兵，二族归顺赵国，赵武灵王设置楼烦县。要知道，此二族为游牧民族，其马精良善驰，其兵更是凶悍善战。这二族的归顺不仅大大增强赵国的骑兵力量，同时也让赵国的疆域北达阴山南麓，西北到河套以北，对强秦构成了严重威胁。②

沙丘宫变，主父饿死

中山灭国后，从此北方归顺，通往代郡的道路畅通。主父出巡归来，论功行赏，进行大赦，大摆酒宴五天五夜。主父封长子章为代郡安阳君。而公子章一向骄奢放纵，对其弟为王，本就心里不服。主父又派田不礼为相辅佐安阳君公子章。

赵臣李兑对相国肥义说：“公子章身强力壮，态度骄横，广结党羽，野心很大，一定有图谋不轨的打算。而田不礼这个人，同样残忍好杀而又桀骜不驯。二人臭味相投，必定会阴谋造反。同类的人彼此怂恿，都会步入祸害之门。在我看来，不久就会出事了。先生责任重、影响大，动乱一旦爆发，矛盾就要集中在您身上，先生将首先受其祸害。所以，应该防患于未然。您不要成为众人埋怨的对象，也不要给祸乱创造条件。先生何不称病不上朝，把国政交给公子成呢？”

---

① 吴如嵩、黄朴民等著《中国军事通史》（第三卷：战国军事史）第236–238页，军事科学出版社1998年10月版。

② 沈长云等著《赵国史稿》第166–167页，中华书局2000年11月版。

肥义说：“不行。当初主父把今王托付给我时说：‘你不要改变自己的原则，切勿动摇自己的信念，坚守你的一片忠心，直到生命的最后一刻。’我再拜接受主父的嘱托，并且记录在册。现在害怕田不礼发难而忘记诺言，还有比这更严重的变心吗？接受庄严的使命，一转身就不认账，还有比这更严重的负义吗？变心负义之臣，为国法所不容。俗话说：‘死者复生，生者不愧。’我已有言在先，要想彻底兑现自己的诺言，又哪能顾惜自己的身体！而且，坚贞之臣只有在灾难降临时才能体现其节操，忠信之臣只有在大祸牵连时才能彰显其德行。你已经赐教予我，还提出了忠告，我已经说过了，绝对不敢食言。”

李兑说：“好吧。您多保重！过了今年，我将再也见不到您了。”李兑挥泪而出。之后，他又多次去见公子成，商量如何对付田不礼。

有一天，肥义对信期说：“公子章与田不礼真让人担忧。他们表面上言语和善，骨子里却用心险恶。公子章不能尽为子之孝，田不礼不能尽为臣之忠。人们说，朝廷出了奸佞，是国家的祸害；宫中有了谗臣，是国君的蛀虫。他们贪婪，野心很大，内得主父欢心，外则胡作非为。假传主父之命而傲慢无礼，一旦篡夺了政权，那国家就要遭殃了。我现在非常担忧，夜里睡不着觉，白天吃不下饭，不能不加以防备。从现在起，如果召见君王，一定先由我前往，我将用自己的身体先作抵挡，君王的安全有了确实保障才能去。”

公元前 295 年的一天，群臣在朝堂议事，安阳君公子章也来朝见。主父让惠文王上朝听政，自己从旁边偷偷观察诸位大臣和宗室贵族的礼仪。主父看到公子章神情沮丧，北面称臣，屈居其弟之下，顿生怜悯之心。于是，他想把代郡从赵国分出来，让公子章为代王，但这个计划还没确定便停止了。

一日，主父和惠文王游览沙丘，二人寝宫不在一处。公子章与田不礼诈称主父传令召见惠文王。肥义先于惠文王进去，被公子章杀害。高信立即和惠文王一起与公子章战斗。公子成、李兑闻讯从国都邯郸赶来，征调四邑之兵勤王平叛，打败了公子章、田不礼的叛军。

公子章兵败时，逃往主父寝宫，主父开门收留了他。公子成和李兑因此而围攻主父寝宫。

公子成与李兑商量说：“由于公子章的反叛，我们才围攻主父寝宫，假如现在撤兵解围，我们都要被诛杀全族。”于是二人继续围困主父，同时传令宫中的人“后出来的要被诛杀全族”，宫中的人于是就都跑出来了。

公子章一出主父寝宫便被杀死。主父想出宫却被拒绝，但他又没有吃的食物，饿得只好寻找幼雀充饥。这样持续百天后，主父最终饿死在沙丘宫。等到主父确已死亡，惠文王才发讣告向诸侯报丧。

奉阳君李兑专权

沙丘宫变时惠文王才十岁左右，公子成和李兑主政专权，他们担心被诛杀才围困主父。杀了公子章和田不礼，消灭叛乱党羽而安定王室。之后，公子成为相，号安平君；李兑为司寇，号奉阳君。

其实，主父最初立长子章为太子，后来他得到吴娃，非常宠爱她，好几年都不外出巡察，在生下幼子何后，便废掉太子章，立何为太子。吴娃死后，主父对何越来越冷淡，又开始怜爱原来的太子章，因此才想让两个儿子都当王，但一直犹豫不决，直到发生祸乱，导致父子二人都死了。

沙丘之变是赵国内部的一次宫廷政变，是围绕着权力、财产再分配而引起的一场矛盾冲突。直接原因是赵武灵王在王位继承人选择上的首鼠两端，其根源在于赵国的王位继承传统，也就是立贤原则与嫡长子继承制这两种制度并行引起的混乱。

武灵王错误地想将赵国一分为二，赵何为赵王，赵章为代王。这是一种不切实际的幻想。在当时诸侯激烈竞逐、互相争雄的背景下，各国都在力图蚕食、兼并他国土地，扩大自己的版图，尤其是赵国，已经逐渐受到来自西部强秦的威胁，这时遭受任何一种削弱国力的事情，都有可能招致灾难性的后果。

在赵国内部，且不说以惠文王为首的一派不允许代郡分离，即使赵章也是以夺取整个赵国的统治权力为目的，绝不仅会满足于偏居一隅。赵武灵王此举实质上是违背历史潮流的倒退行为，造成赵王室内部的严重分裂，导致沙丘宫变，父子俱死。一个对赵国贡献卓著的君王，最后落得个被饿死的下场，这是他的悲剧所在，让人们痛惜不已！

赵国因推行胡服骑射使军队战斗力大为提高，灭亡中山，攻取北地，国土疆域迅速扩大，又收编了林胡、楼烦的部分军队，赵国的国家实力大为增强，发展成为战国七雄中的强国之一。

奉阳君李兑在赵武灵王时期就深得信任，沙丘宫变时赵惠文王尚年幼，而公子成任相国不久就去世了，于是李兑接任相国，开始独揽朝政。李兑是沙丘之变的主谋，也是最大的受益者。所幸他治理国家也颇有一些手段，在他专权赵国期间，赵国仍然保持了赵武灵王时期的强盛态势，形成了秦、齐、赵三大强国鼎立的形势。

【剧情释疑】

○楚怀王从秦国逃到赵国时，奉阳君李兑就已经是赵国的相国了吗？

那时还不是。前文中已说明，楚怀王从公元前 297 年从秦国逃走，辗转逃到赵国时，已是公元前 296 年。当时，赵国还是老臣肥义为相。公元前 295 年沙丘宫变，相国肥义被公子章杀害，由公子成接任赵相，公子成不久去世，李兑才接任赵国相国。但以后赵国由奉阳君李兑专权，并且在苏秦谋划的先是五国攻秦、转而五国攻齐的剧情中，赵相李兑和赵将韩徐为都是主要人物，所以电视剧隐去了公子成，主要是为了突出李兑和韩徐为。

○电视剧中的赵女赵蔓，历史上真有其人吗？

史籍记载中没有赵蔓这个人，是电视剧编剧所加，有意设置的秦国大将白起的感情戏线索。不然，电视剧中全是一帮男人，整天出谋划策，打来打去，其观赏性就大打折扣了。虽然宣太后性别为女人，但其身份和角色却是一个政治家，并非世俗意义上的女人。

其实，电视剧中的秦国优伶魏优旃（zhān）及其儿子魏丑夫、女儿魏伶优，除了魏丑夫在《战国策》中有记载（本书也将涉及）之外，魏优旃、魏伶优否也是电视剧虚构的人物，同样是为了渲染宣太后和丰富秦昭王的感情生活，也进一步增强以后的戏剧冲突。

所谓“优伶”，指古时以乐舞、戏谑为业的艺人统称，后来泛指戏曲演员。在古汉语里，优是男演员，伶是女演员。因古代演艺职业是取悦于他人，供人娱乐，不入上流，故“优伶”一词在多数情况下是贬义的。而电视剧中的“伶优”，编剧在为其命名时用了个文字游戏，把“优伶”两字颠倒了而已。

第四章
狡兔三窟，伊阙之战

楼缓回赵，魏冉相秦

公元前298年，孟尝君被秦免相，逃回齐国后，秦国任命赵臣楼缓为相。楼缓原为赵武灵王的重臣，支持胡服骑射改革，是赵国大臣中的亲秦者，常往来于赵、秦之间，欲以赵合秦、楚。

赵主父此时推行结秦连宋的邦交策略，使秦与齐、魏、韩三国对峙，以便乘机攻灭中山，因而派楼缓相秦、仇郝（亦作仇赫）相宋。所以，秦以楼缓代田文为相，是赵主父组织赵、秦、宋联盟以对抗齐、魏、韩联盟的结果。

楼缓在秦为相三年后，在赵灭中山的第二年，也就是主父饿死沙丘宫的那年（公元前295年），由于中山已灭，继续实行结秦策略将不利于赵，于是赵国又派仇郝出使秦国，请求任命魏冉为丞相，而将楼缓召回。

仇郝从赵国出发前，他的门客宋公说："秦国如果不听从您的意见，楼缓必定会怨恨您。您不如先给楼缓讲明：'请放心，为了您我不会向秦王提出急于任用魏冉的建议。'秦国见赵国不急于任命魏冉，就不会听从您的意见。您讲了赵国的请求而事情又没有办成，就能得到楼缓先生的感激；如果事情办成了，魏冉就会因此而感谢您了。"

仇郝听从了宋公的建议，而秦国果然免去了楼缓，让魏冉担任秦国的丞相。史书上所谓"魏冉擅权"的时代从此开始。

齐逐周最，吕礼相齐

齐国也跟着改变策略，驱逐了亲魏的大臣周最。周最本是周室公子，当时在齐国任职。秦国派五大夫吕礼赴齐任职。吕礼是秦派遣入齐企图拉拢齐国的重臣，身负秦、齐相合的重要使命。齐国也想进一步争取和秦国结盟。齐臣祝弗是亲秦派，齐湣王听从祝弗的建议，驱逐周最，任命吕礼为齐国相国。两个大国暂时复归于好，实质是想各自攻取他国土地而双方却互不干涉。

《史记·穰侯列传》记载：魏冉和吕礼有矛盾，魏冉做丞相后，想杀掉吕礼，吕礼从秦国逃奔到齐国;《史记·秦本纪》则说五大夫吕礼出奔魏国;《史记·孟尝君列传》也称“秦亡将吕礼相齐”。所谓吕礼出亡奔魏、奔齐，并非事实，以后将得到证实。实际上这仅仅是吕礼入齐时的假托之辞，有人甚至还认为这是魏冉与吕礼联合演的一出苦肉计。

有人对齐王说:“您驱逐周最，任命吕礼为相，是想与秦国牢牢结盟。秦国如果得到各国的支持，必然会坚定地进攻齐国。如果秦、齐两国联盟，赵国会担心自己受到攻击，所以就会立即出兵攻打齐国来表示联秦。秦联赵攻齐，或者联齐攻赵，其结果都对秦国有利，秦必然不会改变攻齐的态度。所以，听信祝弗就是和各国站在了对立面。”但齐湣王没有改变主意。

而齐国的相位此时之所以能够空出来，是因为这年齐国发生了“田甲劫王”事件，孟尝君田文受到牵连，被迫逃离。

所谓“田甲劫王”，就是齐国贵族田甲发动政变，劫持齐湣王，最后失败。齐湣王怀疑孟尝君是这次政变的主谋。其实，其中更重要的原因，是孟尝君在齐宣王后期就是齐之重臣，在公元前303年左右出任齐相，齐湣王继位后继续担任相国，而且对外采取了一系列的邦交、攻伐措施，在诸侯国中声望日盛，功高盖主，而他又专断擅权，使齐湣王受到了很大的威胁，到田甲劫王时，齐湣王本想亲政掌权，也怀疑孟尝君是政变的幕后主使，孟尝君很害怕，于是就出奔到了魏国，并且还做了魏国的相国。

关于这段历史，还有一个流传甚广的故事。

冯谖收债

有个叫冯谖（音同宣）的齐国人，穷得活不下去了，就托人向孟尝君求情，想在他门下当一名食客。孟尝君问:“他有什么爱好吗?”那人回答说:“他没什么爱好。”孟尝君又问:“他有什么才能?”那人答道:“他没什么才能。”孟尝君笑了笑，说:“好吧。”不过，孟尝君还是收留了冯谖，但他手下的人因为看不起冯谖，就给他吃粗劣的饭食。

冯谖住下不久，他靠着柱子、敲着佩剑唱道:“长剑啊，咱们回去吧！吃饭没有鱼啊。”周围的人把这件事告诉了孟尝君。孟尝君说:“给他鱼吃，和吃鱼的门客一样对待。”

没过多久，冯谖又敲着剑唱道："长剑啊，咱们回去吧！出门没有车坐。"周围的人都笑他，又把这件事告诉了孟尝君。孟尝君说："给他备车，跟乘车的门客一样对待。"于是冯谖坐着车、举着剑去拜访他的朋友，说："孟尝君把我当上客看待。"

此后不久，冯谖又敲着剑唱道："长剑啊，咱们回去吧！没办法养家啊。"周围的人都讨厌他，认为他贪心，不知满足。孟尝君问："冯先生有亲属吗？"手下人回答："有个老母亲。"孟尝君就派人把吃的用的送给冯谖的母亲，不让她缺吃少穿。于是冯谖也就不再弹剑唱歌了。

后来，孟尝君发出文告，询问门下各位食客："有谁熟悉会计业务，能替我去薛邑收债呢？"冯谖在文告上签名，说："我能。"孟尝君感到奇怪，问道："这人是谁呀？"手下人告诉他："这就是唱'长剑啊，咱们回去吧'的那个人。"

孟尝君笑着说："这位客人果真有才能，我对不起他，还从来没有接见过他呢。"于是，孟尝君就把冯谖请来见面，向他道歉说："我被各种事情弄得很疲倦，忧愁得心烦意乱，又陷入国事的忙碌中，而且生性懦弱，以致得罪了先生。先生别见怪，还愿意为我到薛邑收债吗？"

冯谖说："我愿意。"于是，他准备好车马，收拾好行装，带上债券，就要动身。临行前，他向孟尝君告辞说："债收齐了，买些什么回来呢？"孟尝君说："看我家缺什么就买什么吧。"

冯谖乘车到了薛邑，让地方官召集那些该还债的百姓都来核对债券。核对完毕后，冯谖站起来，假传孟尝君的命令，宣布免掉百姓所欠的全部债务，并当众把债券烧掉了。老百姓高呼万岁。

之后，冯谖马不停蹄地赶回齐国都城临淄，一大早就求见孟尝君。

孟尝君对他回来得这么快感到奇怪，穿戴完毕出来接见他，问道："回来得好快啊！债都收完了吗？"

冯谖答道："收完了。"

孟尝君又问："买了什么回来？"

冯谖说："您说过'看我家缺什么就买什么'。我私下里想，您宫中堆满了珍宝，圈里养满了牛马，堂下住满了美女。您家里所缺少的，就是'义'啊！我就私下做主为您把'义'买回来了。"

孟尝君问：“买‘义’是怎么回事呢？”

冯谖说：“现在您只有一个小小的薛邑，却不把那里的百姓当作自己的子女来抚爱，反而像商人一样在他们身上牟利。我已擅自假传您的命令，把该收的债款都赏赐给了百姓，并烧掉了债券，老百姓高呼万岁。这就是我给您买回的‘义’啊。”

孟尝君对他的自作主张很不高兴，但也没有动怒，而是说：“好啦，先生回去休息吧。”

过了一年，齐湣王对孟尝君说：“我不敢把先王的大臣当作自己的臣子。”孟尝君只好辞职回到自己的封地薛邑。在距薛邑还有百多里的地方，百姓扶老携幼，在路上迎接他。

孟尝君高兴地回过头对冯谖说：“先生为我买的‘义’，我今天算是看到了。”

冯谖说：“狡猾的兔子有三个洞穴，仅仅能够免掉一死而已。现在您只有一个‘洞穴’，还不能高枕无忧。请让我为您再凿两个‘洞穴’吧。”

孟尝君便交给冯谖五十辆车子、五百斤黄金，让他到西边的魏国去游说。

冯谖对魏王说：“齐王把他的大臣放逐到国外，诸侯谁先迎接他的，就会国富而兵强。”于是魏王就把相国的位置腾出来，把原来的相国调任上将军，派遣使者带着黄金千斤，车子百辆，前去聘请孟尝君。

冯谖抢先驱车赶回，对孟尝君说：“千金是贵重的聘礼，百车是显赫的使节，齐王大概也该听说了吧。”

孟尝君说：“应该都听说了。”

魏国使者往返多次，孟尝君都坚决推辞不肯前往。

齐国君臣为之惊恐。齐湣王就派太傅带上黄金千斤，彩车二辆，佩剑一把，还有一封对孟尝君的道歉信，信中说：

我很不幸，遭到祖宗神灵降下来的灾祸，又被那些谗臣所迷惑，得罪了你，我是不值得你辅佐的。希望你看在先王的份上，还是留在齐国治理百姓，好吗？

冯谖告诫孟尝君说：“请向大王求得祭祀先王的礼器，在薛邑建立宗庙。”

宗庙在薛邑建成后，冯谖回来报告孟尝君说：“三个‘洞穴’都已经挖好了，您姑且可以高枕无忧了。”

孟尝君在薛邑的时候，楚国出兵攻打薛邑。淳于髡（音同昆）为齐国出使楚国，返回的时候经过薛邑。孟尝君以礼相待，亲自到郊外迎送，对淳于髡说：“楚国人攻打薛邑，如果先生您不为此担忧，恐怕我就不能再招待您了。”淳于髡说：“我遵命了。”

淳于髡回到齐都，汇报结束后，齐湣王问：“你在楚国看到了什么？”淳于髡回答说：“楚国很贪婪，而薛邑也太自不量力了。”齐王说：“这是什么意思？”淳于髡回答说：“薛邑不自量力，给先王立了宗庙。贪婪的楚国如果强攻薛邑，先王的宗庙就危险了。所以我说薛邑不自量力，而楚国又太贪婪。”

齐湣王大惊失色，说：“哎呀，先王的宗庙在那里！”于是，齐国赶快发兵救援薛邑，薛邑才得以保全。因为齐湣王和孟尝君的爷爷是同一人（即齐威王），孟尝君的祖先也就是齐湣王的祖先，故孟尝君在薛邑的宗庙被楚国攻击，齐湣王不得不出兵相救。

这就是孟尝君善待穷困潦倒的冯谖的结果。冯谖为孟尝君精心打造的“狡兔三窟”，使孟尝君在危急时刻幸免于难，转危为安。

《战国策·齐策四》和《吕氏春秋·报更》所述的这个故事，写得都很精彩，引人入胜，广为人知，故录于此。正因为流传甚广，才有必要对其不实之处进行澄清。

其中的冯谖焚债券以赐民、齐湣王复召孟尝君并复其相位等掌故，皆出于策士之传说，并非事实。《史记·孟尝君列传》将为其收债的门客记为“冯驩”（音同欢）而非“冯谖”，说孟尝君得复召以后，“因谢病归老于薛”，亦不可信。

孟尝君于公元前 294 年因“田甲劫王”而出奔，并非“归老于薛”，至于是直接到了魏国，还是先归薛再入魏，史书的记载和学界的观点各异，但孟尝君于公元前 291 年被魏昭王任命为相，确是事实。

孟尝君到魏国后，和齐湣王成为仇敌。秦重臣吕礼在齐为相，是秦昭王想通过吕礼拉拢齐国，倘若秦、齐亲善，这一局势对孟尝君想联合三晋攻齐报仇十分不利，为了阻止这种局面的出现，孟尝君给秦相魏冉写信游说。

孟尝君写道：

我听说秦王想通过吕礼去联合齐国，以征服天下，您一定会受到轻视。齐、秦联合起来以威胁三晋，吕礼必然会做齐、秦两国的共相，这样就等于您替吕礼联合了齐国，从而抬高了吕礼的地位。如果齐国没遭到诸侯的攻击，那就会加深对您的仇恨。您不如劝秦王让魏国去完成攻齐的任务。如果攻破齐国，我田文将请求魏王把所得的齐国土地作为您的封地。齐国如果被魏国打败，魏国就会强大，秦王必然担心，一定会借重您去联合魏国。魏国攻齐后已经疲惫不堪，不能对抗秦国，那魏国一定会借助您去讨好秦国。这样，您既建立了打败齐国的功劳，又靠魏国抬高了自己的地位。打败齐国，可以确定您的封地，而且秦、魏都会重视您；如果不能打败齐国，吕礼就又会在齐国被重用，那您必将陷入莫大的困境了。

但此时木已成舟，秦国当然不可能随意改变。

不仅如此，因孟尝君怨恨齐国，他还劝魏昭王休弃了后宫里所有的齐国女子。这时，秦人韩春劝秦昭王把魏昭王休弃的齐国女子娶为妻妾，用齐、秦两国的力量来威胁魏国，并联合拥立魏公子负刍，负刍得立，而他的母亲在秦国，那么魏国就成为秦国的属地了。但秦昭王觉得不妥，就没有采纳。

正因为孟尝君奔魏为相，齐湣王又驱逐亲魏的周最，才任用秦国五大夫吕礼为相。此时，齐、秦两国之所以能够联合起来，都是怀着各自的目的：秦国为的是攻掠魏、韩的土地而不被齐国干涉，而齐国则是为了腾出手来灭掉宋国。

伊阙之战

楚国经齐、韩、魏、秦的连年攻伐，且楚怀王客死秦国之后，已经有不少领土被侵占，国力大为削弱，已不足为患。

魏冉为相后，又主动与楚修好。公元前 295 年，楚国发生饥荒，秦国伸出援手，送给楚国粮食五万石。

就在楚怀王死在秦国的那年，魏、韩两国也相继丧王，分别由魏昭王和韩釐王继位。两国新丧，政局未稳，无暇外顾。而赵国又发生内乱，惠文王与公子章互攻，主父遭围杀，饿死沙丘宫。在这种形势下，秦国对魏、韩两国采取了一系列的攻伐行动[①]。

---

① 从公元前 294 年至公元前 289 年，秦对魏、韩的多次战争，《史记》记载多有错乱，学界意见也不统一，凡《史记》自相矛盾者，本书均据湖北云梦睡虎地 11 号秦墓出土的秦简《编年记》予以订正。

此时，一位重要人物将要出场，他就是战国四大名将之首、秦国著名战将白起。

白起，又叫公孙起，秦国郿（今陕西眉县）人，有人说他是春秋秦穆公时期著名将领白乙丙的后代，为秦国公族。

《太平御览》记载：白起的头很小，却很精干，眼睛黑白分明，炯炯有神。

白起在伊阙之战以前的事迹，史书没有记载。可以推测，他应该早年就已入伍从军，屡经征战，长期磨砺，伊阙之战时才有可能官拜左庶长。因此，他早年的军旅生涯，给人留下了很大的想象空间，小说、电视剧等文艺作品，凡是展现其早期经历的部分，都是根据情节需要而虚构的，并非历史事实。

公元前 294 年，秦国分兵两路攻打韩国，向寿攻取了武始（今河北邯郸西南），时为左庶长的白起进攻新城（今河南伊川西南）。新城是韩国新筑的城池，故名新城，用来防守和保卫韩国的重要关塞——伊阙（今河南洛阳南之龙门山）。因龙门两山对峙，伊水流于其中，望之若阙，故名伊阙。新城与伊阙相距约五十里，而且新城具有伊阙附属城防的性质，是伊阙的前哨据点，故两地又可统称为伊阙。

次年，晋升为左更的白起经魏冉举荐，代替向寿统帅秦军攻打伊阙。

魏国派大将公孙喜救援韩国，由公孙喜统帅魏、韩联军，会合东周军助韩防守伊阙，并组织对秦军进行反攻。公孙喜就是八年前率领魏军，与齐将匡章、韩将暴鸢大破楚军于垂沙的魏国名将，有犀武（亦作师武）的称号，是伊阙之战中韩、魏联军的主帅。

当时，韩、魏联军在数量上远超秦军，秦军处于劣势。战斗打响后，韩国势单力薄，只想利用魏国，不想先让自己的部队作战；魏国则依赖韩国的精锐之师，想让韩国军队打先锋。两国军队人心不齐，互相推诿，都想把对方推到前线迎战冲杀，而自己退居后面隔岸观火。

白起便利用敌军这一弱点，先设疑兵麻痹韩军，而让秦军主力绕过后方，引诱魏军也进入两山之间的狭窄地段，再以秦军精锐出其不意地全力猛击魏军，魏军大败，主将公孙喜被擒获。魏军既败，韩军自然也溃不成军，不战自败。

此战，秦军共斩杀韩、魏联军二十四万，并占领了韩国五座城池。白起也因打了一场以少胜多的大胜仗，凭功升为秦国国尉。

从伊阙之战起，白起参加了秦国一系列的重大战争，戎马倥偬三十多年，攻无不克，战无不胜，被誉为常胜将军，立下了辉煌的战功，成为战国晚期最负盛名的秦国将领。

秦略韩、魏土地

伊阙之战胜利后，秦昭王给楚顷襄王写信，说：

> 楚国背叛秦国，秦国将率领诸侯一起讨伐楚国，决一死战。希望大王整顿好军队，我们痛痛快快地打一仗。

楚王对此十分忧虑，想与秦国和睦相处。于是在第二年，楚国到秦国迎娶新妇，两国又和好了。

之后，秦国又乘胜继续攻取韩、魏两国城邑。

公元前 293 年，白起率秦军渡过黄河，攻取安邑（魏国旧都，在今山西夏县）以东的韩国地区，到达乾河一带，秦国在此地初置河东郡。

公元前 292 年，白起为秦国大良造，进兵攻下了魏国的垣（今山西垣曲东南），没有占领，又归还给魏国，同年又攻取魏地（今山西芮城北）。转而向韩进攻。

公元前 291 年攻取原属楚后属韩的中原重地宛（今河南南阳），左更司马错亦攻韩取邓（今河南孟州西）。秦封公子市于宛，公子悝于邓。

宛城是一个著名的冶铁手工业城镇，地理位置也十分重要，历来是楚、韩争夺的焦点。史书记载，楚、韩两国铸造的兵器以锋利著称，这些名剑等兵器就是出产于韩国的宛、邓一带。秦国攻取宛、邓，就相当于控制了韩、楚的兵器装备制造基地，这也为秦国改良、升级兵器，提高军队战斗力带来了很大帮助。

公元前 290 年，司马错进攻魏国的孟津。孟津是黄河中游的主要渡口，当时架设有浮桥。司马错冲决河桥而取得对岸的河雍（原名河阳），再次攻取垣（今山西垣曲东南），一直打到轵（今河南济源东南），攻克魏国大小城邑六十一座。随后白起又攻取魏国的蒲阪（今山西永济西）。

秦国势如破竹的进攻，使魏、韩两国遭受了沉重打击。魏国和韩国只好向秦国割地求和，魏国献河东之地四百里，韩国献武遂至平阳一带的土地二百里。

同年，韩国的成阳君及东周君入秦朝见。在宜阳的行宫中，秦昭王接见了他们。成阳君是韩国公子中的亲秦者，他想让韩、魏服从秦国，也邀请魏昭王一同入秦朝见，魏昭王认为对自己不利，不同意朝见秦王。

魏臣白圭向魏王献计："大王不如暗中派人对成阳君说：'您到秦国去，秦国一定会扣留您，以此来要求韩国多割地。韩国如果不答应，除了继续扣留您外，而且还要向韩国进攻。'成阳君一定不敢去秦国，秦国和韩国不能联合，大王就会提高地位。"

可成阳君本是亲秦派，他没有听信他人意见，仍然入秦朝见。后因秦大举攻韩，他无法回国，于是转投齐国。

这次魏国割地，是派芒卯（也作孟卯）与秦国谈判的。芒卯答应了秦国的割地要求，但希望秦王向魏王提出让他做魏国的司徒一职。魏王不答应，还说宁肯用奴仆当司徒，也不用芒卯。

芒卯对魏王说："您受秦国控制是应该的了。秦国善待我，您却轻视我，以后让我去索取秦国答应过的条件，我还能做到吗？"

魏王终于答应了秦国的要求，让芒卯做了司徒。据《史记》记载，芒卯本来就是以诈术受到魏国重视的，以此种手段来为自己谋取官职，也就不足为奇了。

【剧情释疑】

○伊阙之战中的韩地新城究竟在哪里？此新城与楚新城是否同一地？

关于伊阙之战涉及的韩地新城、伊阙的地望，以及韩国新城与六年前（公元前 300 年）秦国攻取的楚地新城（亦称襄城）是不是同一地的问题，学界有不同意见。

著名战国史专家杨宽教授认为，伊阙之战的新城在今河南省伊川县西南，伊阙在今河南省洛阳市以南的龙门山。这与著名史记专家韩兆琦教授的观点基本一致，但著名秦汉史专家林剑鸣教授则认为新城在今河南省密县东南。

公元前 300 年，被秦攻克的楚地新城（亦称襄城）与伊阙之战的新城是否为同一地？究竟在何地？杨宽教授认为两者不在一地，但楚之新城（襄城）也在今河南省伊川县附近；韩兆琦教授认为在今河南省襄城县，两者相距较远；而林剑鸣教授则根本没有考虑两地之说，仅对这样一来所导致的史料矛盾做了解释，但较为牵强。

笔者综合多条史料，对韩地新城、伊阙之地采杨宽、韩兆琦的观点，对楚地新城（襄城）之地则采韩兆琦的观点，对韩地新城的由来（即为新修的用于防卫伊阙的附属城防）亦采杨宽之观点。

而且，《吕氏春秋·开春》中记载的一则趣闻，可以佐证杨宽教授的这一观点：

韩国修筑新城的城墙，规定十五天完成。段乔做司空，主管这件事。有一个县拖延了两天，段乔就逮捕了这个县的主管官员，把他囚禁起来。

被逮捕官员的儿子告诉管理疆域的官员子高，说："只有先生您才能把我父亲从死罪中解救出来，我想把这件事托付给先生。"子高答应了，就去见段乔。

子高攀登上城墙，向左右张望，对段乔说："这城墙修得真漂亮啊！真算得上一件大功了，您一定能得到重赏的！从古到今，功劳这样大又能不处罚杀戮一个人，这种人还没有过。"

子高离开以后，段乔就派人在夜里解开被囚禁县官的绳索，把他释放了。

○电视剧《大秦帝国》此前有关白起的所有情节，纯属子虚乌有吗?

在现存史料中，确实找不到白起在伊阙之战前的确切记载。

回顾电视剧《大秦帝国》的剧情，白起在第二部《大秦帝国之纵横》中出现。第一个场景是秦惠文王与张仪、嬴疾参观少年白起铸剑，白起以自己的血滴剑身。白起第一次出场，给人的印象是他眼里没有生气，只有杀气。随后入秦军，先是当伙夫。不管是炖汤还是烤饼，都是一把好手。他还能把炖羊肉汤与打仗进行类比分析：汤，拼的是肉；战，拼的是人。汤好需要肉质好，战胜需要士卒强。再是做教官训练士卒。他说："杀敌就是群殴，只不过要互相照应。"有的兵士不服，轻蔑地说："一个伙夫竟也当教习。"白起示范了动作要领，别说还真奏效。

在训练中遇见魏冉，魏冉故意找白起的茬儿。白起先是忍让，后被迫还击，在互殴中被将军嬴疾发现，罚他们去敌营抓几个奸细回来，第二天早上必须回营。这对冤家因此而走到了一起。当时正值五国攻秦，他们在去敌营途中发现走错了几十里路，仍不见敌人踪影。在他们已经绝望，正在着急和互相指责时，无意中发现楚国公子子兰押运粮草去前线，正在山下扎营夜宿，他们便放火烧了楚军营寨，粮草尽毁，楚军撤退，白起、魏冉因此立了大功。

后来，白起与魏冉随司马错将军征战巴蜀，夺取了天府之国。

给观众印象深刻的是，秦武王在周室举鼎而亡，临死前下口诏：迎嬴稷继承王位。于是右丞相嬴疾便派魏冉、白起从燕、赵迎接嬴稷，一路上出生入死，接回了新王和芈八子，手刃意欲篡位者公子壮，为嬴稷继位立下了汗马功劳。所以，魏冉、芈八子和秦昭王都与白起交情深厚。

在第三部《大秦帝国之崛起》中，白起更是屡屡出战，伊阙之战前，先后在武关押楚王入秦，带兵援楚，阻止其割让淮北之地给齐国，薛公合纵齐、韩、魏攻秦时，随魏冉一起带秦剩余军队绕道韩、魏边境，在魏国梁囿与魏王、韩王和谈，签订割地休战盟约。

可见，电视剧《大秦帝国》虚构的白起剧情，始终围绕着一条主线，那就是在秦军中历练、成长，而且刻画了他冷峻的一面，为他日后成为著名战将乃至战神埋下了伏笔，实现了先前的虚构情节与后来的历史记载一脉相承。总体来说，电视剧《大秦帝国》对白起的艺术虚构是合乎情理的。

而电视剧《芈月传》中却说白起是义渠人，这违背了“白起者，郿人也”的《史记》记载，构成硬伤。剧中说他小时候是与狼一起生活的“狼孩”，由“芈月”带回秦国从军成长为秦将，这没有任何依据，纯属虚构，而且太过离谱。

第五章
苏秦入燕，献计谋齐

行文至此，我们不得不对一位重量级人物有所交代，在前文中他已出现两次，在以后几章记述的历史事件中，我们都能或明或暗地看到他的身影，是他推动和促成了这些重大历史事件。他就是著名纵横家——苏秦。

《史记》中的苏秦辨误

在战国史上，苏秦与张仪都是极具传奇性的人物，都是名噪一时、流传久远的著名纵横家，他们的游说辞常常被其他纵横家作为学习模仿的榜样。特别是在战国后期，秦国统一天下的趋势已经形成，东方六国不得不以合纵之策来抵抗秦国。苏秦是合纵抗秦的代表人物，因此他的游说之辞便流行得更为广泛。

据《史记·苏秦列传》记载：苏秦与张仪同时在鬼谷门下学习游说之术。后来苏秦身挂六国相印，为纵约长，奔走合纵，以破张仪之连横，对抗强秦，使"秦兵不敢窥函谷关十五年"。最后苏秦因与齐国大夫争宠，而被人在齐国刺杀而死。这就是两千多年来人们心目中苏秦的形象。

正因为苏秦和张仪是纵横家学习模仿的榜样，他们的游说辞是练习游说的主要脚本，其中有许多就是假托他们编造出来的，即司马迁所谓的"世言苏秦多异，异时事有类之者皆附之苏秦"，不但虚构夸张，而且年代错乱，矛盾百出。西汉刘向辑录的《战国策》中，既有比较原始的苏秦史料，也有后人假托虚构的伪作[①]。而《史记·苏秦列传》所选用的苏秦资料，几乎全是后人杜撰的伪作，司马迁错误采信了这些游说辞，反而把苏秦的真实作品改为苏代或苏厉所作。因此，战国中后期与苏秦活动有关的许多重要历史事件，《史记》中呈现出来的相当错乱、模糊，但又没有充分、可靠的证据来澄清、解决这些矛盾之处，厘清、还原历史的本来面目。

1973 年 12 月，湖南长沙马王堆三号汉墓出土了一部类似于《战国策》

① 凡经学者考证确定为不实者，本书均不采用。

的帛书，整理者命名为《战国纵横家书》。全书共有 27 章，其中有 18 章是关于苏秦事迹的记述，其中有 14 章是苏秦的书信和谈话。全书有百分之六十以上的内容在《战国策》和《史记》中均未出现，可见这些内容是司马迁都没有见过的珍贵史料。《战国纵横家书》的出土，沉寂两千多年的关于苏秦的原始资料终于重见天日，揭开了长期纠缠不清的苏秦之谜，为解决这个的历史问题提供了有力的证据，恢复了这一时期一些历史事件的真相。

马王堆汉墓帛书《战国纵横家书》

据《战国纵横家书》第 22 章《谓陈轸》，本文虽没有说者姓名，但文中自称“今者秦立于门”，可确证是苏秦。从其内容可以判断此章形成于公元前 312 年，此时是陈轸用事于楚、张仪用事于秦的最后一年。陈轸与张仪是同辈人，而文中苏秦自己称名“秦”，而尊称陈轸为“公”，可见苏秦是陈轸的晚辈，当时苏秦在楚国游说于陈轸门下，仅初露头角而已。

事实上，当时与连横派代表人物张仪对立的合纵派代表人物是公孙衍和陈轸，张仪在秦国当权的时候，苏秦还是个年轻的游说者。他们两人的出生年份都不可确考，张仪活动在秦惠文王时期，死于公元前 309 年（一说公元前 310 年），而苏秦活动于燕昭王、齐湣王时期，死于公元前 284 年，而且是被齐国处以车裂的非正常死亡，据此推断，苏秦在政治舞台的活动时间要比张仪晚约三十年或者以上。对于人的短暂一生来说，两人相差三十年以上，就意味着基本上他们不会在同时期从事主要活动了。

司马迁在《史记》中认为，苏秦是和张仪同时、对立的人物，而且死在张仪之前。受这些记述的误导，两千余年以来，无论是后人的历史著作还是文艺作品，都是以《史记》作为历史事实的基本依据，因为《史记》在人们心目中的权威性无法撼动，即使有不少研究者对其中的矛盾和错乱有所质疑，但由于以前没有像《战国纵横家书》这样的出土文物作为有力的证据，也不能推翻《史记》中的错误，提出令人信服的新观点。

《战国纵横家书》出土四十余年来，不少专家、学者对此进行了大量、深入的研究，认为应以《战国纵横家书》纠正《史记》中与苏秦相关内容的讹误之处，这已成为学界的主流观点。大型电视系列剧《大秦帝国》，则吸收了学界的研究成果，对孙皓晖先生的小说原著进行了大幅度改编和突破，张仪与苏秦先后出现在《大秦帝国之纵横》和《大秦帝国之崛起》之中，两人没有同时对阵而展开剧情，以还原一段真实的历史。该剧主创人员以治学的态度来打造电视剧作品，其严谨和勇气，让人敬重。

“锥刺股”苏秦入燕

据洛阳博物馆编《洛阳名胜古迹》记载：苏秦是东周洛阳（今河南洛阳）乘轩里人，后世人考证在今河南省洛阳市东郊十余里的太平庄，庄南有一石碑，上书“苏秦故里”，可能为清朝人所立。

苏秦出身一个普通农民家庭，其准确生年，今已不可考。据《战国纵横家书》第 22 章所载之事为公元前 312 年，假设苏秦首次出现在政治舞台上大约为二十岁左右，因此推测他大概生于公元前 332 年，也就是说在苏秦二十二三岁左右，张仪就去世了。这也再次证明了苏秦和张仪并非出现在同一时期。苏秦兄弟五人，他排行最末，因此字季子。其兄苏代、苏厉、苏辟、苏鹄（音同胡），都是当时著名的纵横之士，苏秦也立志献身此道。

苏秦曾先后游说周、秦、赵等国，但均不为所用，到处碰壁。

当苏秦在秦国游历时，曾用连横之策游说秦惠文王。

他说：“大王的国家，西边有巴、蜀、汉中的丰富物产，北边有部族貂皮、代郡马匹等稀有特产，南边有巫山、黔中的险要地形，东边有崤山、函谷的关隘要塞。土地肥沃，百姓富足，战车万辆，勇士百万，良田千里，国库充实，地形便于攻守，这真是所谓的天然府库、天下强国啊！凭着大王的贤明，军民的众多，战备的充实，作战的娴熟，完全能够兼并诸侯，统一天下，称帝而治。请大王稍加注意，让我来谈谈实现这一大业的方略吧。”

秦惠文王说：“我听说，羽毛没有长丰满的鸟儿不能高飞，礼乐法度不健全的国家不能动用刑罚，道德不高尚的人不能役使百姓，政教不顺的君王不能劳烦大臣。现在先生不远千里而来，亲临指教，但我还是改日再领教吧。”

所谓“改日再领教”实际上是秦惠文王委婉地拒绝了苏秦。苏秦进说秦惠王的奏章先后呈上十次，却始终没有被采纳，杳无音信，他不得不离开秦国，“出游数岁，大困而归”。

此时，他出门时专门置办的黑貂皮衣破旧了，携带的百斤黄金也用光了，连生活费都没有了。他缠着绑腿，穿着草鞋，背着书箱，挑着行李，容貌憔悴，脸色黧黑，一副羞愧的样子。

回到家里，妻子继续织布懒得理他，嫂子不给他烧火做饭，父母都不和他说话。大家都看不起他，取笑他不务正业，不事农桑，认为想以口舌之利博取功名富贵，简直是痴人说梦。

苏秦长叹道：“妻子不把我当丈夫，嫂子不把我当小叔，父母不把我当儿子，这都是苏秦的过错啊。”

虽然苏秦情绪低落，但他并未灰心丧气，而是闭门不出，发奋读书。他日夜研习《太公阴符》一书，特别是书中《揣情》《摩意》等篇，从中探求打动人的方法。《太公阴符》一书主要讲述了如何使用间谍之术取胜的阴谋策略，是兵家假托太公之名所著。今本《六韬》就是《太公阴符》一书的选本，讲的是太公进献阴谋奇计从而伐灭殷商取得天下的谋略。

为了快速提升自己，苏秦日夜苦读，每到夜半昏昏欲睡时，他就用锥子扎自己的大腿，鲜血流到了脚跟。这种刻苦攻读的精神历代为人们所传颂，“锥刺股”与“头悬梁”，都被编入了儿童启蒙读物《三字经》之中，苏秦和孙敬都成为锐意进取、奋发向上的楷模。

功夫不负有心人。一年以后，苏秦的学问大有长进，揣情摩意的功夫也明显提高，于是他再次踏上了游说列国的征途。

这时，齐、秦两国比较强大，都有席卷六国、一统天下之志；而弱国之间，则彼此明争暗斗，很容易被各个击破。苏秦力主弱国合纵，以抗强国，即联合几个弱小的国家共同对付强大的国家，这也成为他的毕生事业。

公元前 308 年[①]，苏秦从东周洛阳出发，途经赵国邯郸，到达燕国。

燕国地处北方，是一个大而弱的国家，虽然地域广大，但在战国七雄中处于相对弱小的地位，而且常常自谦。与燕国发生外交往来较多的是齐、赵、秦三国，都是当时的三大强国，尤其是与齐、赵相邻，齐在南边，赵在西边，必然发生直接关系，稍有不慎就会得罪他们，而其中的任何一国，燕国都得罪不起。

六年前（公元前 314 年），燕王哙效法古人，实行禅让，将国君之位让给相国子之，太子平不服，引起内乱。齐国趁机攻打燕国，中山国也趁机夺取了燕国的土地，杀死哙，生擒子之，并把子之剁成肉酱。燕国哀鸿遍野，生灵涂炭，几乎灭国。由于燕国民众持久抵抗，齐国军队最终撤退。公元前 312 年，公子职在一片废墟焦土中继位，是为燕昭王，决心报仇雪恨，复兴燕国。

燕昭王想求得贤臣良将，以图报仇兴国，就去问计于郭隗（音同伟）。

郭隗说："成就帝业的国君，把贤人当作师长对待；成就王业的国君，把贤人当作朋友对待；成就霸业的国君，把贤人当作普通臣子对待；亡国的君主，则把贤人当作仆役对待。国君如能委屈自己，尊奉贤人，像弟子一般向贤人求教，才能超过自己百倍的人才会到来；如能做事抢先而休息在后，先提问题再沉默静思，才能胜过自己十倍的人就会到来；如果跟着别人亦步亦趋，才能与自己相当的人就会到来；如果凭靠几案，拄着手杖，斜眼看人，指手画脚，那么跑腿当差的人就会到来；如果放纵骄横，肆意侮辱、呵斥他人，那么就只有奴隶和犯人到来了。这就是古往今来实行王道和招揽人才的方法啊！"

郭隗又给燕昭王讲了个故事：据说古代有位国君用千金买千里马，三年

---

① 由于《史记》对苏秦的记述已不可信，而《战国纵横家书》《战国策》及其他有限史料均不系年，所以确定苏秦事迹的所在年份就成为一个难题。本书主要参考了马雍《帛书〈战国纵横家书〉各篇的年代和历史背景》和唐兰《司马迁所没有见过的珍贵史料》两篇文章，均载于《战国纵横家书》，文物出版社 1976 年 12 月版。下文涉及苏秦活动年份之处不再注明。

都没有买到。他另派一人去买，三个月买得一匹死马的头，花了五百金。国君大怒，问为什么花五百金买了个死马头，买者回答说："死马尚且用五百金来买，何况活马呢？天下都知道大王喜欢买好马，千里马就要来了。"果然不出一年，来卖千里马的就有三次。

郭隗说："大王真心求贤，就先从我郭隗开始吧。像臣这样的人，尚且能受到大王的重视，何况胜过我的人呢？他们一定会不远千里而来的！"

燕昭王听了这番话后，就尊郭隗为师，筑黄金台，置千斤于台上，延揽四方贤士。

苏秦就是在此背景下来到燕国的。燕昭王对苏秦的到来非常重视，亲自到郊外去迎接，并盛宴款待，给予他最高的礼遇。

苏秦对燕昭王说："我是东周郊野小民，听说大王的德义很高，就放下农具来求见大王。到了邯郸，我所听说的又比在东周听到的评价更高。我暗中立下做一番事业的抱负，来到燕国朝廷。我是一个有进取心的人，不愿侍奉无所作为的君主。如果满足于现状，我还不如回到洛阳，服侍老母，种田吃饭，织布穿衣，还不会有辱大王的朝廷。"

苏秦献计为燕谋齐

燕昭王继位后的最初十年，齐宣王尚在，齐强燕弱，无隙可乘。公元前301年，齐宣王已死，齐湣王继位，在齐宣王最后几年和齐湣王开始几年，孟尝君专权，联合韩、魏连续伐楚、攻秦，齐军疲惫，似乎有隙可乘，于是苏秦就向燕昭王提出谋齐的策略。

苏秦说："现在大王有攻打齐国的想法，我心知肚明。齐国虽然是个强国，但如果使齐国向西攻宋而劳顿，向南伐楚而疲惫，那么齐国的强大军队就可以被打败，齐国的河间之地就可以被攻取。"

燕昭王说："很好！我拜您为上卿，给您一百辆车，请您为我到齐国去活动，怎么样？"

苏秦回答说："现在我之所以侍奉大王，是出于尽忠守信，但又担心因为忠信而得罪了您左右的群臣。"

燕昭王问："哪有做人臣尽心竭力反而获罪的呢？"

苏秦就给他讲了个故事：

从前，周室洛阳发生过这样一件事。丈夫在外做官三年没有回家，他的妻子和别人私通。有一次，她的情夫说："你的丈夫就要回来了，我们该怎么办呢？"女的说："不必担忧，我已经准备好了毒酒，正等着他回来呢。"不久，她丈夫果然回来了，她就让女仆斟上毒酒送给丈夫。女仆知道是毒酒，就在半路上停住，心里想："我如果把毒酒给男主人喝，就会毒死男主人；如果把这事告诉男主人，那他就会赶走女主人。与其毒死男主人，或者赶走女主人，不如假装跌倒，把毒酒打翻。"于是女仆便故意跌倒，把毒酒洒了一地。女主人说："为了迎接你远道而归，我特地准备了美酒，没想到被这个女仆给打翻了。"她丈夫不知道内情，就把女仆捆起来鞭打。这个女仆故意跌倒而泼洒毒酒，既救了男主人的命，也保全了女主人。

苏秦说："忠心到了这种程度，仍免不了遭受毒打，这就是因为忠信而背负罪名啊。如今我为您出使齐国，担心我的忠信不被您身边的臣子所理解。我曾听说：万乘大国的君主不受臣子的控制，十乘之家的大夫不受家臣的控制，徒步行走的百姓不受妻妾的控制，更何况是当今贤明的君主呢？我就要出发了，希望您不要受群臣的控制啊！"

从苏秦后来写给燕昭王的信中，我们可以进一步得知当时君臣两人所谈的情况。燕昭王对苏秦说："我肯定不会听从周围人的闲话和谗言，我相信你犹如上下齿相合，绝无二心。你可以在齐国做官，可以想办法取得齐国人的信任，只要没有生命危险，你没有什么不可以干的。可以携带家小以取得信任，可以对他们说你离开燕国去齐国定居，更严重地说，你和齐王一起算计燕国，这样都可以。只是希望最后能够成全大事！"

可见，此次苏秦与燕昭王所定的策略，就是苏秦为燕国利益去齐国卧底，并取得齐国的信任，使其"西劳于宋，南疲于楚"，使齐国不再算计燕国，然后让燕与秦、赵等国联合，最终灭掉齐国。

公元前 300 年，苏秦第一次去齐国为燕国从事反间活动。正因苏秦这段时间在齐国，才有机会在当时向孟尝君献策，要他把入质于齐、准备回楚继位的楚太子扣留下来，要求楚国割让淮北的土地。

这次赴齐，苏秦在齐国停留了四五年，直到公元前 296 年，齐国攻打燕国，即史书上所说的“权之难”，结果“覆三军，获二将”，燕国大败。因两国发生战争，苏秦由齐返燕。

燕昭王继位前后十多年间，齐国对燕国发动两次大规模的战争，均给燕国带来灭顶之灾、亡国之险，死里逃生才得以存国。所以燕昭王对齐国更是恨之入骨，寝不安席，食不甘味，誓报齐国破燕之仇。

燕昭王对苏秦说：“齐国是燕国的死对头，寡人对齐国有深仇大恨，一心想讨伐它，报仇雪恨，只是担心国家衰弱，力量不够。如果您能让燕国打败齐国，我愿意把整个国家交给您支配。”

苏秦说：“燕国现在实力较弱，如果齐国向北攻打燕国，就算有五个燕国也不能抵挡。燕国单独作战力量不够，依附哪国则该国就显得重要。如果燕国所依附的国家提高了地位，那么必然会使大王也就举足轻重了。如今齐王是诸侯的老大，也有恃无恐，近些年来四处用兵，连续作战，财力衰弱，士兵疲惫，人民憔悴。如果大王送人质去齐国，再拿珠玉宝物去拉拢齐王身边的人，并且大王在外面策划对付齐国，我则深入齐国做内应，就可以伺机灭亡齐国了。”

燕昭王听了很高兴。公元前 294 年，就派燕国公子襄安君（疑为燕昭王之弟）入齐为质，苏秦带上五十辆车出使齐国。

苏秦赴齐卧底当间谍

苏秦到达齐国后，对齐湣王说：“齐国在南边打败了楚国，在西边使秦国屈服，任意驱使韩、魏、燕、赵的军队。我听说当代的王者，一定会伐暴救民，匡正无道昏君，攻打不义之师。现在宋王举箭射天，挥鞭抽地，铸造诸侯的雕像放在厕所门口，拉扯它们的手臂，弹打它们的鼻子，这就是无道、不义之人，如果大王不去讨伐，大王的威名就不能树立。况且宋国是中原最肥沃的地方，齐国边境的很多人都杂居在那里，与其在燕国得到百里的土地，不如在宋国得到十里。讨伐宋国，既能得到美名，也可获取实利。大王为什么不这样做呢？”

苏秦力劝齐国攻宋，是因为齐攻宋有利于燕国，具体有三：一是齐攻宋则兵力困于宋国，那么齐、燕边防势必会减弱；二是魏国和楚国都与宋国接壤，看到齐攻宋，魏、楚肯定也想来争地，势必会与齐发生矛盾；三是此时秦国极力保护宋国，齐攻宋则必将与秦冲突。苏秦引诱齐王攻宋，是想造成齐国四面树敌的孤立境地。

当时的齐湣王早有灭宋之心，在苏秦的怂恿下，就更加坚定了自己的想法，听信了苏秦的意见。苏秦见游说的目的已达到，不久便回到燕国。

公元前 293 年，齐国第一次攻打宋国①。虽然最后没有取得大的战果，但在战争中却发生了一个令燕王十分愤怒的事情。

当齐国伐宋时，燕王派张魁率领燕军两万人，并自备粮草去帮助齐国，因张魁与齐军发生冲突，齐王杀死了张魁。

燕王听到这消息，伤心难过，很气愤地说："我派兵助战，可是齐国却杀死了我的使臣，我要立即发兵攻打齐国。"

燕臣凡繇拜见燕王，劝谏说："您侍奉齐国，就是因为力量不足，如今张魁被杀死，您去攻打齐国，犹如鸡蛋碰石头，请您立即停止出兵。"

燕王问："那应该怎么办呢？"

凡繇回答说："请您穿上丧服离开宫室住到郊外，派遣使臣到齐国去谢罪，说：'这都是我的罪过。大王是贤德的君主，您杀死燕国的使臣，这是我国选择人不慎重啊。希望能够让我改换使臣以表示请罪。'"

于是，燕昭王派苏秦去齐国。苏秦本来不想去，既然齐王可以杀掉张魁，同样也可以杀掉他苏秦，但因燕昭王坚持要他去，苏秦只要硬着头皮去了。

苏秦到了齐国，当时齐王正在举行盛大宴会，苏秦进来禀告，说是燕王因自己选人用人不当，冒犯了大王，他感到非常恐惧，因而派我来请罪。苏秦说完了，齐王又让他重复一遍，以此来向近臣、官吏和侍从炫耀。可见，

① 关于齐国攻宋，除了齐灭宋时间为公元前 286 年史料确凿，没有异议外，对于齐国第一次攻宋的时间、齐国攻宋次数以及前几次攻宋的时间，史料均无确切记载，学界观点各异。综合分析相关史料和各家学说，作者采纳唐兰、郭人民的意见，即：齐国先后三次攻宋，第一次为公元前 293 年，第二次为公元前 287 年，第三次为公元前 286 年，最后一次攻灭宋国。此即《战国策·燕策二》所谓"三覆宋，宋遂举"。《战国策·燕策一》记述的"举五千乘之劲宋"（公元前 295 年）不在三次伐宋之内。唐兰观点见《战国纵横家书》第 148–151 页，即该书收录的唐兰《司马迁所没有见过的珍贵史料》一文所附苏秦事迹简表，文物出版社 1976 年 12 月第 1 版；郭人民观点见其所著的《战国策校注系年》第 586 页注释⑧，中州古籍出版社 1988 年 11 月第 1 版。认为齐第一次攻宋在公元前 293 年的还有：詹子庆、曲晓范主编的《新编中国历史大事年表》第 121 页，作家出版社 2010 年 1 月第 1 版；沈长云等著《赵国史稿》第 184 页，中华书局 2000 年 11 月第 1 版。

当时燕国在齐国面前，真是含辱负重，委曲求全，忍气吞声。

而在经历了田甲劫王事件后，齐湣王罢免孟尝君，亲自执政，对外政策有所改变，开始背弃赵国，亲善秦国。

公元前290年，齐湣王任用秦昭王的好友韩珉（也作韩夤、韩聂）为相。韩珉是韩国人，主张秦、齐相合，所以也是当时秦国重视的人。

苏秦曾与韩珉会晤，韩珉说："将来损害齐国利益的，必然是赵国。因为秦国虽然很强大，但却始终不敢走出函谷关，渡过黄河，横跨中原来进攻齐国。楚国离齐国遥远，宋国势力弱小，燕国很容易顺从，韩、魏两国外有秦患，能伤及齐国的只有赵国。赵国终究不易制服，该怎么办呢？"

苏秦回答道："要我说，不如用武力打垮它。如果齐王利用齐国的大国地位来抬高我的身份，我将会让燕国服从齐国的指挥。齐、燕两国的力量合而为一，魏、韩两国必然言听计从。如果赵国恃强不服就用武力攻打它，如果它听话就要求它送人质来齐国，转而攻宋。"

韩珉很赞同苏秦的意见。

因为齐湣王的对外政策突然改变，齐与三晋（尤其是赵国）的关系有恶化的趋势。可能是燕昭王认为有机可乘，就命苏秦再到齐国去，表面上是联系燕齐的邦交，暗中则进行反间活动。

苏秦出发前，曾给齐湣王写了封信，说：

起初，燕国让人监禁我，以让齐国送来人质，我因此没想到齐国来，也没有机会替大王办事。如今曾经顺从齐国的赵国等三晋国家，现在大多发生了变故，这就是说大王有了忧虑，我怎么能不尽快赶来呢！三晋想要联合燕国及诸侯各国军队，甚至联合秦国和宋国，以谋攻齐国。我劝阻燕王，他肯定就不会听从三晋。这次我再到齐国来，那些想算计齐国的燕国大夫肯定会大大地泄气。而我为了齐国的利益，即使失去燕国的信任，也必将到齐国来。

过去，由于管子的一句话，他终于登上显贵的地位，这并不是他自己谋求得来的，而是齐桓公信任他。我认为大王比齐桓公更贤明，我不敢妄自请托大王做什么事，可是如果大王以隆重的礼仪迎接我，那么天下人必然都会说："燕国不仅没有附和其他国家谋攻齐国，还派苏秦到齐国去，可见两国关系越来越好。"大王如能效法桓公，我必如管仲一样报效齐国。

大王如能以诸侯之礼迎接，我将带一百五十辆车；否则，我将只带五十辆车。请大王以盛大隆重的礼仪接待我，天下人就会认为您是一位高明的君主。

苏秦所说的“即使失去燕国的信任，也必将到齐国来”，是苏秦与燕昭王商量好的假话，是为齐湣王设下的圈套，目的在于表达苏秦对于齐王的忠心，以便取得齐王的信任。其中所说的三晋发生变故，就是指此时三晋，尤其是赵国与齐国的邦交关系开始恶化。

苏秦自比于管仲，而称赞齐湣王比齐桓公还贤明，这不仅是为了奉承齐湣王，也是为了谋取齐湣王的重用。一百五十辆车当然是燕昭王为苏秦准备的，车多则装的钱财也越多，以此抬高苏秦的身价，便于他在齐国进行活动。为了托付苏秦重任，燕国更是封苏秦为武安君。

大约公元前289年末，苏秦带着一百五十辆车到了齐国。齐相韩珉在都城的高闾门迎接苏秦，并亲自为苏秦驾车进入临淄城。

苏秦此番赴齐，首要任务是不让齐国进攻燕国，其次是挑拨齐国和赵国的关系，使其不能联合，寻找机会联赵伐齐，以报齐国曾经攻破燕国之仇。

【剧情释疑】

○苏秦率领齐军第一次攻宋，与齐、燕权之战和齐、韩、魏三国攻秦同时吗？

电视剧说：齐军第一次伐宋，苏秦为将，猛攻宋国国都睢阳，即将攻下时，苏秦接到齐王诏命，令其撤军，否则以违抗王命论斩。苏秦只好收兵、撤营。据去临淄禀报军情的信使说，半月之前，燕国突然兴兵大举攻齐，现两军正在拉锯，对峙在河上权之地。苏秦撤兵至河上，面见齐王，交回帅印。

苏秦抱怨齐王，说：“宋国都城睢阳已唾手可得，王上何故下令撤兵呢？只要多给苏秦一日，那宋国肯定已是齐国之地。”

齐王说：“你早就和燕王密谋，趁我齐军攻秦灭宋之时，国内兵力匮乏，大兴燕师大举攻我，故燕王为保万无一失，甩了你，才先发制人。”

苏秦说：“在出征之前，臣担心王上还是更加宠爱薛公，所以曾查看了王上派给薛公兵马的总额，臣早已知晓，即便是薛公与臣所率兵马的总额，也未及齐国全部兵马的一半，燕国此时出兵伐齐必败无疑。臣若是间者，若是有异心，若是侍奉燕王重于王上，那臣早已将此事在出征之前就告知燕王了，如此一来，燕国怎会贸然出兵自寻死路呢？苏秦纵然知晓，王上并非真的已把臣当成奸臣，可面对王上的质问，我苏秦还是会痛心疾首啊！”

齐王说：“爱卿啊，无论如何，齐、燕两国已是敌国，权之战非打不可，寡人今日就下令，齐军全军出动，与燕军决一死战！”

根据剧情，齐国第一次攻宋与齐、燕权之战和孟尝君合纵齐、韩、魏三国攻秦在同时，但据史书记载：齐、燕权之战在公元前296年；三国攻秦于公元前298年开始，公元前296年攻破函谷关，秦国割地休战；齐国第一次攻宋，史料无确切记载，倾向性意见为公元前293年。可见，权之战与三国攻秦结束时为同一年，齐国第一次伐宋则晚了整整三年，而且齐国第一次伐宋是否以苏秦为将，权之战后燕国是否赔付齐国军资十倍，史书并未记载。

而电视剧中有关苏秦活动的时间，与其他历史事件发生的时间相对比，有很多不吻合之处，提前或延后的情况多次出现，本书不再一一指明。电视剧毕竟是文艺作品，为了剧情的集中和冲突的设置，即便偶尔时空颠倒、错乱，也不必苛责。

○苏秦在五国攻秦时杀燕将张魁，是想以此证实自己对齐王的忠心吗？

前文已述，齐国伐宋时，燕王派张魁率领燕军两万人，并自备粮草去助齐攻宋，因张魁与齐军发生冲突，齐王杀死了张魁。原文出自《吕氏春秋》和《战国纵横家书》。《吕氏春秋·行论》曰：“齐攻宋，燕王使张魁将燕兵以从焉，齐王杀之。”意思是，齐国攻打宋国，燕王派张魁率领燕国士兵去帮助齐国，齐王却杀死了张魁。《战国纵横家书》第四章载：“齐杀张庳（tuí），臣请属事辞为臣于齐。”意思是齐国杀死张庳，我曾请您允许我连同此事而向齐国辞去我的职务。张魁即张庳，“魁”“庳”声近通用。

而电视剧却说在五国攻秦时，因齐国士兵挑衅燕国士兵，燕将张魁忍无可忍，杀了一个齐国士兵。苏秦因身边都是齐王的眼线，只好把张魁拿下，拘押起来，后来回齐国请示齐王后，以谋反之罪杀了张魁。这是移花接木的编剧手法，并非历史事实。

第六章

苏秦相齐，五国攻秦

齐、秦并称东西帝

伊阙之战的前后几年，在秦国大规模的进攻之下，魏、韩两国失去了大片土地，极为害怕秦国，都希望倒向赵国。

公元前 288 年，有人游说孟尝君：“周最与齐国的关系很深，可是齐王还是罢了他的官。齐王听信祝弗的话，任用吕礼为相，为的是要和秦国结盟。秦、齐两国如果结盟，祝弗与吕礼就会被重用，那秦国必然会轻视您。您不如加强北方的军事力量，促使赵国与秦、魏两国结盟，并联络周最来加强自己的势力。这样，就可使齐王违反秦、齐两国的盟约，又可防止诸侯攻齐的态度有变。齐国没有秦国支持，诸侯就会联合对付齐国。”

同年，魏昭王通过赵相奉阳君李兑的关系，到赵国朝见赵惠文王。魏国把葛孽（今河北肥乡）、阴成（今河南卢氏）两地献给赵惠文王，作为其供养之地；为了感谢奉阳君李兑，又把河阳（即河雍，在今河南孟州西南）、姑密（今河南孟州东北）两地献给奉阳君，作为其儿子的封地。

魏国投入赵国的怀抱，魏昭王本来想是联赵抗秦，而赵国则想联合魏国一起攻宋。

河阳，是黄河中游的重要渡口，是中原地区的交通枢纽，设有浮桥，两年前被秦一度攻取，因不便坚守又归还魏国。魏国现在又把河阳献出作为李兑儿子的封地，秦国当然是不肯罢休的。

宋国的陶邑（今山东菏泽市定陶区东北）是当时中原地区最繁荣的商业中心，素来为各大国所垂涎。齐国一直想吞灭宋国，赵相奉阳君李兑和秦相穰侯魏冉又都想夺取定陶作为自己的封地，所以，此时的宋国，特别是宋国的陶邑，成为齐、赵、秦三国争夺的焦点和攻击的目标。

公元前 288 年，赵国派董叔领兵联合魏军伐宋。秦国却乘虚而入，攻取了赵的梗阳（今山西清徐）。就这样，秦、赵关系破裂。

秦相魏冉试图采取和齐连横的策略，想联合五国一举攻灭赵国，瓜分赵国的土地。并且，秦、齐、韩、魏、燕五国会盟伐赵，把盟约刻在盘盂上，写在簿册中。但想要五国伐赵，必须首先搞好与齐国的关系。因为当时各国都已先后称王，"王"号已经不足以显示尊贵，又因古史传说中的"黄帝"的"帝"在德行上是比"王"高一级的称号，于是就以"帝"来作为秦、齐两国君主结盟的最高称号。

然后，秦昭王派秦相魏冉出使齐国，约齐湣王与秦昭王都称"帝"，秦昭王为"西帝"，专程赴齐向齐湣王致送"东帝"称号。

公元前288年十月，秦昭王在宜阳称帝。秦昭王自立为"西帝"，并举行了隆重的仪式，所以要求魏、韩等国君主前来朝见。魏昭王因楚怀王入秦而未能返国的先例，心有余悸，不敢前去，只好称病，还托人给秦相穰侯报告后才没去朝见。

而此时正是秦、赵两国在连横、合纵的形势下相互激烈争斗的关键时刻。齐国将何去何从，具有举足轻重的地位。齐湣王对自己是否要称帝一事，来征求苏秦的意见。

苏秦回答说："大王提出这个问题很突然，而祸患的产生开始总是很隐蔽、很轻微，难以觉察。如果不同意秦国的邀请，就会使秦国恨您；如果答应了秦国，则会使各国都恨您。不如先口头上同意来应付秦国，又以不称帝来应付诸侯各国。秦王称帝，如果各国都服从，大王也就称帝，只是时间早点晚点的问题，对称帝并无妨碍。如果秦王称帝引起各国的不满，大王就不要称帝了，以便收买天下人心，这可是一笔很大的本钱啊！"

但是，帝号对于齐湣王来说还是有很大的诱惑力，于是齐湣王不顾苏秦的劝阻，还是称了"东帝"。

苏秦以齐联赵摒秦

苏秦认为，齐国伐赵不如攻宋，要让诸侯各国亲近齐国而憎恨秦国，齐王必须去除帝号，避免各国把矛头对准齐国，同时联合赵国，以便争取有利时机攻打宋国。于是苏秦游说齐湣王去帝、联赵、摒秦、攻宋。

苏秦对齐王说："现在齐国和秦国都已称帝，大王认为天下是尊重秦国还是尊重齐国？”

齐王说：“尊重秦国。”

苏秦又问：“如果放弃帝号，那天下是亲近齐国还是亲近秦国？”

齐王说：“亲近齐国而痛恨秦国。”

苏秦再问：“齐、秦称帝后共同伐赵，和伐宋相比，哪个对齐国更有利呢？”

秦王说：“伐宋更有利。”

苏秦说：“现在秦国、齐国相约共同称帝，但天下却尊重秦国而看轻齐国；齐若放弃帝号，则天下亲近齐国而憎恨秦国；攻打赵国显然不如攻打宋国。所以，我希望大王公开放弃帝号，让天下都亲近齐国；解除盟约，摒弃秦国，不与秦国争高低；并且趁此时机，一举灭掉宋国。一旦占领了宋国，卫国的阳城就危险了；占领了淮北，楚国的东部地区就危险了；占领了济西，赵国的河东就危险了；占领了陶邑、平陆，魏国就只好闭关防守了。因此，放弃帝号，背弃和秦国的盟约，而攻打宋国，那么齐国就可以地位大增，威震诸侯，燕国、楚国都会畏服齐国，其他各国都不敢不服从齐国。以尊重秦国为名，而让天下憎恨秦国，这就是以卑微换来尊重啊！请大王三思吧！”

苏秦主张放弃帝号，用以拉拢各国反秦，而齐国趁机伐宋，齐湣王接受了。于是齐湣王率先放弃帝号，复称为王。

苏秦的反秦动议得到了赵相奉阳君李兑的支持，因赵国伐宋受到秦国的干涉和攻击，并乘机占领了梗阳，对秦耿耿于怀。而齐也因攻宋时受到秦的牵制，积怨于秦。

同年，在苏秦的推动下，齐、赵两国在东阿（今山东阳谷东北）会晤，史书称为“阿之会”。内容是齐王首先放弃帝号，两国相约联合攻秦，赵国同意。但在齐国攻宋的问题上，奉阳君李兑开始仍持反对意见。

苏秦对奉阳君说：“您的年纪老了，封地不能不早点定下来。为您考虑的封地，非宋国莫属。秦人贪心，韩、魏危险，燕、楚偏僻，不如定在宋国的陶邑。机不可失，失不再来。宋国的罪恶重，齐国的怒气深，攻打无道的宋国，施恩于强大的齐国，确定自己的封邑，这是百年难遇的机会啊。”

奉阳君听了很高兴，他虽然得到一个大封邑，但对齐国并没有多大的影响。奉阳君就同意了齐国攻宋。

“阿之会”，标志着秦、齐联盟已经破产，齐、赵联盟正式形成，合纵攻秦计划开始实施。苏秦推翻秦、齐连横而攻灭赵国的计划，发动齐、赵联合五国而合纵攻秦，其目的并不是为了挽救赵国，真正意图是为了将来燕国联合秦、赵攻破齐国的“大事”。因为在秦、齐、赵三强鼎立而相互斗争的形势下，必须要造成秦、赵两强合纵攻齐的局面，只有这样才有可能把齐国打败。如果秦、齐两强连横攻赵，一旦赵国被攻灭，齐国的实力将会更加强大，必然造成对燕国更加不利的结果。所以，苏秦为了燕国利益，必须对此进行破坏，先把祸水引向秦国而保全赵国。

齐国先是出卖赵国而取信于秦国，马上又出卖秦国取信于赵国，以进攻宋国，齐、赵东阿会盟，形势急转直下，这个转变实在是太大、也太突然了，诸侯各国一时都没回过神来，特别是让秦国始料未及、猝不及防，正准备出兵联合攻赵，却一下子又成了被各国进攻的对象。

这不是好莱坞电影编剧的杰作，而是苏秦一手策划、导演的历史事实，所谓苏秦翻手为云、覆手为雨，由此可见一斑。

齐、赵联合燕、韩、魏五国攻秦，推举奉阳君为名义上的合纵长，实际上是由齐国在幕后主导，以苏秦为总联络官和协调人。五国开始集结军队，开赴秦国边境。秦国迫于压力，在称“西帝”仅仅两个月之后，也不得不放弃帝号，亦复称为王。

在赵国生死存亡的紧急时刻，苏秦联合齐、赵二强发动五国合纵攻秦，因此一时声名显赫，继燕国封其为武安君后，齐国和赵国也都封苏秦为武安君，齐国还任以为相。“武安”其实是封号，并无封邑，意思是以武力安定天下。后来秦将白起、赵将李牧，都被封为武安君。

《史记·苏秦列传》称苏秦约六国合纵，腰佩六国相印，是出于后世策士的夸张，并不可信。但在五国合纵攻秦时，苏秦对燕、齐、赵三国攻秦之事具有一定的主导权，当是事实。

由于齐国迅速改变对秦政策，齐、秦关系已经完全恶化，曾任齐相的秦臣吕礼回到秦国。苏秦任齐相后，亲秦的韩珉被齐国罢免相职，去了楚国。

苏秦赴燕、魏

齐湣王想联合燕国与三晋共同伐秦，再继续攻宋吞灭宋国。苏秦又以齐国使臣的身份出外活动，为组织五国攻秦而奔走各国。

因为齐湣王对燕国还不放心，所以苏秦首先到的燕国。

燕昭王表面上对五国攻秦很支持，并且愿意派兵两万人自带粮食参战。苏秦在燕国写信给齐湣王：

> 燕王对大王不肯相信他感到怨恨，这种情绪是有的；但若说他非常憎恶，却并没有那样。假使燕国非常憎恨齐国，我肯定会死命相谏。即使劝阻不成，我也必定会让大王早知道。大王千万不要听信那些有意破坏齐、燕邦交的谣言。当今之时，我为大王守住燕国，比其他任何时候都重要。让我把事情办好的关键，在于大王让燕国得到一点好处。大王即使怀疑燕国，也要给他一点甜头；不怀疑更要给他一些甜头。这样大王可以公开地向天下昭示齐国有燕国这样一个盟友。对于燕国，我敢以死命担保。我以整个燕国来侍奉齐国，天下诸侯必定不敢向东攻齐，更何况我还能鼓动诸侯各国合攻秦国，让他们尽快与秦国厮打在一起，难分难解，大王就可以再进攻宋国并将其灭掉。至于三晋，他们敢不敢支持孟尝君谋攻齐国，我现在还不知底情。即使支持他，我保证只要燕国会侍奉大王，三晋肯定不敢改变。齐燕两国合而为一，如果三晋有变化，那也是时势造成的。

公元前 287 年上半年，苏秦又从燕国去魏国。

这次南下，苏秦负有双重使命：表面上是为齐王联络三晋，组织五国攻秦；暗中则为燕王联络魏、赵，做联合反齐的准备。

孟尝君田文为魏相，他因田甲劫王事件憎恨齐湣王并企图报仇。但魏弱赵强，魏国不能单独行动，要跟随赵国的风向。

而赵国内部的意见并不统一，分为两派：相国奉阳君李兑与齐国相勾结，希望通过齐国取得宋国的陶邑作为自己的封地，所以他的基本主张是亲齐，齐湣王也尽力拉拢奉阳君，所以推举他为此役的主帅。但赵将韩徐为则反对齐国攻灭宋国，并且欲合谋攻齐，他与孟尝君是一条心。

齐王为了达到攻宋的目的，便收买赵相奉阳君和魏相孟尝君，预先承诺除了将陶邑许给奉阳君作封邑外，还把宋国的平陵许给孟尝君作封邑，并答应他在攻取宋国后就立即兑现。

苏秦到达魏国不久，齐国已发兵至魏国，魏、韩也已出兵，等其他几国军队到达后，赵国就发上党的兵。联军驻扎于荥阳、成皋之间。然而，攻秦的战争却迟迟未打响。主要是因为齐王发动攻秦并不是他的真实意图，而是为了恐吓秦国，使秦不能救宋，这样齐便可以大举攻宋。魏、赵等国都明白齐国的意图，各国同床异梦，彼此徘徊观望，自然攻秦不力。

齐国趁把五国联军和秦国军队拖住的时机，于公元前287年发动了第二次攻宋之战。

秦国反对齐国攻宋，曾派起贾去阻止，未果。知道齐国联合赵国后，秦王大怒，便与赵国结怨。赵相奉阳君想暗中与秦国讲和，又准备与秦国联合去进攻魏国，既能消除秦国对赵国的怨恨，也可以在齐国取得自己的封地。

魏王对此大为不满。

苏秦就对魏王说："韩、赵、魏三国都遭受秦国的侵犯，如果秦、燕、齐、韩、魏五国联合攻赵，赵国必定灭亡。秦国若赶走奉阳君，他只有死路一条，现在进攻秦国是免奉阳君一死。赵国把五国大军留在成皋，暗中出卖其他四国与秦国和解，如果成功，就与秦国联合进攻魏国，来达到奉阳君取得封地的目的，那您倒向赵国能得到什么好处呢？大王如果拿出对待赵国一半的诚意去联合齐国，诸侯之中又有谁敢图谋大王呢？"

"大王倒向齐国，既没有称臣朝拜的屈辱，也没有割让土地的损失。而齐王也会因为大王您这样对待他，帮助您抵抗进攻魏国的秦国。大王怀疑齐国通过在楚国的韩珉暗中与秦国交往，现在大王又用齐国的孟尝君为相，并与韩徐为成为知己，事已到此怎么反倒对齐国产生怀疑呢？"

苏秦此番进说魏王，使魏怨赵而不疑齐，以便让齐继续攻宋。

同时，苏秦向齐王进言："我想让大王使各国之间互相冲突，而大王暗自从中进行调解，待邦交关系稳定以后，再加以选择，看和哪国友好更为有利。"

苏秦此举，表面上是为了齐国，实则是想让齐国因"遍劫天下"而陷入孤立，受到各国的敌视，再图谋攻齐。

在魏国期间苏秦在写给齐湣王的信中说：

大王曾经对我说过，给孟尝君一些甜头，让他为我们办事，我非常赞赏这个想法。如果不是孟尝君的信誉，没有谁能联合三晋来进攻秦国，希望大王让他得到一些好处。我受齐、燕两国的嘱托，暗中探察孟尝君有无叛变之心，我一定能让他断绝叛离齐国的想法。请您允许我自始至终参与此事，也希望大王坚定地把攻秦之事干到底。一旦攻秦之事成功，齐国怎么做都会有利。若是攻秦的事失败了，与三晋的盟约也就散了，到那时都会争着讨好秦国，齐国怎么做都是害处。因此，我依照大王的命令让孟尝君得到些好处，让他约束三晋，劝导他们团结一心，以此加紧进攻秦国，就肯定能够攻破秦国。若是攻不破秦国就把此事暂时放置一边，或者让三晋和齐国共同与秦国讲和，以后要攻秦时再一起行动。

这样，三晋会认为大王是爱护他们的，和他们是一条心的。但如今，进攻秦国的联军才刚刚开始会师，大王就想抽出齐军到宋国去攻打平陵，这是有害于攻秦的。如果各国的军队都离秦而去与齐争夺宋地，造成的祸患不言自明。希望大王不要如此行动，否则将会使三晋怨恨齐国。然而，大王却可以单独给楚国一些甜头，因为楚国没去攻打宋国，宋国肯定能听从楚国的意见。大王已经联合三晋进攻秦国，因此秦国也不敢去救宋国。燕国很软弱，宋国也制服了，大王的远大计划很快就可以实现了。

有人执意先让孟尝君得到平陵，希望大王不要听他那一套。当然，我也想让大王把平陵给孟尝君，却不想让大王无缘无故地把这地方交给他。我是想让大王用陶邑和平陵吊住奉阳君与孟尝君的胃口，从而激发他们为我们效力，等事情成功之后再送给他们，那时大王就会得到更多的资源和财富。您周围的人必然会说："三晋牢固地团结在一起当然可能损害秦国的利益，然而他们也肯定会以其余威在大王面前显示出骄横。"三晋若是老实听话，大王可以役使指挥他们；若是不老实听话，大王可以联合秦国断三晋的后路。这样他们岂敢在大王面前显示出骄横来！我只要参与此事之中，三晋肯定不敢反叛，况且我还为此准备了上百种防范的手段。假使大王能为我安抚燕王之心，更不要听信坏事者的话，用不了三个月，若大王看不到称霸天下的事业，请处死我。

苏秦对齐王所说的他暗中观察孟尝君，并无叛变之心，肯定是对齐王说的假话，其实孟尝君一直存有攻齐之心。苏秦反复说应该给孟尝君一些好处，让他约束三晋齐心攻秦，并且他会一直参与此事，其实苏秦的本意是想借此机会策动孟尝君联合三晋，一起对付齐国。

苏秦险些暴露间谍身份

齐王虽然收买了奉阳君，却收买不了孟尝君。

齐国第二次攻宋，事实上破坏了五国攻秦，因为一旦宋国战事爆发，与宋国接壤的魏国、燕国、楚国都想抢占宋国的土地，而且齐国的行为使三晋和燕国觉得受到齐国的摆布和玩弄，因而大为不快。于是，孟尝君、韩徐为便同燕昭王通谋，准备趁齐国攻宋之机，联合伐齐。但是，燕王谋齐的事情，却传到了齐王耳中。

这时齐国正在攻宋，齐湣王托人带话给苏秦，说：

我与你谋划进攻宋国，是要依仗燕、赵两国做后盾的。如今燕王和他的群臣却正在阴谋策划，准备当齐兵在宋国前线作战疲惫后，转而攻齐，情况十分紧急。现在齐兵已到宋国边界，你又巡查在外，并不知道我已决意在宋国得到土地。

为防备燕国，齐王不得不拟定于这年（公元前 287 年）八月收兵。

齐王既不知苏秦为燕之间谍，亦不知孟尝君也参与了攻齐的阴谋，所以将上述情况分别通知这两人；而孟尝君也不知道苏秦是燕国的间谍，故又将这一情报转告给苏秦。

苏秦得知这些消息后立刻将此情报转告燕昭王，去信说：

希望大王自己知道后不要再告诉别人。否则，那些想要损伤燕国的人和想要陷害我的大臣就会趁此而行动起来。请允许我赶快派人到齐国去观察动静，以便密报大王。大王不要忧虑，齐王虽然想进攻燕国，但他现在没这能力，况且也不敢。燕国与赵国的邦交已经恢复，我派使者通过韩国或魏国去质询齐国。就算您对齐国已经非常愤怒，也请您积蓄力量以等待有利的时机。不然的话，我将会在齐王那里吃苦，再也待不下去了。

一些人可能要搬弄是非，以破坏我的大计。那些谈论我的人，都会认为我地位卑贱并且已经被大王疏远了。

孟尝君与韩徐为虽然合谋攻齐，但还未能实现。关键原因在于奉阳君不同意。孟尝君希望齐国先背叛盟国，这样才能激怒奉阳君和其他国家。苏秦为了配合孟尝君，就派使者故意告知、吓唬齐王，说盟国如果不能联合攻秦，必将与齐国分道扬镳主动拉拢秦国。

齐王果然中计，听后非常害怕，想要抢在各盟国之前靠近秦国，企图与秦国和解，先是打算通过楚国联络秦国，还想让韩珉归齐来联络秦国，又考虑过通过赵国联络秦国。而今魏、赵、韩、燕都已经明白受了齐国愚弄，就有充分的理由联合起来反齐。但此时齐国对上述三种方案还在考虑之中，并未决定采取哪一条通道与秦国联系和解。

起先，齐国以出卖赵国来拉拢秦国，后来又以出卖秦国来拉拢赵国，以便攻占宋地，现在又以出卖所有盟国再想拉拢秦国。如果造成这种局面，孟尝君和韩徐为就不能依靠盟国的力量来实现他们的目标，那么其他盟国肯定就不想再去谋攻齐国了。因此，苏秦希望燕王赶紧派人分别盯住韩徐为和孟尝君，目的是使韩徐为和孟尝君坚定攻齐之约，不至于动摇。而对于反对攻齐的奉阳君，则不要与他谈论此事。

苏秦还在信中提醒燕昭王：

> 非议齐国的话，一句也不要泄露出去。燕国不要充当攻齐的先锋，不可首先向齐国发难，让赵国、魏国先发动攻齐，燕国再紧随其后。要异常谨慎，不可在没有命令的情况下让燕国大臣聚众议论攻齐的事。齐王认为燕国肯定会等待齐国筋疲力尽的时候才会进攻齐国，燕国不可有一时的松懈。

“那些谈论我的人，都会认为我地位卑贱并且已经被大王疏远了。”这句话意味深长，也就是说这时人们认为燕昭王已经不重用苏秦了。为什么呢？因为苏秦始终是以联络燕、齐友好关系的身份出现，此时又已成为齐王的宠臣，而燕王却公然谋攻齐国，这显然是抛弃了苏秦。从信中可以看出，苏秦的确一再劝燕王延缓攻齐的行动时间，做好保密工作，恐怕燕昭王对苏秦也有所猜疑，并且猜疑将越来越深，这是后话了。

【剧情释疑】

○苏秦毕生谋齐，矢志不渝，是为了给燕太子平妃姬狐报仇？

电视剧说秦、齐称帝以后，苏秦再次赴齐前夕，燕王与苏秦有一场谈话。

燕昭王问:“先生如此为燕国舍生,只为了不负王嫂所托?王嫂对先生有如此大恩?”

苏秦答:“人世无常,人情冷暖,奔忙一生,碌碌无为,然无奈悲苦之一生,若能遇见斗沙片刻之美好,已足矣。太子妃对大王的王兄太子平,忠贞不渝,与臣并无半点私情,臣之痴情乃一厢情愿,无所图报。”

燕王说:“先生至情至性,飞蛾扑火,献身光明。”

苏秦说:“飞蛾扑火,乃宿命罢了。”

联想到秦昭王加冠之初,燕国使臣苏秦托甘茂见到了宣太后和秦昭王,甘茂介绍苏秦,说苏先生认识太后一位故友,苏秦把燕太子平妃姬狐的书信呈上,信中说:

王妃、稷公子:姬狐本立誓为太子和王儿报仇,向齐国讨回血债,但天命已定,今身染重疾,恐不久于人世。苏秦先生乃旷世奇才,精诚之至,我求他来秦拜会,望信先生、助先生,皆与我与秦乃莫大幸事。太子平妃绝笔。

太后问:“不知道先生需要我们如何相助啊?”

苏秦答:“今日前来,苏秦只是受故人所托,拜会太后。苏秦还有未达之事,待日后时机成熟,再来拜会秦王、太后援手相助。”

秦昭王私见苏秦,问:“先生究竟有何事相求,为何会拿着燕妃的书信来找寡人?”

苏秦回忆起他与姬狐的初次相见,姬狐知道了他是鬼谷子的学生。

苏秦说:“大王可曾见过世间至善至美?大王可曾有过心头至爱?”

秦昭王未回答,只是催问,苏秦说:“只是时机未到,苏秦太多嘴了。”

这两个情节为电视剧埋下了两条线索:

一是苏秦决计献身谋齐,是为心中至爱而又不曾有染的燕太子平妃姬狐因齐国而死去的家人报仇,这个立意未免太小我,也太单薄了。何况姬狐本为电视剧虚构的一个人物,主要出现在第二部《大秦帝国之纵横》中,与张仪有着说不清、道不明的情感关系。苏秦与姬狐相比,在年龄上也是小字辈,属于时下所说的“姐弟恋”,而且还只是苏秦一厢情愿的单相思。以此推动剧情发展,既不符合人之情理,更没有史实支撑,本人认为这样的说法是站不住脚的。

史书上记载的苏秦为燕谋齐，且矢志不渝，是为了成就一番大事业，平生只奉一主、忠诚不贰，最终如愿以偿，获得成功，当然也如飞蛾扑火，毁灭了自身。

二是为以后五国合纵攻秦时，苏秦与秦王私下会晤、暗中配合埋下伏笔，让秦王知晓合纵五国攻秦并非苏秦的真实意图，灭齐才是他心中夙愿，以此获得秦王的帮助。以后再说。

○对于齐攻宋，是奉阳君主动索要宋国的陶邑，还是齐国主动许诺的？五国联军是由苏秦统帅吗？

电视剧是这样演绎的：齐、赵东阿会盟期间，齐国想让赵国同意齐国攻宋。苏秦对赵国奉阳君李兑说："我王口谕，只要奉阳君应允，日后必有重金赔谢。"李兑不要金银财宝，而要宋地陶邑。齐王舍不得，不肯给。

苏秦劝齐王："依臣之见，我王可以答应他，至于事后是否兑现，可以依奉阳君的功劳另当别论。若是奉阳君能使赵、韩、魏三国忠于齐王，那倒不妨对他加以赏赐。而且陶邑乃灭宋入齐之后事，更何况，此乃私下之约，到时奉阳君因一己私利，叛国弃主，他对付赵王还来不及呢，又奈我王如何！"

齐王说："那好。但合纵攻秦的统领，必须由你担当，否则本王移齐师伐宋，一旦被联军知晓，攻秦之事就土崩瓦解了。"

苏秦说："我王放心，臣定当紧握兵权，全力攻秦。"

对于第一个问题，虽然电视剧是这样演绎的，但《战国策·赵策四》第三章却这样记载：齐将攻宋，而秦阴禁之。齐因欲与赵，赵不听。齐乃令苏秦说李兑，以攻宋而定封焉。苏秦乃谓齐王曰："臣为足下说奉阳君曰：'君之身老矣，封不可不早定也。为君虑封，莫如于宋，他国莫可。夫秦人贪，韩、魏危，燕、楚辟，中山之地薄，莫如于阴。失今之时，不可复得已。宋之罪重，齐之怒深，残乱宋，得大齐，定身封，此百代之一时也。'以奉阳君甚食之，唯得大封，齐无大异。"

意思是：齐国打算进攻宋国，而秦国却暗中阻止它。齐国因此想拉拢赵国，可赵国不同意。齐国就派苏秦游说李兑，攻灭宋国以便确定他的封地。苏秦就对齐王说："我替您游说奉阳君道：'您的年纪老了，封地不能不早点儿定下来。为您考虑封地，非宋国莫属，其他国家都不行。秦人贪心，韩、魏危险，燕、楚偏僻，不如定在宋国的陶邑。机不可失，失不再来。宋国的罪恶重，齐国对它的怒气深，攻打无道的宋国，施恩于强大的齐国，确定自己的封邑，这是百年难遇的机会啊。' 奉阳君听了很高兴。他虽然得到一个大封邑，但对齐国并没有多大影响。"

可知，并非如电视剧所谓的那样，是奉阳君主动向齐国索要陶邑作为封邑，才同意齐国攻宋；而是齐王派苏秦主动以宋国的陶邑许给李兑作封邑，以争取赵国同意齐国攻宋。

为了达到攻宋的目的，齐国先后收买赵相奉阳君和魏相孟尝君，除了将陶邑预先许给奉阳君作封邑外，还把宋国的平陵许给孟尝君作封邑，以此激发赵、魏攻秦，给齐国腾出灭宋的时间和机会。

对于第二个问题，五国联军是否由苏秦统帅，据杨宽教授考证①：齐、赵两君在阿会晤，当出于齐之主动。齐王接受苏秦的计谋而邀请赵王相会，苏秦因而得以参与。赵臣的参与者则是奉阳君李兑。此时正是赵国存亡的紧急时刻，因而立即商定五国合纵伐秦之计，并推奉阳君为纵长，主持其事。据《战国策·赵策四》第二章记苏秦曰："今之攻秦，为赵也。五国伐赵，赵必亡矣。秦逐李兑，李兑必死，今之伐秦也，以救李子之死也。"《史记·苏秦列传》谓苏秦约六国合纵攻秦，为纵长，并相六国，佩六国相印，乃后世策士夸谈。但确尝约五国攻秦，推李兑为纵长，同时苏秦为齐、赵、燕三国之大臣兼封君，且为齐相。

因此，秦致送齐王"东帝"称号，是为了拉拢齐国一同伐赵，齐王接受苏秦计策，改联秦攻赵为联赵攻秦，实际上是救了赵国，也救了李兑，齐国本已反秦，苏秦就不便再出面统帅联军，赵相奉阳君担任合纵长、联军主帅，既是保卫国家，也是保全自己，不仅没有理由推辞，反而应该很主动、积极。

○燕国入齐的质子是燕昭王的儿子吗？

《战国纵横家书》第四章《苏秦自齐献书于燕王》曰："齐之信燕，[至于虚]北地[行]其甲。王信田代伐缲去[疾]之言功（攻）齐，使齐大戒而不信燕，

① 杨宽《战国史料编年辑证》第754页、762页，上海人民出版社2001年11月版。

臣秦拜辞事。王怒而不敢强。勺（赵）疑燕而不功（攻）齐，王使襄安君东，以便事也。臣岂敢强王戋（哉）。”（注：□为缺字，所补缺字用方括号，假借字用圆括号。下同。）

意思是：齐国并不怀疑燕国，北部边界也未设防或调动兵力。可是大王却相信田伐、缲去疾的话去攻打齐国，使齐军严阵警戒而不再信任燕国；现在赵国也怀疑燕国而不进攻齐国。我拜请大王准许我辞去谋齐之事，因怕惹怒大王而不敢强求。现在赵国怀疑燕国而不敢进攻齐国，如今大王又派襄安君到齐国去做人质，以有利于谋齐大事，我怎么敢强求大王改变决定呢！

孟庆祥在《战国纵横家书论考》（黑龙江人民出版社）一书中认为，襄安君是燕国王族，疑为燕昭王之弟。何建章在《战国策注释》（中华书局）一书中也认为：襄安君应是燕国王族，可能是燕昭王之弟。

另据《战国策·赵策四》第三章载：“苏秦乃谓齐王曰：‘……悬陶以甘之，循有燕以临之，而臣待忠之封，事必大成。臣又愿足下有地效于襄安君以资臣也。足下果残宋，此两地之封也，足下何爱焉？若足下不得志于宋，与国何敢望也？足下以此资臣也，臣循燕观赵，则足下击溃而决天下矣。’”

意思是：苏秦对齐王说：“……承诺把陶邑给他（奉阳君李兑）让他尝到甜头，加上有顺从齐国的燕国来威慑他，我又用封地来表示对他效忠，事情定会大获成功。我也希望您再拿出地来封给襄安君，以协助推动我的工作。您果真能攻下宋国，拿出这两个封地，您又有什么值得吝惜的呢？如果您攻取宋国的意图不能实现，同盟的各国也就没有什么指望了。您用这两个封邑来协助我开展工作，臣能使燕国顺从，赵国旁观，那么您就可以击溃宋国而宰割天下了。”

电视剧在苏秦与燕国质子去齐国时，字幕显示“燕质齐公子 姬昌”“燕质齐公子”不错，但史书并未记载其姓名，是否为“姬昌”不可考。苏秦在面见齐王时所说的“燕王愿以重金赔付我王，更将爱子质齐，以示悔意”，将质齐公子定为燕昭王的儿子，虽然不能肯定为错，至少有些武断了，将“爱子”改为“公子”更为妥当。

第七章
赵拘苏秦，伐秦无功

苏秦赴赵

随后，约在公元前287年下半年，苏秦从魏国到了赵国，督促联军快速攻秦。

据苏秦在赵国了解，此时韩、魏两国的军队已经会合，赵国也准备全部征调上党的军队。联军虽然还没有向秦国发起进攻，但也没有改变行动的迹象，只是因为当地正值雨季，不能迅速进军。

联军停留在成皋。此时，赵国想与秦国讲和，魏、韩打算响应，齐国不同意。而且，赵、魏两国也想争夺宋地，因此与齐国产生矛盾。

苏秦见到赵相奉阳君，对他说："各盟国分别去投靠秦国，秦国必然兵临宋国，魏冉肯定会嫉妒您占有陶邑。秦王贪心，魏冉嫉妒，陶邑您就得不到了。您不与秦国讲和，齐国必然继续攻宋，楚、魏定会插手，燕、赵也会出兵相助。五国兵临宋国，不到一两个月，陶邑必然到手。得到陶邑后再去讲和，即使秦国态度有变，您也没有什么后顾之忧了。所以，您一定不要与秦国讲和，这样陶邑自然就到手了。如果不得已非要讲和，希望五国仍然坚守盟约。如今各国都和赵国亲善，您又坚强有力，和韩国大臣一道去东边劝说齐王，齐王一定不会召回韩珉了。"

奉阳君对苏秦说："楚国如果没有与秦国的密约，是不敢和齐国会晤的。而今楚、齐已经确定会晤了，这就证明齐王已经与秦国联系上了。"

奉阳君李兑非常不愿意看到秦、齐两国和好，因为齐、秦如果再联合在一起，那么两国的行动如同出于一张嘴的指挥之下，必然成了两个强大的敌人一起攻打赵国。

因此，苏秦写信给齐湣王：

如果齐王与楚国会晤的事还没有确定，即使定了也对齐国没有好处，希望大王不要去会晤，从而让奉阳君放心。

而且我把您与我约定的意思告诉了燕王：“齐王说只要苏秦在齐国就不会算计燕国，我也说只要我苏秦能够在燕国得到任用，燕国也不会算计齐国。”燕王很高兴，并表示，将来无论如何他都会听从您，大王要团结三晋听从您，要拉拢秦国、楚国让它们也听从您。燕国侍奉齐国那是尽心尽力了，首先为大王断绝了与秦国的关系，又送人质去齐国，分别两次各派两万燕军、自带粮草去攻打宋国和秦国。韩国、魏国难道能做到这样支援齐国吗？全是为了齐国的利益啊！可是天下诸侯破坏燕国的声誉，大王竟然还听信这些谣言。燕王为此感到非常苦恼，希望大王为我好好安慰一下燕王的心。燕、齐两国关系如能好起来，大王何愁得不到天下！

苏秦一再为燕昭王解释，强调燕国对齐国的恭顺，是为了尽可能地蒙蔽齐湣王。

此时，宋国在齐国的进攻之下已无力对抗，而且齐国也担心燕、赵反齐，因此早已定下八月前收兵，最后宋国以割让淮北土地为条件与齐国讲和，双方暂时休战。

就在这时，燕国却进攻齐国，袭击了齐将赵信的军队。出人意料的是，齐王这次不仅没有攻打燕国，反而认为是赵信先挑衅了燕国边境守将，并且杀了赵信。

针对苏秦在赵国了解到的情况，齐湣王让苏秦传话给奉阳君：

寡人之所以有心与秦国和解，主要是基于四个原因：目前正在实施的攻秦计划，大多是为魏国着想，然而魏国却在观地滞留齐兵，几个月不来会合，这令我很失望。此其一。把齐兵弃置在荥阳、成皋一带，几个月来不进攻秦国，却去抢夺宋地。此其二。寡人第二次攻宋，请求魏国对宋国封闭关塞，他们竟然不同意；之后寡人已经与宋国讲和了，他们却来争夺齐国得到的土地。此其三。现在燕、赵两国的军队已经都到魏、宋交界处了，愈发加紧攻占葍地。此其四。

我又听说魏国已派两名使者到了秦国，想要暗地里达成和解协议。再者，您曾经说过：“我过去曾拿出一些封赏激励魏国合兵攻秦，而今再也说不上话了。”我唯恐魏国抛弃盟国而独自靠近秦国，因此才有与秦国和解的打算。现在又都说不如孤立秦国，加紧战备。联合进攻秦国，这是寡人首选的上策；

与秦国议和，是不得已而为之的下策。魏国不愿依靠我，反而给我树立了很多对立面，说："齐国通过楚国靠近秦国，楚国使臣苏修已经到齐国了。"这让各个盟国都对齐国愤愤然。又说，齐国将召回韩珉。我没有这个想法。而是韩珉亲近齐国，他曾派人到齐国大臣们的家里偷偷说了些什么，那可能是有的。但我没有见他派来的人，韩珉为此还十分生气。我如果有召回韩珉的想法，必定要先和您商量。如果齐国与楚国联合，也将与韩、魏、燕、赵四国联合，以相约进攻秦国。如果楚王不同意联合，齐国将与魏王在围地再行联合，关押那些秦国奸细，结盟攻秦。最好是攻破秦国，其次是排斥秦国于诸侯之外，最下策是与秦国结为邦交。盟国之间要团结一致，切不可互相疏离。

苏秦把齐王的传话转告给了奉阳君，奉阳君很高兴，他愿意遵从齐王的指示行事，命令盟国都不要先撤兵。如有擅自退兵的，其他盟国则共同诛灭它；如有其他国家进攻任一盟国，其他盟国则共同支援该盟国。但我们从齐王的长篇解释中可以看出，这时齐国与魏国的矛盾已经公开化了，与赵国的关系也不如以前，也已经开始恶化。

苏秦又写信给齐湣王，劝他不要抛弃盟国，也不要先接近秦国，不抛弃奉阳君李兑，也不要让韩珉回齐国。如果魏国首先撤出联盟，齐、赵两国就进攻魏国，齐国必定夺取魏都大梁以东的土地，赵国必定夺取河内之地。秦国也会不结盟而响应，齐国又怕魏国什么呢！齐国要是抛弃三晋而纠合秦国，抛弃李兑而召回韩珉，盟国就会怨恨齐国而向秦国称臣。这对齐国非常不利，希望齐湣王稳固与三晋和燕国的邦交。

苏秦上在信中还说：

我之所以要促使三晋坚定地攻打秦国，并不是认为齐国可在秦国失败中得到什么好处，而是想齐国再攻打宋国时更加方便。宋国太子登上王位，臣民都拥护新王，防守坚固，所以我让您撤军回国休整；如今太子出走，身在国外，如果再次攻打，宋国必将大乱，这是拿下宋国的好时机。齐国尽管大举攻打宋国，不必等待赵军的支援。把陶邑许给奉阳君，让他尝到甜头，加上有顺从齐国的燕国来威慑他，又用封邑来引诱他，攻宋定会大获成功。大王您用封邑来协助我开展工作，我会使燕国顺从、赵国旁观，那么您就可以彻底击溃宋国而宰割天下了。

基于目前的形势，齐国仍然希望维持与赵国的盟友关系，就派公玉丹等人到赵国。齐国把蒙邑（今河南商丘东北）赐封给奉阳君，奉阳君接受了。奉阳君在会见公玉丹的时候，说："赵国将把齐国作为最好的盟国，若诸侯各国有敢于谋攻齐国的，请让我们共同攻打它。"

此时楚国使者苏修正在齐国，他已派人到各处奔走，并把一些好处预先许诺给齐、赵两国了。

由于齐国这时还不能攻灭宋国，就想胁从韩、魏拉拢秦国以防范赵国；赵国现在也已经采用孟尝君和韩徐为的计谋以防范齐国，而且他们谋攻齐国的准备工作正在紧锣密鼓地进行之中，因此齐、赵两国现在正处于相互对立的状态。

当年，赵将韩徐为曾约魏相孟尝君、燕昭王攻齐，彼此响应。但此时由于魏国正忙于争夺宋地，燕国认为时机不成熟还在观望等待，于是韩徐为率赵军首次攻齐，无功而返。

苏秦认为：如果为赵国选择正确方略，必然是联合秦、齐以谋攻燕国；如果为燕国选择正确方略，必定是不让赵国联合齐、秦以谋燕。奉阳君的政治私欲是讨好齐、秦两国以确定其封号，讨好齐国以保住其封地，所以赵国目前还不想把与齐国的对立公开化，但关系日益恶化已经是事实了。

苏秦被拘于赵

苏秦在赵国期间，奉阳君派人对齐湣王说："燕王说请不要给苏秦委以官职，苏秦想要算计齐国。"齐湣王又把这话转告给了苏秦，还对苏秦说"我和您早有谋划"。这既可能是齐湣王不相信这句话，仍然对苏秦深信不疑，也有可能是对他已经有所怀疑，借此从侧面敲打敲打苏秦，试图挽救、拉拢他。

其实，燕昭王说的"请不要给苏秦委以官职"这句话，也可以作出不同的理解：既有可能因为苏秦也是齐国的重臣，而且这些年来一直在为齐国奔走，其他国家任以官职纯属多余；更有可能是故意放出的烟幕弹，目的是掩护苏秦燕国间谍的真实身份；还有可能是因为苏秦长时间不在燕国，燕昭王身边的大臣早已对苏秦有所非议，燕昭王听信了这些谗言，认为苏秦背叛了燕国，有意暴露苏秦的身份，借他国之手处死苏秦。

不管齐湣王是否相信，奉阳君肯定是信了，所以对苏秦的真实身份和言行意图产生了怀疑。特别是当齐使公玉丹到赵国后，苏秦试图去联络他，想通过公玉丹阻止将齐之蒙邑封给奉阳君，这一行为遭到奉阳君的记恨。于是，奉阳君就把苏秦拘留在赵国，软禁起来。

苏秦把他所了解的当前局势，奉阳君传给齐王、齐王又转告给他的这些话，迅速写信派盛庆送给燕昭王，还在信中说：

我之所以勾连在齐、赵之间，不露声色，那是因为赵军还没有攻打齐国。排斥齐国于联盟之外，一定不能让赵国联合齐、秦来谋攻燕国，当功成之时，我就请求齐国让我回去了。但是在目前这种形势下，齐王即使让我回去，我也不会回去。现在，各种使齐、赵关系破裂的方法，我都将尽力实施。让他们的关系产生裂痕，是可以做到的；让他们相互欺辱，是可以做到的；让齐国与赵国产生大仇，也是可以做到的。可是现在大王却说："一定要友善地对待赵国，这对燕国有好处。"我一点也不明白其中的道理。如果齐、赵两国相互友善交往，那可是燕国的大祸。奉阳君本来就怨恨我，我对上述情况将如何处置！如果让齐国和赵国的关系友善起来，我必被容纳于赵国，可是我认为那对燕国不利。如果齐、赵关系不进一步恶化，燕国就不可能安稳，大计就不可能完成。而今齐、赵关系恶化已成事实了，我却被拘在赵国等待他们的宰割，希望大王确定思路并为我的工作提供支持和帮助。

燕昭王派使孙和赵弘到赵国，帮苏秦说了很多话，奉阳君和韩徐为才对苏秦和善一些，还说过要放走他的话。同时，齐湣王也派人去赵国，对赵国拘留苏秦感到很气愤，并且转告奉阳君，齐国已派人任宋相，宋国与齐国已经达成了通关条约。这样一来,奉阳君对齐国的行为更加气愤,并归罪于苏秦，也让奉阳君、韩徐为对苏秦的态度又恶劣起来。

苏秦担心自己不能脱离险境，死在赵国。死也算是一件大事，然而无所作为，抑郁而死，肯定会死不瞑目。而齐王为他说情则如火上浇油，还不如不说，如今也只能希望、依靠燕王继续解救他了。

赵国软禁苏秦时，还派人跟踪监视他的行为，并且编造是非，意图拉拢齐国使者破坏燕国的谋齐大计。苏秦也多次违反赵国禁令，冒险去与齐国使臣公玉丹见面，劝阻公玉丹把蒙邑献给奉阳君。不过，奉阳君派人与苏秦联系助赵联燕之事，赵王也让苏秦与奉阳君携手合作，联合齐、韩、魏、燕，并说宋国不可轻信。赵国与苏秦相约，实施赵、魏、韩、齐、燕的联合行动，可是他们却暗中派使者入秦讲和，并约定待退兵之日，不能攻伐齐国，从而孤立齐国。此事最好的结果，是齐、赵两国产生严重的对立情绪；其次，是五国联合而不排斥燕国；最糟的结果，是赵国顺从齐、秦两国以算计燕国。

苏秦上书燕昭王，希望燕国朝廷上下表面上应有一股推崇齐国的声气，要像赵国推崇齐国一样。苏秦想让齐、赵之间产生严重裂痕后再离开赵国，到了齐国之后，就对齐湣王说赵国的合齐政策，实质上是暗地里排斥齐国，算计齐国。这样，齐、赵两国必然产生大仇恨。可是，现在奉阳君和韩徐为都不信任苏秦，不放他出境。聪明的人能使自己的国家免遭祸患，却未必能使自己免遭灾难。因此，苏秦请求燕昭王继续派使者到赵国，让他尽快脱离赵国，到齐国去见齐湣王，或者召他回燕国。

公元前 286 年初，韩徐为再约孟尝君、燕昭王联合攻齐。奉阳君向齐国出卖了苏秦，并把攻齐行动归罪于燕国。史书都没提及这次战争的胜负，估计也是不了了之，因为奉阳君始终想与齐国联合，以图在宋国占取封邑，所以他不可能让赵国与齐国的关系破裂。

但是，燕国的这番举动却得罪了齐国，而且燕昭王对奉阳君与齐国的联合也极为担忧，很需要苏秦到齐国去活动，以弥合燕国与齐国的关系，同时离间赵国与齐国的关系。于是，燕昭王又派人到赵国，向韩徐为再次提出了严重的抗议，赵国考虑再三，最终释放了苏秦。此时苏秦已在赵国停留了大约将近一年的时间。

苏秦回到齐国

公元前 286 年上半年，苏秦从赵国到了齐国。他说服了齐湣王，使齐国不再把蒙邑封给奉阳君，并挑拨了齐、赵之间的关系，成功让两国的邦交恶化。

有人告诉奉阳君说：“让齐国不信任赵国的，是苏秦；让齐国召回触子（亦作蜀子），叫他不要进攻宋国的，是苏秦；与齐王共谋争取秦国，图谋赵国的，也是苏秦；让齐国用武装监视赵国人质的，还是苏秦。”

韩徐为派人对苏秦说："实话告诉你，如果齐国真的用武装监视赵国的人质，那我一定用同样的方式来监视你。"

于是，苏秦在齐国写信给燕昭王说：

虽然如此，大王也不必为我担心。臣早就知道入齐之后会遭到赵国的伤害，为了实现大王想要达到的目的，我仍然在离开赵国后就立即前往齐国。就算臣死在赵国，如果能让齐国和赵国的关系恶化，我就等于还活着一样。虽然现在赵国和齐国断交，齐国也可能陷入混乱。但我却不如赵国从前的张孟谈，如果我能像张孟谈那样足智多谋，齐、赵两国中必定会有一个要像赵国从前的智伯那样灭亡。

就在这时，燕昭王突然派盛庆传令苏秦，说他要另外委派人来代替苏秦的职务。苏秦不明就里，感到自己很委屈，便写了一封长信给燕昭王。现摘录如下：

燕、齐两国关系恶化已经很久了。我处于燕、齐关系的转折点上，本来就知道必将被人怀疑。我曾与大王预计：齐国必将成为燕国的心腹大患。我顺从大王之意在齐国任事，往大处说可以使齐国不再算计燕国，往小处说可以使齐、赵的关系恶化，以此利于大王的长远之计，这是大王与我约定好了的事。

我接受大王的教诲，五年来一直在调整燕国与齐国的关系，齐国数次出兵略地，从未曾谋攻燕国。齐、赵两国的关系，时好时坏，时分时合。从长远形势分析，燕国不与齐国谋攻赵国，就得与赵国谋攻齐国。齐国并不怀疑燕国，北部边界也未设防或调动兵力。可是大王却相信田伐、缲去疾的话去攻打齐国，使齐军严阵警戒而不再信任燕国；现在赵国也怀疑燕国而不进攻齐国。我拜请大王准许我辞去谋齐之事，因怕惹怒大王而不敢强求。现在赵国也怀疑燕国而不敢进攻齐国，大王又派襄安君到齐国去做人质，以有利于谋齐大事，我怎么敢强求大王改变决定呢！

齐、赵两国在东阿会晤，其结果对我们虽仍有所损失，却不会有齐、赵侵扰之忧，也免除了称臣之耻。齐国杀死张魁的时候，我曾请您允许我向齐国辞去我的职务。大王派盛庆来对我说："不到齐国任职，对燕国有危害。"所以我以生命为代价又来到齐国，继续调理齐、燕的关系。后来，孟尝君和韩徐为与大王相约攻齐，奉阳君向齐国出卖了我和燕国，大王以此为忧，强让我去了齐国，我也完成了我的使命。大王能裁断是非曲直，我是以生命担负自己的职事，在这之后，秦国受到诸侯联军的攻击，齐、赵之间也曾相互算计，可是齐、赵未曾算计过燕国，而是都在争取大王的支持。我虽然没有建立过大功，但自认为也可以免受惩处，现在齐王有责难我的话，而大王竟认为我有罪，这令我非常恐惧。

张魁被杀的时候，大王感到欺辱。齐王准备为其王后改葬墓地而召我赴齐时，我本不想去，想让齐王不再任用我。大王又坚持让我到齐国去。以上两项都是大事，而大王却能赦免我的罪过，我已受到大王的恩赐了。我到齐国去的时候，本来就知道必将受到口舌诬陷，因此给大王留下一封信才走。我曾说：我在齐国如果身份显贵起来，燕国的大夫们将不再信任我；我在齐国如果地位卑贱下来，燕国的大夫们也将轻视我；我若被齐王重用，人们将会对我有许多奢望；齐国一旦获得利益，人们就会把罪过推到我的身上。天下诸侯没有进攻齐国，他们会说：苏秦善于为齐国谋划。但当天下诸侯进攻齐国时，他们将与齐国一起抛弃我。我的处境危如累卵！大王曾对我说：“我肯定不会相听信众人的闲话和谗言，我相信你犹如上下齿相合，绝无异心。只是希望最后成全大事罢了。”凭着这些教诲，我可以说没有什么事不是以巧言说动齐王而得到重用。如今大王依据众人的口舌谣言而给我治罪，我非常害怕。

我知道大王对我有许多恩德。我出身卑贱，是您使我地位高贵；我生活屈辱，是您使我显身扬名。我也没有什么可以报答您。我追求卿位和封地，始终不得意，但大王为我两有之，现在就算让我与天下使者中有封位的人相比，我也不觉得惭愧。当我被拘留在赵国的时候，大王派人去对韩徐为说：“拘留苏秦不让他走，这就犹如摘掉了我的帽子。”以此救我于死地。我感激大王之情，已深入自己的骨髓之中。我甘愿牺牲、受辱，只要可以报答大王，就希望去做。今天大王派盛庆来对我下令道：“我想任用更好的人。”大王如果有了更好的人选而想任用他，请您允许我为了大王而去侍奉他。如果大王是为了抛弃我才转而任用那个更好的人，请您允许我归去并辞掉自己的职务。如能有机会再见到您，我也就心满意足了。

在这封信中，苏秦回顾了他与燕昭王商定谋齐大计，追述了自己五年来为实现这一大计所担负的职责、所遭受的委屈，屡次以自己的生命来完成燕昭王对他的托付，尽心竭力、一以贯之地实施他们的既定方略，并表示燕昭王对他的知遇之恩他无以回报，情真意切，感人至深。

燕昭王看了这封信，估计也受到了感动，消除了对苏秦的误解和猜疑，不再相信燕国大臣们对苏秦的攻击和诽谤，没有撤销他的职务，继续任用他为燕谋齐。这从苏秦后来的一系列活动中可以得到证实。

五国攻秦无功而返

公元前 287 年，声势浩大却没打一仗的五国攻秦，因合纵五国各怀心思，都只出兵而不进攻，联军在成皋停留将近一年之后，最终无功而返。双方罢兵议和，秦国把以前所夺得的温（今河南温县西南）、轵（今河南济源东南）、高平（今河南济源西南向城）归还给魏国，把坙分、先俞（均在今山西代县西）归还给赵国。

五国与秦国议和时，秦昭王提出让韩国的成阳君同时兼任韩、魏两国的相国，两国都不同意。

宣太后对秦昭王说：“成阳君因为大王的缘故，困居齐国，现在见他得意了就拉拢他，这能使他心服吗？恐怕他不会为大王所用，而且让他担任韩、魏的相国，还可能有损秦国与韩、魏的关系，这种做法并不可取。”

宣太后所说的“成阳君因为大王的缘故，困居齐国”，指的是三年前成阳君入秦朝见秦昭王，因秦攻韩，秦、韩交恶，成阳君不能回韩而出奔齐国的事。由于宣太后的反对，秦昭王的这个要求没有实现。

秦国解除了五国的羁绊后，当年就兵分两路，立即展开了对魏国的进攻。一路攻河内地区，取新垣（今山西垣曲县东南）、曲阳（今河南济源西）；另一路攻河东地区的魏国旧都安邑，但当年并未攻克。

作为与秦、魏都相邻的韩国，此时将如何应对呢？

有人对韩襄王说：“秦国已在攻伐魏国。他想进攻韩国，进而图谋周室的意图，恐怕只有人们睡着了才能忘记。韩国却不了解秦王，想与秦国友好，这样必将给山东六国带来大祸。如今秦国进攻魏国，是想在得到魏国之后再兵临韩国，唯恐魏国不听从，就先给它点颜色来巩固两国邦交。如果大王不明白这一点，想对秦、魏战事保持中立，魏国一定会怨恨韩国不帮助自己，必然会倒向秦国，韩国一定会被攻破。”

“大王不如派遣重臣去赵国、魏国，签订盟约重新结为兄弟之邦，使山东六国都派出精锐军队，驻守韩国、魏国的西部边界。不这样做，山东六国就没有任何办法来挽救灭亡的命运，这是万世之策。”

“秦国想吞并诸侯，称霸天下，即使大王侍奉秦国像儿子侍奉父亲一样，仍将会被灭亡。并且乖乖地侍奉秦国也没有任何好处，不但不可以存活下去，反而会因此加速自己的灭亡。如果山东各国不能结成合纵之盟，牢牢地联合起来团结一致，必然都会被秦国灭亡。”

我们不知道这位进言者的姓名，史书却记下了他的远见卓识。面对这时如此纷繁复杂的国际形势，他却能拨云见日，成功地预测了五六十年后山东六国都将被秦国灭亡的最终结局，可谓高瞻远瞩。

【剧情释疑】

○苏秦在五国联军与秦军对峙期间，曾与秦王见面言明并非真的攻秦吗？

电视剧中有秦王暗中送信邀请苏秦会面，苏秦赴秦营见秦王的情节。

一见到秦昭王，苏秦说：“苏秦等此刻整整十四年了。秦王放心，是友，不是敌。苏秦信秦王，正如秦王信苏秦。”

秦王说：“盟燕联赵，伐宋攻秦，先生是为了……”

苏秦答：“灭齐。一切都是为了灭齐。秦王可曾记得，苏秦说过有朝一日，终有事相求，这一天终于来了。秦王，所谓攻强必养之使强，益之使张，太强则折，太屈则缺。我为燕王谋，欲灭齐国，可燕国势单，必不能独灭强齐，是故，以使齐国更强为由说与齐王，齐王贪，耗费尽国力，欲强其国。可是强国再强，也可拦腰斩断；国土再广，也可土崩瓦解。齐王如此四处兴兵掳掠，到头来，定会费尽国力，如此，灭齐就犹如囊中取物。”

魏冉说：“于是，先生便让齐国攻我秦国？”

苏秦说：“穰侯莫急，且听苏秦一一道来。所谓养之使强，益之使张，就是让宋国去养它。在列国之中，宋国最为富庶，然以一国之力能灭宋国的，除了秦国，就只有齐国了。”

秦王说：“宋国虽肥，却有毒。”

苏秦说：“要想让齐王铤而走险，决意灭宋，除了宋国这个诱饵，还要设个局，要让齐王相信，除了秦国，各国皆会助他独吞宋国。”

秦王说：“听先生的意思是，魏、韩、赵三国，如今已经知道齐国要攻宋国，赵国的国力已不逊于齐国，怎会听之任之？”

苏秦说：“赵国是奉阳君掌权，他贪得无厌，想要在齐国灭宋后把最肥的那块肥肉陶邑给他作封邑，并要齐王亲自立下承诺密诏，以防止齐王得手之后，失信反悔，其实齐王答应与否并不重要，只要苏秦让奉阳君相信，齐王答应了便是，即便是齐王后来后悔，那也是我之所盼，要的就是奉阳君怒而攻齐！齐王以为，各国全在竭力攻秦，秦国根本无法抽身，待到能抽身之时，他已攻下了宋国。以齐王之贪婪，他断然不会与他国分享，于是乎，各国恼羞成怒，便掉头一致攻齐！”

魏冉问：“苏秦，你真的要和我们打吗？”

苏秦答：“不能真打。这不过是打给齐王看的小仗罢了，千万不能和联军交战过猛。如若不然，联军尚未孤立齐国，已损失惨重，将来又如何灭齐？”

苏秦赴秦营的事，被齐王安插在苏秦身边的眼线发现了。

这些剧情，都是沿着秦昭王加冠后不久，燕太子平妃姬狐让苏秦带信给秦王，希望秦国信苏秦、助苏秦这一线索而演绎出来的。但史书上并无苏秦此时与秦王会面，言明其意图不在攻秦而是灭齐的记载。

○赵国拘留苏秦的原因是什么？是为齐王处罚苏秦与秦勾结吗？

李兑问苏秦：“武安君亲自深入秦境，究竟是见了何人、谈了何事？”

苏秦说已禀报齐王。齐王派的人和奉阳君都要他说清楚，苏秦不说，奉阳君命押入刑堂，大刑伺候。正在对苏秦严刑拷打之际，韩徐为来了，喝令住手。李兑说这是齐王的意思。

苏秦向韩徐为说明，都是因为齐王给奉阳君的承诺诏而引起，于是李兑私得陶邑之事暴露。

韩徐为斥责李兑："赵国将士乃是国家公器，想以千万赵人的血汗，成就你一人私欲，你这是叛国之罪！你损公肥私，本将军绝不会袖手旁观。"

韩徐为问苏秦："武安君，眼下五国抗秦，你齐国士卒何时移师灭宋？"

苏秦说："韩将军，那天苏秦不都已经跟你说得一清二楚了吗？"

韩徐为迷惑不解。

苏秦又说："那天晚上，在秦将的营帐之中不都说了吗？"

韩徐为更是云里雾里。

李兑说："武安君密会的秦军将领，原来是赵国大将，武安君，什么事，快说！"

苏秦说："那晚与本帅相见的，根本不是秦国将领，而是赵国赵将韩徐为将军。"

苏秦嫁祸于人，韩徐为愤怒，李兑欣喜，要苏秦把密会之事说明白，将功赎罪。

苏秦说："本帅何罪之有？联军攻秦，大战在即，而前方密探上呈军情说，你赵国韩徐为将军，他竟然主张联秦。换作是奉阳君，后院起火，能坐视不理吗？从秦国回来的密探还说，韩将军不仅主张联秦，而且还与秦王商定，要密见我苏秦，无论会谈结果如何，皆保我能全身而退，如此，我苏秦既为联军统帅，便要知彼知己，而且本帅忠心一片，坦荡无惧，故而决定前往，那晚还有秦王。"

韩徐为指责苏秦颠倒黑白，他根本就没有见过秦王。

李兑问："他们见你，是劝你归降？"

苏秦答："不错。但他们不了解苏秦的为人，即便是高官厚禄，又岂能说服我苏秦背叛我王，与韩将军为伍？"

韩徐为质问："苏秦，你为何编造如此谎言？"

齐人问："既如此，他们就这么轻易把你给放了？"

苏秦答："本帅虚与委蛇，为了抽身而退，并未当场表态。"

齐人又问："武安君在临淄，为何未向我王禀奏啊？"

苏秦答："赵国出了如此变故，我怕说了，我王会担忧猜忌。事情紧迫，本帅便决定先来邯郸，尝试说服奉阳君出兵。"

韩徐为对苏秦大为不满。

苏秦说:“韩将军,你就不要白费力气了。本帅知道,你与奉阳君政见不同,如今奉阳君主张联齐抗秦,而将军却主张联秦抗齐,不然的话,韩将军亲赴秦境,与秦王会晤,又从何谈起?”

韩徐为有口难辩,背了黑锅。

李兑对齐人说:“真相已然大白,把苏秦带下去。”

李兑单独对韩徐为说:“苏秦巧舌如簧,为了保全自身,完全可能栽赃陷害,他刚才所说你我两人的事,纯属子虚乌有,一派胡言。”

以此为交换,李兑以不追究苏秦编造的韩徐为通敌之事,让韩徐为也不把他与齐王之间的私下交易传出去,将韩徐为的口封住了。

韩徐为到牢房见苏秦,问他为什么要陷害自己。

苏秦说:“可有一言,确是事实。在赵国,将军主张联秦抗齐,而奉阳君却主张联齐抗秦。可将军对自己的主张,不仅有言,还会有行,将军深夜来看我,一定是听懂了苏秦那句话:与秦王会晤。”

韩徐为问:“你的意思是让我去见秦王?”

苏秦答:“将军只要信我,若是去了,一切便会真相大白,自然会明白苏秦的前因后果。”

听了苏秦的话后,韩徐为果然去见了秦王。秦王把苏秦实为燕国间者的事告诉了韩徐为,韩徐为虽然感到吃惊,但却愿意帮助苏秦实现其灭齐大策。秦国当然也愿意帮助苏秦灭齐。但苏秦身陷囹圄,韩徐为代为其事,秦国也假意与联军继续演戏,双方打得热热闹闹,都是为了打给齐王看。

而李兑勾结齐国密定承诺诏一事却败露,赵惠文王大怒,下令抓捕李兑,并以卖国之罪免去其职务,幽闭在家。随即又任命韩徐为带领赵军,驻扎在魏国荥阳,加入五国之列。苏秦被释放,集结五国将士佯攻秦国,战争双方都心照不宣,简直是史无前例。

电视剧演绎的这些剧情,多处与史实不合。

据《战国纵横家书》第三章记载:“使盛庆献书于[燕王曰]:……以不功(攻)宋,欲从韩、粱(梁)取秦,以谨勺(赵)。勺(赵)以(已)用薛公徐为之谋谨齐,故齐[赵]相倍(背)也,今齐王使宋窍谓臣曰:“奉阳君使周纳告寡人曰：‘燕王请毋任苏秦以事’，信□□奉阳君使周纳言之曰：‘欲谋齐’，寡人弗信也。周纳言：燕勺(赵)循善矣，皆不任子以事。奉阳[君]□□□丹若得也，曰：笱（苟）毋任子，讲，请以齐为上交。”

大意是：苏秦派盛庆给燕昭王送去一封信，说由于齐国还不能攻灭宋国，所以想胁从韩、魏，拉拢秦国，以防范赵国，赵国现在已经采用薛公和韩徐为的计策，以防范齐国，因此，齐、赵两国现正处于相互对立的状态。最近齐王派宋窍来转述他的话：“奉阳君曾派周纳告诉我说：‘听说燕昭王请求不要给苏秦委任官职。’能否相信奉阳君派周纳来说的这番话呢？他还说：‘苏秦想要算计齐国。’我是不相信的。周纳还说：‘燕、赵两国和好了，都不给苏秦委任官职。奉阳君会见公玉丹和强得的时候，说如果我们都不委任苏秦以官职，赵、齐两国再讲和，请允许我们以齐国为最好的盟国。’”

此时赵国正用薛公、韩徐为之计以防范齐国，齐、赵相背，苏秦以为“虽未攻齐”，对于燕国是好事。但赵奉阳君想继续与齐、秦保持良好关系，谋求取得封邑，如果齐、赵两国继续友好，则为燕国之大祸。苏秦之策略在于恶化齐、赵之交，如果齐、赵两国关系不恶化，燕国就不能安稳，攻灭齐国的“大事”就不能成功。因为有人向奉阳君检举，苏秦有一系列行动破坏齐、赵之间关系，致使齐、赵大恶。赵将韩徐为与之言甚恶，奉阳君亦甚怒。所以，奉阳君拘留了苏秦。

另据《战国纵横家书》第二章：“使韩山献书燕王曰：……臣之所患，齐、勺（赵）之恶日益，奉阳君尽以为臣罪，恐久而后不可□救也。”

大意是：我所忧虑的是，齐、赵两国关系日益恶化，奉阳君必定认为都是我的罪过，唯恐久后更不容易救我出去。这也进一步说明，苏秦使齐、赵关系恶化是他与奉阳君势不两立的主要原因。

第八章 秦取安邑，齐国灭宋

五国攻秦结束时，各国合纵、连横的形势盘根错节，异常复杂，不少国家的大臣和纵横家都参与进来，真可谓大腕云集，风云际会。

苏秦自不必说，其最终目的是谋攻齐国、为燕国报仇。魏相孟尝君、赵将韩徐为也主张合纵攻齐。而赵相奉阳君却主张合纵攻秦。本是秦臣、曾为齐相的吕礼和原为齐相的韩珉，都是主张秦、齐联合；做过齐、魏大臣的周最，则是主张齐、魏联合而反对齐、秦联合。

齐湣王忽而与秦联合攻赵，忽而又与赵联合攻秦，都是为了防止秦、赵等国对他扩张领土进行干涉，从而形成攻灭宋国的有利形势，以达到其取得陶邑等商业城市和整个宋国土地的目的。

齐与秦达成交换条件

主张秦、齐联合的韩珉给齐湣王写了封信，说：

秦王很后悔没有听从大王的劝告，等形成有利的形势后再立帝号。如果齐国不联合秦国，秦国怎么能令魏国臣服？只要齐、秦重新联合在一起，让我返回齐国，并且又像以往一样，继续施行齐、秦联合的政策，秦国保证无论什么事都听从大王。如果齐国想攻取宋地，秦国可为齐国排除魏、楚的干扰，夺取的每一寸土地全部划归齐国。齐、秦两国还可联手进攻三晋及燕、楚，各自分得土地。如此，就可以逼使结盟合纵的各个诸侯国，乖乖地为我们所用了。齐、秦两国即使想一百次称帝，又有谁能够禁止得了呢！

公元前 286 年，齐湣王重新起用韩珉为相，主持齐、秦合作与齐国攻宋一事，并迅速发动了第三次攻宋战争。

秦昭王大怒，说："我爱宋国和爱新城、阳晋是一样的。韩珉同我交好，却又攻打我所爱的地方，这是为什么呢？"

苏秦为齐国游说秦王："韩珉攻打宋国，正是为大王着想啊。凭齐国的强大，再加上宋国，楚、魏两国必然会忌惮，他们一害怕就一定会来侍奉秦国。

大王不损一兵，不杀一人，不使用武力就能得到安邑，这是韩珉在为秦国谋福啊。”

秦王说：“我本来就担心齐国不可捉摸，一会儿合纵一会儿连横，你为什么这样说？”

苏秦回答说：“天下诸侯让齐国的意图明朗了。齐国已经攻打宋国，齐国向西侍奉秦国，是想得到拥有万辆兵车秦国的帮助；不向西侍奉秦国，即使得到宋地也不会安宁。山东各国经验丰富的游说之士，都想方设法离间秦、齐两国之间的关系。乘车西去秦国的人没有一个亲近齐国，乘车东去齐国的人没有一个亲近秦国。他们都不愿意齐国和秦国联合，这是为什么？是因为魏、楚两国聪明，而齐、秦两国太傻了。魏、楚两国联合，一定会觊觎齐国和秦国，齐、秦两国联合必然要图谋魏国和楚国。请大王决断吧！”

苏秦的这番话，让秦昭王禁止齐国攻宋的想法开始动摇了。

齐国又派泠向[①]（泠音同凌）游说秦昭王，说：“我想让齐国侍奉大王，所以主张让齐攻宋。如果宋国被灭，就会危及魏国，大王唾手就可取得魏国的安邑。燕、赵担心齐、秦联合，必定会割地给大王，这样，齐国就必定会尊奉大王。我主张齐国攻宋，就是为了让齐国有所畏惧而尊奉大王。”

听了这番话后，秦昭王的态度发生转变。

当齐国再派宋郭出使秦国，要求与秦国联合进攻宋国时，秦王答应了。

秦昭王对宋郭说：“瓜分宋国城邑、制服宋国逞强的是六国，乘宋国疲惫，而与齐王争夺胜利果实的是楚国和魏国。请您告诉齐王：不要制止楚国去进攻魏国，那么齐王可以单独灭掉宋国。齐王进攻宋国，请采取刚柔并济的办法。像宋国这样的国家，欺负它不算悖理，灭掉它也不算无道。齐王与它讲和是为了夺取土地，已经得到了土地又加紧进攻，目的只在于灭掉宋国而已。”

秦王想攻打魏国的安邑，又担心齐国救援魏国，就把宋国许给齐国。说：“宋王无道，做了一个像我的木头人，用箭来射它的脸 。但秦国与宋国距离遥远，用兵困难，难以进攻。如果齐王能攻下并占领宋国，那就像我自己取

① 泠向，亦有《战国策》版本作“冷向”，盖因形近而误。人名，《战国策》历代注家多说为秦臣，但鲍彪云：“今详为齐人。”吴师道云：“韩、赵策亦有此人。”现代学者范祥雍在《战国策笺证》中云：“鲍说当是。详策文，秦恶齐之攻宋，向乃为齐饰说。是向不特为齐臣，且主攻宋者矣。”

得宋地一样。”

齐国发动五国攻秦，目的本在灭宋，因而也同意秦取得魏之安邑。于是，两国以此作为交换条件，互不干涉。

苏秦游说魏国被拘

但是，魏国害怕齐、秦联合，想与秦国讲和。

苏秦前往魏国，对魏昭王说：“我听到秦王对齐国使臣宋郭说的那些话，私下为大王感到悲哀。秦国一定会用这种办法来对付大王，而且也必将以索取土地的方式来要挟大王，但当它在得到了土地后，又会用武力来进攻大王。之后秦国必将与大王讲和，让大王轻慢齐国，等到齐、魏关系恶化，它又将联合齐国，更进一步地向大王索要土地。秦国曾经对楚国用过这个办法，也曾经对韩国用过同样办法。希望大王要深思熟虑啊。”

“秦国对魏国友好是居心叵测。为大王考虑，上策是进攻秦国，中策是排斥秦国，下策是坚守合纵盟约假意讲和，而盟国之间要保持密切联系。秦、齐如果联合，魏国就无计可施了。大王还是听我的吧，一定不要和秦国讲和。”

“如今秦国的势力大，秦相魏冉又熟悉诸侯的情况，所以就算有为大王损害秦国的，也不敢公开表示。诸侯可以进攻秦国，但只是秘密发动而不敢公开进行。见到诸侯在损害秦国时，就先出卖盟国以便解脱自己。诸侯可以排斥秦国，但只能说是受到盟国的胁迫，不得已而为之。诸侯认为不能排斥秦国，就抢先背离盟国，把秦国当作友邦以保全自己。像这样的人是在出卖大王来换取资本，怎么能免除国家的忧患呢？”

“要使国家免除忧患，必须推究上、中、下三策而去实行上策，上策不行就实行中策，中策不行再实行下策，下策也不行，就表明与秦国到了势不两立的地步，必须击破秦国了。要使秦国无所怨恨与贪图，只有灭掉秦国才能安宁。我希望您考虑我的计策。”

然而，当时的魏王已经知道了齐国允许秦国取得安邑，齐、秦两国暗中在做交易来牺牲魏国，于是魏王就把苏秦拘留起来。

苏秦想逃到齐国去，魏军守住关口，不让他通过。苏秦只好求救于齐王。

齐国派苏厉到魏国，对魏王说：“齐国请求把宋地封给秦国泾阳君，可是秦国不接受。秦国并不是不愿意与齐国友好又可以得到宋地，它不接受的原因是不相信齐国和苏秦。现在秦国见到齐、魏两国已经不融洽到如此地步，那齐国必定不会欺骗秦国，秦国也会相信齐国。齐、秦两国联合，泾阳君又拥有宋地，这对魏国绝非有利的形势。所以大王不如让苏秦仍然回到齐国去，秦国必然会怀疑齐国而不相信它。齐、秦不能联合，诸侯的关系又没有变化，这时大王攻齐就可取得成功，领土也可以扩大了。”

魏王听信了苏厉的话，便放了苏秦。可见这时合纵伐齐之事，正在形成过程之中。

秦取魏之安邑

公元前286年，秦将司马错攻打魏国的河内地区，魏国被迫割让安邑给秦国。秦国驱逐魏国的居民，招募秦国百姓迁居于此并赐给爵位，还将赦免罪犯迁到此地。

秦得魏之安邑，具有制约齐、赵的作用。随即，秦国又开始攻韩，败韩于夏山（今址不详）。

秦国取得了魏国的安邑后，诸侯各国纷纷入秦朝贺。唯独赵国使臣连续三次都没得到秦王接见，赵王对此感到担忧。有人向赵王推荐辩士谅毅，说他一定能够胜任。于是谅毅奉命入秦，果然不同凡响，受到秦王召见。

秦昭王对谅毅说：“赵豹和平原君多次欺骗、玩弄我，赵国如果能杀此二人则罢，如果不杀，我将率领各国人马到邯郸城下来讨个公道。”

在听了秦王如此一番骇人听闻的话语后，谅毅一时难以回答。

谅毅说：“赵豹和平原君都是敝国君主的兄弟，就像叶阳君和泾阳君是大王的兄弟一样。大王兄弟友爱之情天下闻名，凡有好的东西都要和他们分享。现在如果我按大王的意见回国报告，就算敝国君主心里畏惧不敢不执行，恐怕也会伤害叶阳君、泾阳君的心吧？”

秦王说：“好。那就不让他们过问政事好了。”

谅毅答应了。秦王很高兴，接受了谅毅带来的礼物，很好地接待了他。

可见，当时秦国是诸侯中的真正强国，就连经胡服骑射改革后强大起来、已跃居第三大强国的赵国，也不得不看秦国的脸色行事。

宋国灭亡

齐国攻打宋国，宋王派人去侦察齐军到了什么地方。派去的人回来说："齐寇已经临近，国人已经恐慌了。"左右近臣都对宋王说："凭着宋军的强大、齐兵的弱小，怎么可能这样？"于是宋王大怒，把派去的人杀了。

宋王接着又派人去察看，回来后报告的情况仍像前一个人一样，宋王又把他杀了。

这样接连三次后，宋王再派人去察看，可那时齐军确实已经临近了，宋国人真的已经感到恐慌了。

派去的人在路上遇见了自己的哥哥。他的哥哥说："国家已经十分危险了，你还要到哪里去？"

弟弟说："去为君王察看齐寇。没想到齐寇已经离得这么近了，国人已经这么恐慌。现在我担心的是，先前察看齐军动静的人，都是因为汇报齐军迫近被杀了。如今我回报实情是死，不回报实情恐怕也是一死。这该怎么办呢？"

他的哥哥说："如果回报实情，你将比国破后被杀和逃亡的人先遭受灾难。"

于是派去的人回报宋王说："根本没有看到齐寇在哪里，国人也非常安定。"

宋王十分高兴。左右近臣都说："可见先前被杀的人是该杀的了！"

宋王于是赏赐这个人大量钱财。这个人有了钱，便迁居他国，从此过上了非常富足的生活。

齐军一到，宋王自己奔到车上，赶着车飞跑，急急忙忙逃命去了。他逃到了魏国的温城（今河南温县西南），居于倪侯之馆，可却被魏国所擒获并杀死。

公元前286年，齐国第三次伐宋，并一举攻灭了宋国，即史书所说的"三覆宋，宋遂举"。而宋国自西周初年宋微子建立后，历时八百余年，至此灭亡。

36年前（公元前322年），宋国国君偃自号为王。此后，向东打败了齐国，夺去了五座城池；向南打败了楚国，侵占淮北之地三百里；向西又打败了魏国军队，于是就与齐、魏成了敌对的国家。

宋王偃还把血装在皮袋里，挂在半空中，用箭去射，称此为"射天"。宋王还沉溺于酒色，如果有大臣劝他，就用箭射死劝他的人。因此诸侯们都称他为“桀[1]宋”，并说：“宋君又会重蹈他祖先商纣王的覆辙，为所欲为，必须杀掉。”

宋王偃四十七年，齐国终于灭掉了宋国，攻占了宋国及宋国以前夺取的楚国的淮北之地。

自公元前 296 年赵灭中山，到现在齐国灭宋，短短十年就有两个国家相继灭亡。而且两国都不是很弱小的国家，尤其是宋国，是拥有五千乘战车的中等以上实力的国家，即所谓“五千乘之劲宋”，也免不了被灭国的结局。

在此时期，诸侯各国战争频繁，进入了武力兼并、弱肉强食的时代，“战国”一词就是此时出现的，但当时是指相互开战的国家，后来才演变为专指这一时代。

齐国得胜后，气焰十分嚣张，又想侵犯三晋，吞并周王室，自己来做天子。

泗水一带的诸侯国，如邹国（国都在今山东邹县南）、鲁国（国都在今山东曲阜）的国君都纷纷向齐国俯首称臣，诸侯各国都开始恐惧不安了。

齐灭宋，表明齐国的政治、军事势力达到了顶峰。在齐湣王继位后的十几年内，齐国南败楚、西败秦、北败燕，但连年不断的战争也消耗了齐国，致使国力空虚。齐湣王君臣只注重军事攻战，不注意发展生产与休养生息，所以灭宋后，齐国已成强弩之末。

【剧情释疑】

○是秦王与苏秦串通好了，秦王派韩珉出使齐国与齐王达成“齐国灭宋、秦国攻魏、互不干涉”的交换条件的吗？

电视剧说，苏秦从赵国脱险、回到齐国后，齐湣王让其继任相国。苏秦立即赴秦与秦昭王密见，表示自己敦促齐王尽快伐宋，游说秦王，待齐国攻灭宋国后，各国再合力攻齐。

秦昭王有顾虑，说：“即便齐王挥师攻宋，诸侯各国也未必会一呼百应，一致反戈攻齐。好似我秦国，自寡人继位执政以来，一直奉行联齐大策，若与其兵戎相见，相互损耗，使他国趁机取利的话，那就不如齐、秦两强国盟好，

① 桀，夏朝的最后一位君主，是历史上有名的暴君。

这样 更有利于我秦国。如今,先生让本王改弦更张,本王还是想再问先生一句:消耗兵力,即使折损了齐国,但对于我秦国,又究竟有何实质的利处?”

魏冉说:“是啊,要各国都跟随反戈攻齐,人家也得算计一下有何好处嘛。”

秦王说:“秦国既已决意助先生灭齐,便要谋划周密,做到尽人力。各国伐齐,说到底并不是为了讨取什么公道,而是为了谋取更大的利益。所以出兵伐齐,各国该出多少兵,要因各国与齐国的距离远近、消耗粮草多少来定。另外,各国该分摊多少军费才算公允?更要紧的是,各国所出的兵力、军费不同,一旦灭齐,各国又该分得多少好处?此仗未打,各国所想的并不是如何顺利灭齐,而是灭齐后能得到多少好处。且此好处必定是你多我少,利我必将损你。如何让各国都心满意足,此商议要耗费多少时日?若不商议,上阵后必又是一盘散沙。”

苏秦说:“苏秦明白,秦王要的是万全之策,可苏秦认为,诸事皆求万全,便无法推进,苏秦相信水到渠成。不然,此前万般努力,岂不皆化为泡影!”

秦王征询魏冉的意见。魏冉说:“箭在弦上,不发可惜。臣以为,可派韩聂也去齐国,与其空等变化,不如让韩聂伺机先发制人,让齐王首先发难于我。”秦王同意。

于是秦使韩聂密见齐王。韩聂首先挑明大王合纵五国攻秦,是为了齐国移师伐宋。再提出条件:只要齐国解除函谷关之围,齐国攻宋、灭宋、瓜分宋地,秦国概不干涉,不分享齐国灭宋之羹;但在齐国灭宋之际,秦国亦可出兵攻魏,齐国亦不可干涉。双方同意,齐、秦盟好,互不干涉,利益均沾。

虽然电视剧如此演绎,但史书记载的是秦王对齐国攻宋“大怒”。表明齐国攻宋之前并未与秦国达成交换条件,而是攻宋开始后,齐国先后派苏秦和泠向游说秦昭王。

《战国策·韩策三》第三章、《史记·田世家》皆云:“苏秦为齐说秦王曰:‘韩珉之攻宋,所以为王也。以齐之强,辅之以宋,楚、魏必恐,恐必西面事秦,王不折一兵,不杀一人,无事而割安邑,此韩珉之所以祷于秦也。’秦王曰:‘吾固患齐之难知,一从一横,此其说何也?’对曰:‘天下固令齐可知也。齐故已攻宋矣,其西面事秦,以万乘自辅,不西事秦则宋地不安矣。中国白头游敖之士皆积智欲离秦、齐之交,伏轼结靷西驰者,未有一人言善齐者也。伏轼结靷东驰者，未有一人言善秦者也。皆不欲齐、秦之合者何也？则晋、楚智而齐、秦患也。晋、楚合必伺齐、秦，齐、秦合，必图晋、楚，请以决事。’秦王曰：‘善。’”（译文见本章正文。）

在《战国策·秦策一》第四章中也有记载：“泠向谓秦王曰：‘向欲以齐事王，使攻宋也。宋破，晋国危，安邑王之有也。燕、赵恶齐、秦之合，必割地以交于王矣。齐必重于王。则向之攻宋也，且以恐齐而重王。王何恶向之攻宋乎？向以王之明为先知之，故不言。’”（译文见本章正文。）

秦王虽然觉得苏秦、泠向说得有些道理，毕竟不甘心齐国独得宋地，故仍未答应齐国攻宋。于是，齐国再派宋郭出使秦国，要求与秦国联合进攻宋国。《战国策·魏策二》第七章有“齐令宋郭之秦请合而以伐宋，秦王许之”的记载。但是，秦王又担心如此远征去攻打宋国，即使灭掉宋国后，秦国又能分得什么胜利果实呢？即使能够分得一块土地，因其远离秦国本土，又能守住吗？而且要守住它，秦国也得耗费不少的兵力和军费。

因此，秦国就没有再强力制止齐国攻宋，而是转而趁齐国攻宋的时机，想进攻魏国占领安邑，但又担心齐国救援魏国，就把宋国丢给齐国，以此作为交换条件。《战国策·燕策二》第一章、《史记·苏秦列传》均有“秦欲攻安邑，恐齐救之，则以宋委于齐”的记载。

可见，因史书中并未记载苏秦在合纵五国攻秦过程中与秦王秘密会晤，并将其为燕国间者，攻秦为假、灭齐是真透露给秦王，故历史事实不是像电视剧演绎的那样，苏秦事先与秦国密谋攻齐计划，也不是秦国派韩珉（韩聂）出使齐国，与齐王达成互不干涉之盟约，因为韩珉根本就不是秦臣。

○五国联军围攻秦国函谷关了吗？是齐先灭宋，还是秦国先攻打魏国的安邑？

《战国策·魏策二》第七章记载：“五国伐秦，无功而还。其后其欲伐宋，而秦禁之。”可知五国退兵早于齐国灭宋，前者在公元前287年，后者在公元前286年，史学界对此并无争议。

但据《战国策·赵策四》第四章：“五国伐秦，无功，罢于成皋。”《战国策·秦策三》第七章：“五国罢成皋。”可见五国联军驻扎荥阳、成皋后并未进兵攻秦，最后罢兵于成皋。并非电视剧中韩聂对齐王所说的“五国联军拥堵在我秦国崤、函之外”，“只要大王解除我函谷关之围，大王出兵攻宋、灭宋、瓜分宋地，一切皆与我秦国无关，秦国概不干涉”等台词，都与史籍记载不符。

另据秦简《编年纪》记载“[秦昭王]二十年攻安邑。”《史记·秦本纪》记载：“[秦昭王]二十一年错攻魏河内。魏献安邑，秦出其人，募徙河东，赐爵，赦罪人迁之。”秦昭王二十年即公元前287年，秦昭王二十一年为公元前286年。可见，秦开始攻魏在公元前287年，魏国割让、秦国占领安邑则在公元前286年。

而且根据《史记·魏世家》《史记·六国年表》记载：“[魏昭王]十年其灭宋，宋王死我温。”魏昭王十年即公元前286年，齐国攻灭宋国与秦国攻魏取得安邑在同一年，由于未记月份，故不能分辨两者准确的时间先后。电视剧中秦使韩聂对齐王所说的“请大王答应，贵国在出兵灭宋之际，我秦国也可出兵攻魏，且互不干涉”没有史实依据。事实上是秦国先攻魏，齐国后灭宋。

○齐国灭宋的将领是谁？

公元前287或286年，韩珉写给齐湣王书信（原文见《战国纵横家书》第十三章，译文见本章正文）后，公元前286年，齐湣王重新起用韩珉为相，主持齐、秦合作与齐国攻宋一事，并迅速发动了第三次攻宋战争。

据《战国策·韩策三》第三章、《史记·田世家》记载：“韩珉攻宋，秦王大怒，曰：‘吾爱宋，与新城、阳晋同也，韩珉与我交而攻我所甚爱，何也？’”其中《田世家》“韩珉”作“韩聂”，“交”作“友”。

意思是：韩珉为齐国攻打宋国，秦昭王大怒，说：“我爱宋国，和爱新城、阳晋是一样的。韩珉和我是朋友，却又攻打我特别喜爱的地方，这是为什么？”

韩珉（韩聂）以前做过齐相，五国退兵后又主动写信给齐湣王，希望再召他去齐国做相国，“且复故事”。齐湣王果然再任命韩珉（韩聂）为齐相，又让他主持伐宋之事，并且亲自为将率领齐军。他虽然是秦昭王的好友，不顾秦昭王的愤怒，也要执行齐国灭宋的既定方针。但韩珉（韩聂）一直亲秦，他所谓的“且复故事”指的就是继续实行齐、秦联盟政策。这进一步证明，韩珉（韩聂）并非秦国大臣，秦国也没有派他去齐国达成互不干涉之盟约。

○齐灭宋期间，苏秦是如电视剧演绎那般正被齐湣王收监在牢房里吗？

公元前286年，齐湣王召回韩珉作相，齐、秦也联合了，双方达成齐灭宋、秦取安邑的交换条件并互不干涉。这时，魏国怕齐、秦联合而夹攻魏国，想与秦国讲和，苏秦因而入魏，为齐王进说魏王不要与秦国讲和。

该史实见《战国策·魏策二》第七章，原文为：魏王畏齐、秦之合也，欲讲于秦。谓魏王曰：“秦王谓宋郭曰：‘分宋之城，服宋之强者，六国也。乘宋之敝，而与王争得者，楚、魏也。请为王毋禁楚之伐魏也，而王独举宋。王之伐宋也，请刚柔而皆用之。如宋者，欺之不为逆者，杀之不为仇者也，王无与之讲以取地，既已得地矣又以力攻之，期于啖宋而已矣。’臣闻此言，而窃为王悲，秦必且用此于王矣。又必且曰王以求地，既已得地，又且以力攻王，又必谓王曰使王轻齐。齐、魏之交已丑，又且收齐以更索于王。秦尝用此于楚矣，又尝用此于韩矣，愿王之深计之也。秦善魏不可知也已。故为王计，太上伐秦，其次宾秦，其次坚约而详讲，与国无相离也。秦、齐合，国不可为也已。王其听臣也，必无与讲，秦权重，魏冉明孰是，故又为足下伤秦者，不敢显也。天下可令伐秦，则阴劝而弗敢图也。见天下之伤秦也，则先鬻与国而以自解也。天下可令宾秦，则为劫于与国而不得已者，天下不可，则先去，而以秦为上交，以自重也。如是人者，鬻王以为资者也，而焉能免国于患？免国于患者，必穷三节而行其上，上不可则行其中，中不可则行其下，下不可则明不与秦，而生以残秦。使秦皆无百怨百利，惟已之曾安。令足下鬻之以合于秦，是免国于患者之计也。臣何足以当之？虽然，愿足下之论臣之计也。燕、齐仇国也；秦，兄弟之交也，合仇国以伐婚姻，臣为之苦矣。黄帝战于涿鹿之野，而西戎之兵不至，禹攻三苗，而东夷之民不起。以燕伐秦，黄帝之所难也，而臣以致燕甲而起齐兵矣。臣又遍事三晋之吏奉阳君、孟尝君、韩珉、周最、韩徐为，徒为从而下之，恐其伐秦之疑也，又身自丑于秦。扮之请焚天下之秦符者，臣也。次传焚符之约者臣也。欲使五国约闭秦关者，臣也。奉阳君、韩徐为既和矣，苏修、朱婴既皆阴在邯郸，臣又说齐王而往败之，天下共讲，因使苏修游天下之语，而以齐为上交，兵请伐魏。臣又争之以死而果西，因苏修重报。臣非不知秦权之重也，然则所以为之者为足下也。”（译文见本章正文）

然而，此时魏王却知道了齐国已经允许秦国取得安邑，齐、秦两国暗中在做交易来牺牲魏国，魏王就把齐国的说客苏秦拘留起来。苏秦向齐王求救。齐王派苏秦的哥哥苏厉到魏国游说魏王。

事见《战国策·魏策一》第十三章，原文为：苏秦拘于魏，欲走而之韩，魏氏闭关而不通齐使。苏厉为之谓魏王曰：“齐请以宋地封泾田君而秦不受也，夫秦非不利有齐而得宋地也，然其所以不受者，不信齐王与苏秦也。今秦见齐、魏之不合也如此其甚也，则齐必不欺秦而秦信齐矣！齐、秦合而泾阳君有宋地，则非魏之利也。故王不如复东苏秦，秦必疑齐而不听也。夫齐、秦不合，天下无忧，伐齐成则地广矣。”

魏王听了苏厉的话，才放苏秦回齐国。

由此可见，齐灭宋期间，并非如电视剧所说，苏秦从赵国回齐国后，因逃到齐国的李兑向齐王进言说苏秦不忠，他们相互指责，各执一词，齐王难辨是非，把两人都收监关押，直到齐国灭宋后，苏秦仍在牢房里大笑，并高呼“齐国正面临灭顶之灾”。直到他被处死，一直被齐国囚禁。

第九章
秦国主谋，五国攻齐

秦主谋伐齐，周最阻止魏、赵合纵

自从齐国攻灭了宋国，占有了大片土地后，一时声势很盛，直接威胁到三晋，并且使秦国也感到有很大压力。为了阻碍齐国在中原的扩张，秦国想攻打齐国，但又害怕其他国家援助，于是就把齐国作为诱饵，许给各国。

秦昭王对各国宣称："齐国四次和我订立盟约，却四次欺骗寡人，并有三次下决心要率领各国来攻击我秦国。有齐国就没有秦国，有秦国就没有齐国，一定要讨伐它，一定要灭掉它！"

孟尝君早就为魏国对秦相魏冉说过："您不如劝秦王让魏国去完成攻齐的任务。如果攻破齐国，我田文将请求魏王把所得的齐国土地作为您的封地。"当时魏冉正计划扩大自己的封地，谋求取得当时最大的商业城市陶邑，于是就向秦王提起了孟尝君的建议。

因此，秦国便以盟主的地位来主谋合纵伐齐了。

孟尝君此时正担任魏相，打算加入秦、赵攻齐的行动。但亲齐的周最则想阻止魏国的加入。周最是周室公子，入魏为重臣而对齐亲善。秦臣吕礼相齐，和周最意见相左。两年前吕礼被齐罢相归秦，周最的政敌已不在齐国，就打算由魏入齐。他设法挑拨魏国和秦、赵的关系，从而使魏王同意他离魏入齐，让魏国倒向齐国一边，从而使齐国摆脱孤立的困境。

周最派人游说魏昭王和孟尝君，说："秦国知道赵国害怕和齐国作战，又担心齐、赵两国联盟，所以一定会暗中帮助并加强赵国的力量。可是赵国不敢先和齐国交战，因为害怕秦国不是真心和自己结盟，将会先倒向齐国。秦、赵两国都想争取各国和自己结盟，这样，大王就没有人在齐国为您说话了，这样的局面对您十分不利。大王不如让周最离魏至齐，这样就可打消各国对魏国暗中联络齐国的疑虑，周最也就不会成为魏国的负担了。"

有人对周最说："魏王把国家托付给您，是希望您联秦攻齐。孟尝君背叛以前的国君，抛弃故乡薛邑，不顾其祖先的宗庙，而您却仍然忠于齐国，追求不切实际的美行，怀念和齐王的君臣之义，不同意攻齐，并因此惹恼了强秦，这是不行的。您不如对魏王、孟尝君说：‘请同意我为了大王到齐国去，秦、赵两国无力伤害齐国，如果形势有变，我愿意替魏国去解救齐国；如果没有变化，大王即率兵伐齐。臣和齐王是旧交，臣如在魏，秦、赵将怀疑魏国暗中与齐国交往，这样不好。大王对我的恩赐甚厚，我去了齐国，大王就不会因为我而受到牵连了。’”

公元前286年，魏王同意周最离开魏国，前往齐国。

秦昭王怀疑周最将以三晋与齐联合攻秦，大怒，就派姚贾去责备魏昭王。

魏昭王说：“魏国能帮助齐国联合诸侯，是通过周最。现在周最从魏国逃到齐国，齐国就不能和诸侯交往了。敝国侍奉大王，也就不会受到齐国的拖累了。如果贵国想出兵齐国，只管督促赵国就是了。”

这时，赵臣金投和赵将韩徐为欲联秦攻齐。周最派人游说金投，让他与齐国亲善，而把矛头转向韩、魏。

周最派人对金投说：“秦国因周最到齐国，就怀疑诸侯会联合攻秦，又深知赵国难与齐国交战，担心齐、赵两国联合，因此赵国必定先与秦国结成联盟。秦、齐两国结盟，则赵国必有灭国之灾。您不如拉拢齐国，帮助秦国进攻韩、魏，则上党、长子等地都会为赵国所有。这样，您东边从齐国得到财宝，南边从韩、魏得到土地，阻止韩徐为东向攻齐，那么赵国就可与秦、齐联合了。”

见派人游说未能奏效，周最又亲自出马，向金投进言，目的仍然是使赵国不要联秦攻齐。

周最对金投说：“您现在依靠秦国和强齐作战，如果能战胜，秦国就会收降齐国来加强自己的力量，不让齐国多割地给别的国家，听任诸侯互相混战；如果被齐国打败，赵国就会元气大伤，不得不听任秦国摆布。秦国完全夺取韩、魏的上党地区，太原以西都会被秦国拥有。秦国占有天下一半的土地，掌握了齐、楚和三晋的命运，赵国会被颠覆，您也自身难保。”

可是金投没有听从周最的游说，相反，他还奔走秦、赵之间，主张推动两国伐齐之事。

由于各国都怨恨齐国，也使赵国内部以奉阳君为首的亲齐派势力遭到沉重的打击，曾经阻止列国伐齐的奉阳君李兑，其威信和权力也受到严重冲击，不能扭转这种局势。

齐、赵之间的矛盾已经十分尖锐。公元前286年，赵将韩徐为率军再次进攻齐国，此为五国合纵伐齐之先声。

苏秦献计燕昭王联秦伐齐

在这期间，苏秦认为合纵攻齐大势已初步形成，燕国攻齐报仇的机会快要到了，就写信给燕昭王，说：

燕国作为一个万乘大国，却派出人质寄居在齐国，名声低下而地位卑微。以整个燕国的力量帮助齐国攻打宋国，百姓疲惫而财力损耗。攻灭宋国，侵占楚国的淮北，使齐国壮大，敌国强大了而本国却削弱了。这几种情况都是国家的大害啊！然而您还是愿意这样办，无非是为了取得齐国的信任罢了。但如今齐国却更加不相信您，对燕国还更加怀恨，这表明您的策略错了。

劳民伤财，又没有一点功绩，将使燕国的后代蒙受祸害。宋国整个国家再加上楚国淮北的地盘，力量超过了万乘大国，齐国将其吞并之后，等于又增加了一个齐国。九夷[①]之地纵横七百里，加上鲁国和卫国，也相当于一个万乘大国。齐国再将其吞并之后，就等于增加了两个齐国。以一个齐国的力量，燕国都难以对付，现在以三个齐国的力量压到燕国头上，那祸害就更大了。

虽然如此，我听说聪明人办事能变祸为福，转败为胜。现在您最好是推举齐国为霸主而尊重它，让各国派遣使臣到周王室与齐国订立盟约，烧掉秦国与诸侯各国建立外交关系的符节，共同约定："上策是攻破秦国，其次是永远排斥它。"秦国受到排斥并时刻担心被别国攻击，秦王一定非常忧虑。秦国接连五代君主都是主动出击诸侯，现在反而屈居齐国之下，按照秦王的想法，只要能使齐国陷入困境，则不惜以整个国家为代价奋力相拼。既然这样，大王为何不派遣一名使者用使齐国陷入困境的办法去游说秦国呢？

使者可以这样对秦王说：燕、赵两国支持攻破宋国，壮大齐国，尊重并

① 九夷，族名。《后汉书·东夷传》曰："东方曰夷，夷有九种，曰：畎夷、于夷、方夷、黄夷、白夷、赤夷、玄夷、风夷、阳夷。"九夷与鲁国、卫国接近，分布在淮河、泗水之间，北接齐国，南接楚国，在今山东、河南、安徽、江苏四省交界之地。

甘居齐国之下，燕、赵并不想从中得利。之所以要这样做，是因为不相信秦王的缘故。现在大王为什么不派遣能使燕、赵两国相信的人去联络他们，派泾阳君、高陵君先到燕、赵两国并说服它们，如果秦国的外交政策有变，就以他们二人作为人质，那么燕、赵两国必然相信秦国。秦国做西帝，赵国做中帝，燕国做北帝，并立三帝来对天下发号施令。韩、魏不服从，秦国就讨伐它；齐国不服从，燕、赵就讨伐它。那么，天下还有谁敢不服从？

这样，就可驱使韩、魏去讨伐齐国，说：必须交出侵占的宋国土地，归还楚国的淮北。这是对燕、赵都有利的事。如此，既得到了实际的利益，也满足了称帝的名声。燕、赵两国就会像丢掉破鞋一样把齐国抛弃。现在如果您不拉拢燕、赵，齐国的霸业一定会成功。如果诸侯都拥护齐国，而唯独只有您不服从，秦国就会遭到讨伐；如果诸侯都拥护齐国，而您也一样服从，您的名声就卑下了。大王不拉拢燕、赵，会使秦国危险而您名声低下；大王拉拢燕、赵，会使秦国安全而您名望崇高。抛弃名声尊贵、国家安全而选择名声卑微、国家危险的做法，聪明人是不会这样干的。

秦王听了这些话，心里一定会感到刺痛，您为什么不派一个智慧之士用这番话去游说秦王呢？秦国一定会讨伐齐国的。争取秦国，是头等的外交；讨伐齐国，是正当的利益。首选头等的外交，谋求正当的利益，这是圣王的事业啊！

燕昭王认为苏秦这封信写得好，说：“先王曾对苏家有过恩德，后来因子之之乱，苏家兄弟离开了燕国。燕国要想向齐国报仇，非用苏家兄弟不可。”于是召回苏秦，重新优待他，和他商量讨伐齐国的大计。

奉阳君李兑一直对苏秦很不友好。苏秦在燕国期间，有人为苏秦对奉阳君说：“齐、燕不和，赵国的地位就会提高；齐、燕联合，赵国的地位则会降低。如今您让燕国倒向齐国，这对赵国不利，所以我私下认为您的做法并不可取。”

奉阳君说：“为什么说我使燕国与齐国联合呢？”

那人回答说：“控制燕国的是苏秦，而燕国是个弱国，既比不上齐国，也比不上赵国，它怎么能失去齐国、赵国呢？而您很讨厌苏秦，苏秦怎么能眼睁睁看着一个实力弱小的燕国被各诸侯孤立呢？这就是促使燕国联合齐国啊。况且，燕国是在濒临灭亡以后残存下来的国家，燕昭王以权宜得以继位，必然倚重于其他国家。所以，我为您考虑，您若喜欢苏秦要结交他，您若不喜欢苏秦也要结交他，使齐、燕两国互相猜疑。这样，赵国的地位也会随之提高。而当齐王怀疑苏秦后，您就会得到苏秦更多的帮助。”

奉阳君觉得此话有理，就派出使者去和苏秦结交。苏秦就趁此机会游说奉阳君以赵国联合燕、秦，合纵伐齐。

此后不久，年事已高的奉阳君在内外交困中死去，赵国历史上的李兑专权时代结束。

秦率先伐齐，推乐毅为燕、赵共相及联军统帅

公元前285年，秦昭襄王与楚顷襄王在宛（今河南南阳）相会，缔结友好盟约；又与赵惠文王在中阳（今山西中阳）相会，共谋合纵破齐之举。

就在这年，秦国派蒙骜[①]率领秦军，越过韩、魏，首先发动对齐国的大规模进攻，攻取了齐国河东九城，并将其改设为秦国的九县，作为进一步攻齐的基地。

这时秦主谋发动合纵伐齐，以瓜分齐地为诱饵，并推举赵国主持合纵之事。正如苏秦此前写给燕昭王的信中所说的那样，燕国已派人去游说秦国，由赵国拉拢燕国合作，结成秦、赵、燕三国联盟，并由秦国送人质到赵、燕两国作为担保。虽然立秦为西帝、赵为中帝、燕为北帝之议后来未能实现，但此次伐齐以秦、赵、燕三国为主，并由秦入质于燕、赵，当为事实。

秦国鉴于过去和齐国连横约攻赵国没有成功的教训，此次攻齐则推举乐毅为赵、燕两国的“共相”，并为秦、赵、燕、魏、韩五国联军的统帅。

乐毅是魏文侯大将乐羊的后裔，乐羊曾为魏国攻灭中山国，中山复国后再被赵国所灭。乐毅曾为赵武灵王的大臣，很贤能，喜好军事，当齐宣王破燕时，武灵王曾听从乐毅的计谋，以赵合楚、魏，伐齐而存燕。赵国还派乐池护送燕公子职由韩入燕，立以为王，也就是如今的燕昭王。

乐毅在赵国沙丘之乱武灵王饿死之后，经魏国来到燕国，得到燕昭王的重用，拜为亚卿。燕昭王曾向乐毅请教讨伐齐国的问题，乐毅回答说：“齐国

① 《史记·秦本纪》作蒙武，而《史记·蒙恬列传》谓“蒙骜自齐事秦昭王，官至上卿”，蒙骜至秦始皇时仍为秦将，蒙武是蒙骜之子，至秦始皇时始为裨将军，故知此时伐齐者为蒙骜而非蒙武。

目前仍保有称霸大国的余威，地广人多，燕国独自对它发动进攻很不容易。大王如果一定要讨伐它，最好同赵国等国家联合起来。”燕昭王于是派乐毅去赵国与惠文王订约攻齐。乐毅回到燕国做了汇报，燕昭王便授予乐毅为相国、上将军，赵惠文王也把相国的大印授予乐毅。由于乐毅有在赵、燕两国为臣的经历，并且深得两国信任，故有因缘在这时被推为赵、燕的“共相”和五国联军的统帅。

齐国阻止赵、秦合纵

当秦将蒙骜大举进攻齐国河东的时候，齐国君臣感到危急，齐滑王准备割地给赵国，并向赵国派出人质，谋求与赵国和解。而主持齐国外交的苏秦也有责任设法消解，于是齐滑王命苏秦上书赵王，说：

您对秦国并未建功出力，对齐国也并非深恶痛绝，可我私下听到赵国大臣和下级官吏都议论说大王总认为秦国爱护赵国而憎恨齐国。但据我观察，秦国怎么会爱护赵国而憎恨齐国呢？这只是秦想灭韩，吞并两周的土地，所以才拿齐来做诱饵，先在诸侯中制造舆论，使邻国听了采取观望态度。秦国担心这个计谋不成功，所以假意出兵，做给赵国和魏国看。担心各国发现破绽，所以向韩国征兵来迷惑他们。又怕各国怀疑自己，所以派出人质以取得信任。秦国声称要施恩于赵、魏，实际上却要暗中进攻韩国。

游说之士都说：韩国失去了三川，魏国失去了安邑，不久赵国就要大祸临头。如今大王却跟着强秦攻打齐国，我担心这就是赵国祸患的根源。

从前五国合谋攻赵，而齐国却出兵攻秦，迫使秦国归还赵国土地。齐国帮助了赵国，应该结为兄弟之邦，可是现在赵国却兴师问罪，去讨伐齐国，我担心以后帮助大王的国家就不敢相信自己会有好结果了。如果大王联合齐国，诸侯各国都会认为大王很讲情义，齐国也将尽力维护大王，诸侯各国必然敬重大王。

如果齐国凶横，大王可以联合诸侯制服它，这样，天下的命运就将掌握在大王手中了。我希望大王和左右群臣，认真听取我的建议，深谋远虑，谨慎对待。

对于苏秦来说，写信给赵王本来是对齐滑王的应付之举，他心里巴不得早日把齐国灭掉，好为燕国报仇雪恨。尽管这封信讲得很有道理，却起不到什么作用，因为秦、赵、燕三国联盟已成定局，秦军已越过韩、魏正在进攻齐国，乐毅也已统率五国联军发起对齐国的攻击了。

之后秦国又派御史起贾驻在魏国，主持监督五国合纵的事。齐国也派人去魏国游说起贾，力陈各种可能情况，意在说明破齐于秦不利，以求齐、秦和解。齐国使者说：

“我个人认为您是想为诸侯各国出谋献策合攻齐国，要知道诸侯各国即使共同结盟但目的却各不相同。如果齐、秦两国相互攻伐，那么利益就会落到魏国手里；如果齐、魏两国相互攻伐，那么重权就会落到秦国手里。因此魏国的想法是屈从秦国，以重权引诱秦国。魏国本来不敢背着秦国攻伐齐国，也不敢背着秦国联合齐国。假设秦国能在这两方面吊着齐国，魏国再倚仗秦国的重权，这可是秦国最主要的政治方略。秦魏两国都在策划这样的计谋而相互试探。”

“如果燕国占领整个阳地（今河北高阳、河间一带），以黄河为边境，燕、齐两国就不会再发生战争了。像燕昭王那样有才能的人去讨伐齐国，完全可以洗刷先王的国耻，迅速掌控黄河与太行山之间的土地，必无齐患。到那时，燕国再与赵国结成生死与共的友邦，燕国不与秦国接壤，而燕王又完成攻齐的计划，就很难再听从秦国的指挥了。若是赵国夺得济西的土地，以此防守河东的领土，燕、赵两国再共推乐毅为相，两国结为一体，征调全部军队逼近齐国，那么秦国就不会与燕、赵争锋了。”

“假使齐国失去了在宋国取得的土地，南阳将受到鲁国的侵扰，北地将划给燕国，济西将被赵国攻破，残余的齐国肯定比魏国还小。从齐国的角度考虑，其实力如果不能超过魏国，齐国就将亲近魏国而疏远秦国，秦、齐也将不合，那么就没有谁再尊崇秦国了。若是秦与魏联合进攻齐国，当攻齐之战结束后，魏国作为战胜国，将会转而推崇楚国，却不会推崇远在大梁以西的秦国了。齐国生死存亡的关键取决于赵国。如果联军攻破齐国，齐国也不敢怨恨魏国，因为魏国是秦国掌握之中的魏国。”

“现在，五国准备进攻齐国，并已形成合纵之势，结成焚符之约。当攻齐战事结束以后，其他诸侯必然要防备秦国。可以想象各国分割齐国之后，秦国必将再生战事。当诸侯各国休战，也正是秦军疲惫不堪之时，秦国又得考虑对付诸侯的挑战了。而今齐国要投靠魏国的机会终于来了，希望御史大人不要拒绝这个机会。”

但此时合纵攻齐已成定局，不可逆转，何况其游说的理由并不充分，秦国就更不可能停止军事行动。

攻齐大战即将爆发。

【剧情释疑】

○是六国君王都到秦国宜阳离宫会盟，商定六国合纵伐齐吗？楚国是否加入联军？

电视剧中说，秦昭王邀请燕、赵、魏、韩、楚五国君王在秦国宜阳离宫会盟，秦王以其早年在燕国做人质时所见的齐军暴虐为切入点，历数齐国破燕、灭宋之罪状，证明其恃强凌弱，欲独霸天下，再言明其他各国都可能成为齐国进攻的对象，谁也难逃被齐攻伐之厄运，以此打动、说服各国君王合纵伐齐。

秦王提出两项提议：“第一，六国出兵合纵伐齐，必须统一号令，至于主帅的人选，本王认为燕国相国乐毅最为合适。其二，六国出兵联合伐齐，必须听从统帅号令，不可擅作主张，必须同心协力，在大战告捷之前，千万不可因为利益之争而自乱阵脚。所以我秦军愿率先出战，攻占齐国河东之地，为乐毅统帅联军讨伐临淄除去最大阻力。本王在此言明，不管是我秦军独立作战，还是配合主力联军出战，我秦军不占一寸土地！我秦国愿意做些牺牲，还请各位将士、诸王来见证我秦国的大公无私。”

参与会盟的其余五国君王包括楚王都愿意出兵伐齐。

虽然史书并未记载六国君王会盟宜阳之事，但的确有秦王在不同时间、不同地方分别会见赵王、韩王、魏王、楚王，以及燕王赴赵国见赵王的记载：

《史记·秦本纪》《六国年表》均记载：“[秦昭襄王] 二十二年……与楚王会宛，与赵王会中阳。”《史记·赵世家》《六国年表》亦记载：“赵惠文王十四年与秦会中阳。”《史记·楚世家》也记载：“[楚顷襄王] 十四年，楚顷襄王与秦昭王好会于宛，皆和亲。”《六国年表》则作“与秦会宛。”秦昭襄王二十二年、赵惠文王十四年、楚顷襄王十四年，都是公元前 285 年，即秦将蒙骜伐齐河东那年。

又据《史记·秦本纪》记载:“[秦昭襄王] 二十三年尉斯离与三晋、燕伐齐，破之济西。王与魏王会宜阳，与韩王会新城。”《六国年表》则谓:“尉斯离与韩、魏、赵、燕共击齐，破之。”《史记·魏世家》亦记载:“[魏昭王] 十二年与秦、赵、韩、燕共伐齐，败之济西，湣王出亡。”《史记·韩世家》《六国年表》均记载:“[韩釐王] 十二年与秦王会。”《史记·赵世家》记载:“[赵惠文王] 十五年燕昭王来见。”《六国年表》又记载;“五国共击湣王，王走莒。”秦昭襄王二十三年、魏昭王十二年、韩釐王十二年、赵惠文王十五年，都是公元前 284 年，即五国攻破齐国的那年。

可见，公元前 285 年，秦昭襄王确与赵惠文王在中阳（今山西中阳）相会，共谋合纵破齐之举；又与楚顷襄王在宛（今河南南阳）缔结友好盟约。公元前 284 年，秦昭王和魏昭王在宜阳（今河南宜阳西）相会，又和韩釐王在新城（今河南伊川西南）相会。同年，燕国由于赵国的拉拢，燕昭王也入赵会见赵惠文王。并非电视剧所说的秦昭王邀请赵、燕、韩、魏、楚五国君王在宜阳集体会盟。

不仅六国没有在秦国宜阳集体会盟，楚国也没有加入联军伐齐。虽然《史记》中有两处记载楚国与联军共伐齐的记载，但上引《史记·秦本纪》“尉斯离与三晋、燕伐齐”、《史记·魏世家》“与秦、赵、韩、燕共伐齐”、《史记·六国年表》“尉斯离与韩、魏、赵、燕共击齐”“五国共击湣王”足以证实楚国没有参与攻齐。

电视剧是这样处理的：楚王及令尹昭阳参加了宜阳会盟，并且楚顷襄王也当场表态:“楚国亦跟随联军正义之师，此番其国必亡！”但令尹昭阳随即面见秦宣太后，说楚国今非昔比，请求楚国不入盟，也不组联军。宣太后不勉强。所以楚国没有加入联军攻齐。

○秦相魏冉与魏相薛公勾结合谋，秦军助魏抢占宋地，魏国把陶邑送给魏冉了吗？

对此，史书有过记载，但与电视剧表现的有所不同。

薛公（孟尝君）因“田甲劫王”事件被迫出逃，到魏国做了相国，因此十分憎恨齐王，伺机攻打齐国，以图报复。约在五国合谋伐齐的三年前（即公元前288年），秦国重臣吕礼在齐为相，秦国想通过吕礼拉拢齐国。秦、齐亲善，这样的局势对薛公想联合三晋攻齐报仇十分不利，于是薛公就写信给秦相魏冉，进行游说，意图阻止这种局面的出现。

这封书信载于《战国策·秦策三》第一章，原文为："薛公为魏谓魏冉曰：'文闻秦王欲以吕礼收齐，以济天下，君必轻矣。齐、秦相聚以临三晋，礼必并相之，是君收齐以重吕礼也。齐免于天下之兵，其仇君必深。君不如劝秦王令弊邑卒攻齐之事。齐破，文请以所得封君。齐破晋强，秦王畏晋之强也，必重君以取晋；齐予晋弊邑，而不能支秦，晋必重群以事秦。是君破齐以为功，挟晋以为重也。破齐定封，而秦晋皆重君，若齐不破，吕礼复用，子必大穷矣。'"（译文见本书《冯谖收债》一节。）

其中说道："您不如劝秦王让魏国去完成攻齐的任务。如果攻破齐国，我田文将请求魏王把所得的齐国土地作为您的封地……打败齐国，可以确定您的封地，而且秦、魏都会重视您。"但因当时秦、齐两国已结为联盟，薛公的这封信没起作用。

电视剧以此为基础，编排了以下情节。

秦昭王在会盟时说："此番开战之时，寡人还想设立一督军帅帐，若在战时各国发生矛盾纠纷，可赴帅帐调解，以安定我联军军心。至于此督军帅帐，本王以为设在魏国大梁较为妥当。"

宜阳会盟期间，秦相魏冉主动找魏相薛公见面私谋。

魏冉说："此次联军会在魏国都城大梁设立帅帐督阵，本侯会尽力争取督阵将帅之位，如果调配得当，那宋国这块肥肉还请薛公慢慢品尝啊。"

薛公问："那么，田文该如何答谢穰侯此番美意啊？"

魏冉答："简单。我要陶邑！"

薛公想了想，说："好。穰侯助我夺宋，我便把陶邑送给穰侯。"

魏冉说："不劳烦薛公，我秦军所到之处，顺手接受陶邑。陶邑是我自己拿的，就烦请薛公照会我王，就说魏国感谢本侯之帮助，愿以陶邑送与本侯。"

各国签订盟约，诸王果然都推举秦相魏冉在督军帅帐主事。秦王对诸王再次声明："我秦军出战，不要一寸土地，不要一两金银。攻陷城池，悉数交割与联军统帅，然后即可撤离。”

在乐毅深入齐境期间，秦军果然占领了陶邑。

电视剧虚构六国宜阳会盟期间魏冉与薛公合谋的这个情节，是想突出魏冉私欲膨胀，擅用权力，以国家公器而谋取私利，即史书所谓的“魏冉擅权”，符合艺术真实。

事实上，当时秦国并非由魏冉主持所谓联军“督军帅帐”，正如本章正文所说，秦国是派御史起贾在魏国大梁主持监督五国合纵的事，原文出自《战国纵横家书》第十七章《谓起贾》。御史之职，为国君之秘书而兼监察性质，起贾以秦国御史在魏主管“天下伐齐”之事，也代表着秦国以盟主的身份监察五国合纵伐齐的行动。

第十章
乐毅破齐，苏秦惨死

乐毅攻破齐国

公元前284年，秦昭王和魏昭王在宜阳相会，又和韩釐王在新城相会。燕国由于赵国的拉拢，燕昭王也入赵会见赵惠文王。

孟尝君出奔魏国后，一直主张“合于秦、赵与燕共伐破齐”，他与赵将韩徐为曾多次谋攻齐国，并联合燕国合纵伐齐，而且韩徐为还两次率赵军对齐展开进攻。所以，此时的秦、赵、魏、燕、韩五国联盟更加稳固。

秦、赵两强是联军主力，但是乐毅能直接指挥的只有赵、燕两国的军队。因此，乐毅先以联军统帅的身份，会集联军，从赵的东南边出击，先攻取齐的灵丘（今山东高唐南），而秦国则派国尉斯离与三晋、燕共同伐齐。

燕军也没有直接南下进攻齐与燕接界的河北地区（即北地）、徐州地区（今河北大城），而是经过赵国东部地区南下，绕道和秦、赵等国联军会合。五国联军大破齐军于济西，一举击败齐军主力，从而奠定攻破齐国的基础。

然后，乐毅再以燕之相国、上将军的身份，独率燕军，乘胜向东追击。这时齐征发全国的主力军，派触子为将，应战于济上。齐王急欲触子出战得胜，遣人前去说：如果不能出战，就要灭你的宗族，挖你的祖坟。触子听到此番言词后十分愤恨，无心再战，并想让齐军战败，于是等到临阵交战时，他鸣金退却。五国联军乘机追击，取得大胜，触子早已乘着一辆车逃跑了，不知去了哪里。同时，燕军乘虚而长驱直入，在齐地扫荡抢掠。

接着，达子统率残余的齐国军队，退守齐国都城临淄西门（雍门）外的秦周，企图防守临淄。达子向齐湣王要求发放赏金以激励士气，而齐王不但不肯给，还愤怒地说：“你们这些没用的东西，怎么能给你们赏赐？”结果齐军又大败，达子战死，乐毅率燕军烧毁雍门进入临淄，攻克齐国都城。

之后，燕军把齐国的珍宝、财物、祭器等劫掠一空，统统运回燕国。燕昭王大为高兴，亲自到济水之滨慰劳燕军，赏赐并宴飨全军将士，把昌国封给乐毅，号称昌国君。燕昭王带着在齐国虏获的战利品回国，命令乐毅继续率领军队攻打齐国那些尚未攻克的城邑。

燕军乘胜向东南攻至琅琊（今山东琅琊台北），占据齐长城以北地区，从而巩固其胜利成果。

乐毅破齐，主要经历了济西和秦周大小两个战役。这就是《战国策·燕策二》所说的燕王“率天下之兵以伐齐，大战一，小战再，顿齐国”。“大战一”即是济西大战，“小战再”即是秦周之战。

当乐毅独率燕师攻破齐国的时候，秦、魏正分别攻取齐国刚取得的宋地。秦攻取了最富庶的陶邑及其周围地区，这是秦相魏冉垂涎已久的地方，最终也在三年后（公元前 281 年）成为他的封邑。魏国由于地理形势的方便，乘齐新得宋地而未能巩固占有的时机，夺取了面积最大的宋地，设置了大宋、方与两个郡。大宋郡以宋的旧都睢阳（今河南商丘南）为中心，方与郡以方与（今山东鱼台东南）为中心。正因为魏国在中原的领土大为扩张，国力逐渐增强。

秦、赵、燕、魏、韩五国合纵攻齐，楚国并未参加，反而派淖齿率领楚军救齐。齐国在危难之际，视楚国为救命稻草，因此，齐湣王任淖齿为相国。在淖齿任齐相期间，楚国收复了淮北之地，并控制了齐国的政权。

此后，乐毅留在齐国五年，先后攻下齐地七十余城，都改设为燕国的郡县。只剩下莒城(莒音同举)和即墨两都[1] 尚未攻克。

苏秦车裂于齐

大约在公元前 285 年末或公元前 284 年初，当齐国派人去游说当时正在魏国督军的秦国御史起贾时，齐湣王对苏秦还十分信任，认为燕不会攻齐。然而苏秦认为，此时燕国攻齐的时机已经成熟，就写信给燕昭王说：“臣离间齐、赵，现在齐国已被彻底孤立了，大王赶快出兵伐齐吧！”于是燕国马上“绝

[1] 史书均言乐毅攻下齐国七十余城，只剩下莒城和即墨两城未克，而齐国至少有一百二十余城，怎么解释？经考证，原来齐国设有五都，即分为五个大区，每个大区既是行政大区，也是军事大区。每个大区设有一名都大夫，主管辖区内的军政事务。五个大区各设有一个都城，是大区的军政中心，首都临淄同时也是全国的军政中心。齐国的五都分别是为：中都临淄，东都即墨，西都平陆，南都莒城，北都高唐。

交于齐"，乐毅率五国联军大举攻齐，长驱直入，攻破齐都。此时，苏秦为燕间谍反间于齐的阴谋也彻底暴露。

齐湣王听信苏秦的伐宋之策，果然得到燕的帮助而攻灭了宋国，却招徕了燕和秦、赵结盟合纵攻破齐国、几近亡国的后果。

齐湣王大怒，遂车裂苏秦于市。时为公元前 284 年，苏秦时年五十余岁。

车裂于市，就是俗话所说的"五马分尸"，是一种极其残酷的刑罚，并且还要载着尸体巡行示众。

燕国忠臣，魂断临淄。苏秦为了燕国的复兴，为了燕昭王的托付，百折不回，终于完成了十年前定下的破齐复仇的夙愿，并为此献出了自己宝贵的生命。

苏秦践行了十四年前他刚去燕国时，曾对燕昭王许下的"信如尾生"的诺言。

"信如尾生"的故事是这样的：春秋时，鲁国有个年轻后生，名叫尾生，他特别守信用。一天，他与一位心爱的女子相约在桥下相见，可当约定的时间到了，那名女子却没有来。这时，突然天降大雨，河水暴涨，可他还是痴心等待，结果被河水淹死了。他宁肯抱柱死去，也不愿违约失信。这个典故编入《庄子·盗跖》，后来人们取其积极的一面，比喻诚实守信。

《淮南子·说林训》说："苏秦以百诞成一诚。"意思是说苏秦用无数个谎言成就了自己对燕昭王的忠诚。苏秦为燕昭王出使并卧底于齐国，为燕助齐灭宋，出任齐相，主持五国攻秦，离间齐、赵之交，发动五国攻齐，在这个过程中，苏秦为了应对各方尤其是齐湣王，说了无数次的谎话，才最终实现攻破齐国这一目的。

银雀山汉墓出土的竹简《孙子·用间》说："殷之兴也，伊挚在夏；周之兴也，吕牙在殷；燕之兴也，苏秦在齐。"给予苏秦很高的评价。

《说苑·尊贤》则从反面来说："宋用唐鞅，齐用苏秦，秦用赵高，而天下知其亡。"而唯独宋王偃、齐湣王和秦二世不知其将亡。所以，史家说齐湣王是中国历史上最愚蠢的君王之一。

熊宪光教授在《纵横家研究》一书中认为："苏秦冒着生命危险，独闯虎穴狼窝般的强齐，执行燕昭王秘密交付的反间使命，背后还有防不胜防的燕大夫们的‘众口与造言’，其处境之险恶真是危若累卵，但他并未退却，而是置生死于度外，施展权谋之术，暗中颠覆齐国，最终阴谋败露，以身殉燕，悲壮地结束了可歌可泣的一生。苏秦的大智大勇，坚韧顽强，善于游说，精于权变是不可否认的。他以‘进取’自励，执着地追求‘势位富贵’，敢于冲破传统思想的束缚，公然以‘不信’‘不廉‘不孝’之臣自命，孜孜不倦地从事政治、外交活动，具有百折不挠，知危而进，必成事功的精神，称得上是战国纵横家中‘倔强的，叱咤风云的’英杰。”[1]

佛教史籍《洛阳伽蓝记》记载：“青阳门外三里御道北，有孝义里，里西北角有苏秦冢，冢旁有宝明寺。”也就是说今洛阳东郊，汉魏故城东南三里，洛河北岸有一小村，名曰张苏寨，寨内有一冢，传说那便是苏秦的坟墓。

五国破齐前，齐、秦两国均有席卷天下之心，也均具备相当的实力。由于苏秦间齐的成功，意外地出现了弱燕破强齐的结局，这个历史的偶然，在客观上却为秦统一中国创造了必要的条件。齐国就此没落，齐、秦双峰并峙的局面被打破，秦国轻而易举地成为头号强国。从此，由秦来完成全中国的统一，始成定局，历史又揭开了新的一页。[2]

齐湣王逃亡

临淄陷落，齐湣王和太后逃走，到了卫国。卫国国君让出宫殿来给他住，向他称臣，供给他一切需要。

在卫国期间，齐湣王问随行的公玉丹：“我是怎样的一个君主呢？”

公玉丹回答说：“大王您是个贤明的君主啊！据说古时有人抛弃天下也没有愧色，从前我只是耳闻其事，今天在您身上才眼见为实。您名义上仅称为东帝，实际上是平治天下，但离开齐国住到卫国以后，您体貌丰盈，容光焕发，毫无舍不得国家的念头。”

湣王说：“说得太好了！还是公玉丹了解我呀！我自从离开齐国到了卫国，衣带已经增加三倍了！”

有一天散步时，齐湣王对公玉丹说：“我已流亡国外了，却不知道流亡的原因。究竟我为什么流亡呢？我当纠正自己的过失。”

① 引自韩兆琦《史记笺证》（第七册）第 4033–4034 页，江西人民出版社 2015 年 12 月修订版。

② 周鹏飞《苏秦传》，载刘京华、吴伯生主编《战国风云》第 96 页，甘肃人民出版社 1990 年 2 月版。

公玉丹回答说："我以为大王您已经知道了呢，您竟然还不知道吗？您之所以流亡国外，是因为您太贤明的缘故。天下的君主都没有出息，憎恶大王的贤明，于是他们互相勾结，合兵进攻大王。这就是大王您流亡的原因啊！"

湣王很感慨，叹息道："君主贤明原来要受这样的苦啊！"

以上虽然是两则小故事，但也能看出齐湣王已经昏聩到了什么程度。

也正是由于齐湣王的傲慢不逊，卫国人就开始攻击他。无奈之下，他只好离开卫国。

在逃往鲁国的路上，夷维子持鞭驾车随行，他先去对鲁国人说："你们打算用什么样的礼节来接待我们的国君？"

鲁国人说："我们准备用牛、羊、猪各十头的礼节来款待您的国君。"

夷维子说："你们这样对待我们的国君是什么礼节呀？我们的国君是天子啊。天子出来巡视，诸侯应该让出宫室，交出钥匙，还要提起衣襟恭立在几案旁，伺候天子用餐。等天子吃完了，才能告退出去处理本国的国政。"

鲁国人听了，也把城门锁上，拒绝接纳齐湣王一行进入鲁国。

齐湣王进不了鲁国，途径邹国。当时，邹国的国君刚刚去世，齐湣王想去吊唁。

夷维子告诉邹国的新君说："天子前来吊丧，主人一定要把灵柩转到相反的方向，使它朝着北边，以便天子面朝南边祭吊。"

邹国的大臣们一致反对，说："如果非要这样做，那我们宁肯都拔剑自杀！"

于是，齐湣王也不敢进入邹国了。

齐湣王本不是天子，又因破国而流亡，如丧家之犬，却摆出一副天子的臭架势，所以卫国、鲁国、邹国都拒绝接待他。无处可去的齐湣王只好去往尚未被燕军占领的齐国莒城，躲藏在城阳山中。

莒城为齐国五都之一，在齐长城之南，靠近楚国，据此可重建齐国政权。

齐湣王被杀，齐襄王继位

齐湣王逃到莒城，相国淖齿历数他的罪过，说："千乘和博昌之间方圆数百里内，天上下血浸湿了衣裳，大王知道吗？"

湣王说："不知道。"

淖齿又问：“嬴、博两地之间地裂泉涌，大王知道吗？”

湣王答：“不知道。”

再问：“有人在宫门前哭泣，去寻找却不见有人，走开又能听见哭声，大王知道吗？”

答：“不知道。”

淖齿说：“天上下血浸湿衣裳，这是天在告诫您；地裂泉涌，这是地在告诫您；有人在宫前哭泣，这是人在告诫您。天、地、人都来告诫，可是大王还不知道警醒，怎么能不杀掉您呢？”

于是，淖齿在莒城鼓里这个地方，抽掉齐湣王的筋，把他吊在宗庙的大梁上，过了一晚上就死去了。以天子自居的齐湣王，就这样命归黄泉。

之前，齐湣王重用淖齿为相，是形势所迫，并且想依靠楚国的力量重建齐国。实际上，齐湣王并不相信淖齿，而是信任公玉丹。公玉丹是个什么货色，我们稍早前已经见识过了。淖齿感觉到齐湣王厌恶他，就派人假扮秦国使臣来见齐湣王，果然探出齐湣王讨厌自己，因而设计杀死齐湣王。

王孙贾是齐湣王的侍从，当时才十五岁。齐湣王从临淄逃走后，不知下落。

王孙贾的母亲对他说：“你早出晚归，我就倚着家门盼望你回来。你现在侍奉大王，大王逃跑了，你却不知他的下落，你还回家做什么？”

当他知道齐湣王被淖齿杀了后，王孙贾就走到集市上说：“淖齿在齐国作乱，杀了大王，愿跟我去讨伐他的，就把右臂袒露出来！”

集市上跟随他走的有四百人，和他一起去讨伐淖齿，把淖齿杀掉了。

齐湣王被杀后，他的儿子法章改名换姓，乔装打扮，在莒城的太史敫（音同缴）家做用人，为他家浇灌菜园子。太史敫的女儿看出法章的相貌不同寻常，认为他不是一般的人，就很怜爱他，常常拿些衣服和食物给他，并和他私通。

燕军刚攻入齐国的时候，听说画邑有个叫王蠋的人很贤明，就下令道：“不能进入画邑周围三十里的地方！”以此保护王蠋。

不久乐毅派人对王蠋说：“齐国人多数都很尊敬先生的品行，我任您为将军，封赏您一万户的食邑。”

王蠋坚决地谢绝了。

燕人说：“您如果不肯接受，我就要率领军队来毁灭画邑。”

王蠋说："忠臣不事二主，贞女不嫁二夫。齐王不听从我的劝谏，所以我回到乡间种田。国家已经破亡，我不能使它复存；现在又用武力来要挟我做你们的将军，这是让我助桀为暴，与其活着干这种不义的事情，还不如受烹刑而死。"

于是用绳子捆住自己的脖子吊在树上，使劲把自己的脖子勒断而死。

齐国逃亡在外的大夫们听说这件事后，都说："王蠋是个平民百姓，尚能守节不屈，何况我们这些吃俸禄的人呢？"

于是大家相约聚集到了莒城，探访寻找湣王的儿子，准备立他为新王。法章向他们说明了自己的身份。公元前 283 年，法章被拥立为王，即齐襄王。

【剧情释疑】

○攻入齐国都城临淄的到底是燕、赵联军，还是只有燕军？

电视剧旁白解说："齐军没有犒赏激励，毫无斗志，达子阵亡，秦周失陷，通向临淄的大门，已向乐毅统帅的燕、赵联军打开。齐国都城临淄失守，燕军入城，如当年齐军在燕国一样，燕军在临淄城中烧杀抢掠，临淄城变为一座人间炼狱。"

意思是秦周失陷时还是燕、赵联军一起作战，而攻克临淄后却只说"燕军入城"，不清楚赵军是否也进入了临淄。如果赵军已经攻入秦周，秦周与临淄仅一步之遥，赵军又为什么突然撤退，而不攻入临淄呢？

据《史记·赵世家》记载："燕独深入，取临淄。"《魏世家》《六国年表》亦载："燕独入临淄。"《史记·燕世家》《战国策燕策一》第十二章均载："燕军独追北，入至临淄，尽取齐宝，烧其宫室宗庙。"由此可证，攻入临淄的只有燕军了。

又据《史记·乐毅列传》记载："乐毅于是并护赵、秦、韩、魏、燕之兵以伐齐，破之济西。诸侯兵罢归，而燕军乐毅独追至于临淄。"这就非常明确了，联军在济西胜齐军后，其余四国的军队都没有北上，只有乐毅率领的燕军继续深入齐境，并攻克了秦周和临淄。所以，电视剧旁白中的"秦周失陷，通向临淄的大门，已向乐毅统帅的燕、赵联军打开"的确有误。

○苏秦到底为什么要谋取齐国？

电视剧中，苏秦临死前，齐湣王问他做间谍谋害齐国的原因。

苏秦答："我苏秦恩人一家皆为齐国所杀。"

齐王问："你是为了燕国？"

苏秦答："燕王是为了燕国，我苏秦是为了报私仇，后来是为了证明我自己，证明我能够做得到。齐国乃大国、强国，而燕国却是小国、弱国，我苏秦若能助燕国，以小博大，以弱战强，甚至灭了你齐国，那是何等大丈夫！可如今我才知道，此番灭你齐国，与我用间深浅关系不大。如若不是强大的秦国愿为天下先，其他的弱小之国，哪个敢与强齐抗衡？若非秦军将你齐军主力吸附在河东，那燕师又如何能长驱直入，战济西，克秦周，直至占领临淄？所以，间敌虽然有效，但毕竟只是手段，最终能成大功者，还是国之实力。"

齐王怒摔酒樽，说："可本王还没死。"

苏秦说："齐王命大。"

齐王气愤至极，下令："拉出去，车——裂！"

正如本书前文"剧情释疑"中所说，由于电视剧虚构了燕太子平妃姬狐这一角色，且苏秦对姬狐倾心，而太子平及其儿子都被齐军所杀，苏秦就暗中发誓要为姬狐报仇。这一情节线索的设置，倒冲淡了苏秦平生只事一主，"信如尾生"，成就一番大事业的品质和志向。虽然电视剧中通过苏秦之口说出了"后来是为了证明我自己，证明我能够做得到。我苏秦若能助燕国，以小博大，以弱战强，甚至灭了你齐国，那是何等大丈夫"，但毕竟是因私情、私仇而起，削弱了苏秦报答燕昭王的知遇之恩、以死效忠燕国、终生为燕谋齐的伟大志向。

其实，从苏秦的早年经历中，也可以找到他忠诚不贰、矢志不移的心理根源。

前文也提起过，苏秦在去燕国之前，曾先后去过周、秦、赵等国，包括用连横之策游说秦惠文王，但均不为所用，到处碰壁，"出游数岁，大困而归"，落魄潦倒。回到家里，"妻不下纴（音同认），嫂不为炊，父母不与言"，即妻子继续织布懒得理他，嫂子不给他烧火做饭，父母都不和他说话，大家都看不起他，取笑他不务正业。

这种经历对他产生了很大的打击，但他并未因此而沉沦，而是"锥刺股"发奋读书，并且立下宏愿，一定要做出一番事业来，不管是为了远大理想也好，还是为了出人头地、博取功名利禄也罢，总之是有了足够的动力去奋斗。

所以苏秦一来到燕国，受到燕昭王的隆重礼遇和厚待后，就更加激发了他的斗志，他对燕昭王说："我是一个有进取心的人，不愿侍奉无所作为的君主。如果满足于现状，我还不如回到洛阳，服侍老母，种田吃饭，织布穿衣，不会有辱大王的朝廷。"

苏秦忠于燕国，百折不回，终于帮助燕昭王完成了破齐复仇的夙愿。

○楚国为什么不出兵合纵攻齐，反而派淖齿将兵救齐？

前文已述，楚国并未加入联军合纵攻齐，为什么燕军攻破齐都临淄后，楚将淖齿却到了齐国，去营救齐湣王呢？史书上只记述了这一事实，但却没有说明其中的原因。

而电视剧则根据前后史实，进行了合理的想象和补充：

宜阳会盟期间，楚国令尹昭阳对楚王说："若是楚国与列国一起出兵，以我楚国当前的国力，怕是争不过诸国啊。十之八九，他们会一拥而上，把齐国分个精光，最后连点油渣都不会给咱楚国剩下。既然吃力不讨好，何不等诸国攻入了临淄之后，在齐王出逃之际，我们派出少许的兵马，雪中送炭，把齐王救起。这样一来，齐王肯定会对我王感激涕零，这样，我们就可以让他把过去占领我们的所有失地、淮北之地，统统地给我们吐出来。"

于是，当齐都临淄失陷后，齐王逃往莒城时，楚将淖齿前来救驾。

齐王问淖齿："楚王为何派你来营救本王？"

淖齿答："我王以为，现如今各国被秦王蛊惑，合纵伐齐，此可谓仗势欺人，乃小人之举，我楚国绝不为之。"

齐王近臣向齐王报告："王上，合纵攻我的列国，没有楚国。"

齐王当即下诏："淖齿救驾有功，诏为齐国丞相。"

《战国策·齐策六》第五章记载："燕之伐齐之时，楚王使将军将万人而佐齐。"如果楚国参与合纵伐齐，为什么又派淖齿带兵救齐呢？齐湣王又为什么任命淖齿为相呢？《史记·田世家》云："楚使淖齿将兵救齐，因相齐湣王。"齐湣王因兵败出奔，经卫、邹、鲁等国，得以回到齐国的莒城，要依赖楚国的救助重建政权，淖齿因而得以为相，是出于形势所迫。

《吕氏春秋·正名》谓齐湣王"任淖齿而信公玉丹,岂非自仇邪?"《韩非子·内储说上》云:"淖齿闻齐王之恶己也，乃矫为秦使以知之。"就是淖齿使人伪装秦使以见齐湣王，探得湣王厌恶自己，因而设计杀死齐湣王。

○齐国归还楚太子时，不是没有得到淮北之地吗？为什么淖齿在杀齐湣王之前，还要求其交还楚国淮北之地呢？

《史记·楚世家》记载:"[楚顷襄王]十五年楚王与秦、三晋、燕共伐齐，取淮北。"《六国年表》亦载:"取齐淮北。"而《田世家》则云:"淖齿遂杀湣王而与燕共分齐之侵地卤器。"所谓"取齐淮北"与"分齐之侵地",实为一事。

楚怀王被秦国拘留时，楚太子当时在齐国做人质，楚国谎称怀王已死，派使者去齐国迎立太子为王。齐湣王欲"挟太子以易楚地"，时为齐相的孟尝君不同意这样做，苏秦却赞成趁机索要楚国淮北之地，并准备了应对方案。但太子横被立为楚王后，齐国派人索地，楚新王拒绝交割，并求救于秦国，秦国出兵干涉，致使齐国未得到五百里淮北之地。那么，史书上所谓的"齐之侵地"到底是什么时候齐国侵占的呢?

作者检索史料，不见齐国直接侵占楚国淮北之地的记载，但发现在公元前298年，当孟尝君合齐、魏、韩三国共攻秦军于函谷之际，赵武灵王已传王位给少子何，并派楼缓相秦，仇郝相宋，表面上与秦国交好，暗地里则首鼠两端。赵国胡服骑射，攻灭了中山，略地于林胡、楼烦。宋国亦步亦趋地学习赵国，宋王偃亦把王位传给了太子，自己却带兵到处略地，灭了滕国，进攻薛邑，取得楚国的淮北之地。齐国灭宋后，宋国侵占的楚国淮北之地，自然就归齐国了。由此可见，淖齿"取齐淮北"，应该是指当年宋国攻取的楚国淮北之地。

五国合纵攻破齐国，分割齐地，楚国实际上并没有参与。楚国派淖齿率兵救齐，齐湣王任淖齿为相，到淖齿杀死湣王，不久齐人王孙贾又攻杀淖齿，莒人共立湣王子法章为齐王，楚国并未干预其事。楚国收复淮北之地，是在淖齿为齐湣王的相国，齐湣王正依靠楚国的救援而重建政权之时。

第十一章 秦围大梁，完璧归赵

秦国主谋五国合纵攻齐，目的在于削弱齐国，从而趁机攻取中原魏、韩之地。上年五国合纵、乐毅破齐之后，齐国已经大为削弱，原来秦、齐、赵三强鼎立的形势发生改变，秦国成为当时最为强大的国家，就肆无忌惮地侵略三晋。

秦围大梁，赵、燕救魏

公元前283年，秦昭襄王与楚顷襄王在楚地鄢（今湖北宜城东南）会晤，秋天又在秦地穰（今河南邓州）会晤，其目的在于拉拢楚国打击三晋。同年，秦国调发大军、并使韩国追随它首先大举进攻魏国，想一举灭亡魏国，扩张领土，越过中原与新得原宋国的陶邑连成一片。

秦军出函谷关后，跨越了周、韩的领土，越过中原的魏长城，先是攻占了魏长城东北边的安城（今河南原阳西南），接着向东南攻取魏都大梁（今河南开封）西北方向的林中（今河南中牟东北）。林中既有森林，又有便于战马饮水的河流，适宜用作屯驻大军、进攻大梁的基地。

当时中原各国都城的布局，都是西面的宫城连接东面的大郭，魏王经常游乐的梁囿，就建在大梁宫城的西北方向，这是秦军围攻大梁的必经之地。梁囿中既有文台、垂都等游乐建筑设施，也种有树木花卉，养有麋鹿鸟兽。当秦军攻入时，文台被毁，垂都被烧，林木被伐，麋鹿被杀。

秦军直逼魏国都城，开始围攻大梁。

魏国形势危急，魏昭王连夜召见孟尝君，向他问计。

魏王对孟尝君说："您为我想想，现在该怎么办呢？"

孟尝君说："如果有诸侯的救援，魏国就能转危为安。"

魏昭王说："我希望您能去办好这件事。"

魏王就隆重地为孟尝君准备了一百辆车子，供他出使诸侯之用。

孟尝君到了赵国，面见赵王说："我希望向大王借兵去解救魏国。"

赵王回答："我不能借兵给您。"

孟尝君说："我敢来借兵，实际上是效忠于大王。"

赵王说："您为什么这么说？"

孟尝君说："赵军并不比魏军强，魏军也不比赵军弱。然而赵国多年没有受到威胁，百姓也没有大量死亡；相反，魏国却连年战争不断，百姓每年都有很多死亡，是什么原因呢？这是因为魏国在西边做了赵国的屏障。今天赵国不救援魏国，魏国就会与秦国结为盟国，那赵国就将直接面对强大的秦国，以后的赵国也将每年兵灾不断，百姓每年也会大量死亡。这就是我所说的忠于大王的缘故。"

赵王听了此番言词后，同意派兵十万，战车三百辆。

然后孟尝君又北上拜见燕王，说："当年两国公子联合燕、魏结盟，现在秦国正在攻魏，希望大王救援。"

燕王说："我国已连续两年歉收，现在又要远涉数千里之外去救魏国，怎么能办得到呢？"

孟尝君说："远涉数千里去救魏，这是有利于燕国的。现在魏王一出城门就能望见秦军，就是想行军千里去驰援别人，还有可能吗？"

当孟尝君见赵王时，大梁尚未被围。到他见燕王的时候，大梁已经被秦军围困，所以孟尝君说"魏王一出城门就能望见秦军"。可是燕王还是不肯发兵。

孟尝君又说："我献上一计给大王，大王如果不采用我的计谋，那么我就离开，但恐怕天下局势就要大变了。"

燕王问："我能听听您所谓的大变吗？"

孟尝君回答："秦军攻魏，就算没有攻下，但高台已被焚毁，梁囿已被占领。而燕国不加救援，魏王就会屈辱割地，将半个魏国的土地割让给秦国，这样秦军才会撤退。秦军撤走后，魏王会发动韩国、魏国的所有兵力，又西借秦军，再联合赵军，以四国之兵来攻打燕国，大王能得到什么好处呢？燕国是千里驰援好，还是一出去也能看见四国攻燕的军队好呢？"

燕王说："您可以回国复命了，我愿听从您的意见。"

燕军主力虽仍在继续攻齐，但在大梁危急的形势下，仍然与赵国联合救魏。出兵八万，战车二百辆。

此次秦、韩两国联合围攻魏都大梁，一旦大梁易手，魏国就会灭亡，势必危及赵、燕，赵、燕两国也应该出兵救援。加上孟尝君是一位老练的政治家，赵王、燕王都被他说动，于是两国立即出兵救魏。

魏王非常高兴，说："您这么快就借到了燕、赵的大军，真了不起！"便封赏了孟尝君。

秦军见赵、燕两国军队已到，大为恐慌，立即撤退，大梁终于得以解围。

韩国在秦国的压力下不得不屈从随秦攻魏，而赵、燕已解大梁之围。有人游说韩臣山阳君，说："秦国如果战胜魏、燕、赵三国，它必然越过周、韩占有大梁。三国如果战胜秦国，三国的力量虽然不足以进攻秦国，却足以消灭韩国。为韩国考虑，还不如联合三国攻秦。"但此计并未付诸实施，因秦避免和燕、赵决战，已自行撤军退走了。

两年之后，秦派白起第二次攻魏围大梁，也是出峭山要塞，跨越西周、东周和韩国，行进路线与第一次攻魏一样。此次围大梁，秦国依旧胁迫韩国参与。但因赵、燕再次出兵救魏，迫使秦国把济西割给赵国，把胶东割给燕国，才讲和罢兵。

秦怨赵救魏，遂攻赵

攻魏目的没有达到，秦王很不高兴，派人对赵王说："我们曾有盟约：'秦国想做的，赵国要帮助；赵国想做的，秦国要帮助。'现在秦国攻魏，而赵国却去救援，违背了我们之间的盟约。"

赵王把这件事告诉了平原君赵胜，平原君又告诉了公孙龙。公孙龙是诸子百家中名家的代表人物，能言善辩，提出过"白马非马"的著名命题。公孙龙给平原君出主意说，赵国也可以派遣使者去责备秦王，说："我们曾有盟约：'赵国想做的，秦国要帮助；秦国想做的，赵国要帮助。'现在赵国想救援魏国，而秦国却不帮助赵国救魏，还要去攻打它，这也是违背我们之间的盟约。"真是以其人之道，还治其人之身。

但因赵国两次出兵救魏，秦国早已积怨在心。公元前 283 年，赵国著名战将廉颇率领赵军攻打齐国，大败齐军，攻占阳晋（今山东郓城）。之后秦国又以“赵不与己击齐”为借口，攻打赵国。

公元前 282 年，秦王与韩王会于新城，与魏王会于新明邑，对两国稍加安抚后，又派白起攻取赵的兹氏（今山西汾阳南）、祁（今山西祁县）二城。

秦、赵关系愈发紧张。

赵国认为自己被魏国出卖了，在受到秦国攻击的情况下，即在当年向魏国发动进攻，攻取了魏地伯阳（今河南安阳西北）。

赵王对公孙龙说：“我致力于消除战争已有十多年了，可是却没有成功。难道战争不可以消除吗？”

公孙龙回答说：“消除战争的想法，体现了兼爱天下人的心意。兼爱天下人，不是靠嘴上说说就能实现的，必须要有实际行动。现在秦国侵占了赵国的土地，您就穿上了丧服；赵国攻打齐国夺取了城邑，您就设宴庆贺。这都不符合兼爱天下人的思想，也就是消除战争不能成功的原因啊。”

赵王无言以对。

赵宦者令荐蔺相如出使秦国

秦昭王听说著名的楚国和氏璧在赵国，于是派人送了封信给赵惠文王，表示愿意以十五座城邑来交换这块极为珍贵的和氏璧。

赵王与大将军廉颇等大臣商议：如果把和氏璧给了秦国，恐怕未必能得到秦国的十五座城邑，白白受骗；如果不给的话，又怕因此招惹秦军来犯。商议了半天，众人拿不出个主意来，便想找一个回复秦王的使者，可也没有合适人选。

宦者令缪贤说：“我的门客蔺相如可以做使者。”

赵王问道：“你怎么知道呢？”

缪贤回答说：“我曾经犯罪，想私下逃到燕国去，蔺相如劝阻我，说‘您怎么了解燕王呢？’我告诉他说：‘我曾经跟随大王与燕王在边境上相会，燕王私下里握着我的手说过‘非常希望和你交个朋友’。我是因此而了解燕王的，所以想到燕国去。’蔺相如对我说：‘赵国强大，燕国弱小，而您深受赵王的宠信，所以燕王才想和您交朋友。现在您要逃离赵国到燕国去，燕国害怕赵国，势必不敢收留您，反而会把您捆绑起来交给赵国。您不如赤膊去见赵王，伏在铡刀旁请罪，那倒很可能侥幸获得赦免。’我听从了他的劝告，大王也开恩赦免了我。我个人认为蔺相如这个人是位勇士，又足智多谋，应该是出使秦国的最佳人选。”

于是，赵王召见蔺相如，问道：“秦王要用十五座城邑来换我的和氏璧，是答应呢，还是不答应？”

蔺相如说：“秦国强而赵国弱，不能不答应。”

赵王说：“秦王拿走了我的和氏璧，却不给我城邑怎么办？”

蔺相如说：“秦国要以城邑换取和氏璧，如果赵国不答应，赵国显得理亏；如果赵国把和氏璧给了秦国，而秦国不把城邑交给赵国，那么就是秦国理亏了。两者比较，宁可答应使秦国理亏。”

赵王说：“谁能胜任出使秦国呢？”

蔺相如说：“大王如果实在没有合适的人选，我愿意带着和氏璧出使秦国。秦国把十五座城邑交给赵国，我就把和氏璧留在秦国；秦国不把十五座城邑交出来，我保证让和氏璧完好地回到赵国。”

于是，赵王就派蔺相如带着和氏璧，西去出使秦国。

蔺相如“完璧归赵”

秦昭王在离宫章台接见蔺相如，蔺相如双手捧着和氏璧献给秦王。秦王很高兴，便把和氏璧传给嫔妃和臣子们观赏。

蔺相如看出秦王并没有用城邑来交换和氏璧的诚意，就走上前去说：“这玉璧上有点瑕疵，请让我指给大王看。”

秦王把和氏璧交还给他，蔺相如捧着和氏璧往后倒退，靠着一根柱子站定，怒发冲冠地对秦王说道：“大王希望得到和氏璧，派人送信给赵王，赵王召集群臣一起商议，大家都说‘秦国贪得无厌，倚仗自己的强大，想用空话骗取和氏璧，所谓用以交换和氏璧的城邑，恐怕是得不到的。’商议决定不把和氏璧给秦国。而我认为，即便是平民百姓之间的交往，尚且不能相互欺骗，何况是大国之间的交往呢？再说，为了一块玉璧惹得强大的秦国不高兴，使得两国伤了和气，是不应该的。于是赵王就斋戒了五天，派我出使秦国，郑重地把和氏璧交给了我，并在朝廷上恭恭敬敬地行拜礼送国书。为什么要这样呢？这是对大国威望的尊重，表示敬意。今天我来到这里，大王却只在一般的台观接见我，礼节不周，这是对赵国的轻慢。拿到了和氏璧，又传给嫔妃们去观赏，这简直是在戏弄我。我看出大王并无用城邑来交换和氏璧的意思，所以我又拿了回来。大王要是把我逼急了，今天我的头就和玉璧一齐撞碎在这柱子上！”

蔺相如捧着和氏璧，两眼斜瞅着柱子，像是就要撞到柱子上去似的。秦王唯恐他撞碎了玉璧，连连道歉，请他千万不要那样做，并叫来主管官员拿来地图，打开地图查看，指着地图说从这里起的十五座城邑划给赵国。

蔺相如估计秦王说把城邑给赵国只不过是做样子骗骗人，估计赵国连一城都得不到，于是就对秦王说：“和氏璧是天下闻名的珍宝，赵王畏惧秦国，不敢不答应秦国的要求，把和氏璧献给秦王。赵王把和氏璧送来秦国之时，斋戒了五天，现在大王您也应当斋戒五天，在正宫正殿安排九宾迎接的隆重典礼，那时我才敢奉献宝物。”

秦王看这情形，想要强行夺取和氏璧是不大可能了，便同意斋戒五天，把蔺相如安排在客舍住下。蔺相如也估计到，秦王虽然答应了斋戒，但一定还会违背承诺，决不会以城换璧，便派遣他的随从换上了粗布衣裳，打扮成平民百姓模样，将和氏璧藏在怀中，抄小道逃走，把和氏璧送回了赵国。

秦王斋戒五天之后，果真在王宫安排了九宾迎接的隆重典礼，派人去请赵国的使者蔺相如。蔺相如来到王宫，对秦王说：“秦国自穆公以来已有二十来位国君继位，可是还没有哪一位是毫不含糊地信守诺言的。我实在是怕受不了您的欺骗而辜负了赵王的重托，所以已经派人带着和氏璧回去了，他走小路现已回到了赵国。不过，秦国强大，赵国弱小，大王仅仅只派了一位使者到赵国，赵国立即就派我把和氏璧给送来了。现在，以秦国的强大，如果真的先割让十五个城邑给赵国，赵国岂敢不交出和氏璧而得罪您大王呢？我知道，欺骗大王罪该当死，我甘愿下油锅受极刑，但这件事还请大王与各位大臣仔细商议一下。”

秦王与众大臣面面相觑，哭笑不得。有人气得要把蔺相如拉下去下油锅烹了，秦王说道：“如今即使杀了蔺相如，也还是得不到和氏璧了，反而破坏了秦、赵两国之间的关系，不如依然好好接待他，让他回赵国，难道赵王会因为一块和氏璧而欺骗秦国吗？”于是终于按照礼节在正殿上会见了蔺相如，让他回了赵国。

蔺相如回到赵国后，赵王认为他以机智和才干，出使秦国不辱使命，就认命蔺相如为上大夫。

而最后的结果，则是秦国最终没有把城邑割给赵国，而赵国也始终没有把和氏璧送给秦国。

秦赵渑池相会，蔺相如不辱使命

秦、赵之间发生和氏璧事件后，蔺相如不仅完璧归赵，而且自身也脱离险境。但是，秦对赵仍有芥蒂。继白起攻取赵的兹氏、祁两城之后，和氏璧事件刚刚结束，即公元前 281 年，秦又派白起攻赵，拔离石（今山西离石），两年攻克三城。

赵国也第二次报复魏国，决黄河水灌魏地。同时赵国也不肯割地给秦国，与秦国讲和。

下一年，白起再攻赵，夺取代（今河北蔚县）、光狼城（今山西高平西），斩首两万。

公元前 279 年，秦王派使者告诉赵王，秦国希望与赵国修好，邀请赵王在西河之外的渑池（今河南渑池西）相会。

赵王畏惧秦国，不敢去。廉颇、蔺相如商议说：“大王如果不去，显得赵国既弱小又胆怯。”于是赵王决定赴会，蔺相如随行。

廉颇送赵王一行人直至边境，告别时对赵王说：“大王这次出行，按照路程、会见和归程推算，不超过三十天。如果超过三十天大王还没回来，请允许立太子为王，以断绝秦国对您要挟讹诈的念头。”赵王同意了。

赵王来到渑池与秦王相会。秦王喝酒喝到半醉，说：“我听说赵王喜欢音乐，请弹瑟一曲吧。”赵王弹了瑟。秦国的御史走上前来，在史册上记载：“某年某月某日，秦王与赵王会见宴饮，令赵王鼓瑟。”

蔺相如上前说：“赵王曾听说秦王擅长秦地的歌曲，请允许我给大王献上盆缶，用以演奏娱乐。”秦王很生气，不肯答应。蔺相如便走上前去，进献瓦缶，并跪下相请。秦王仍然不肯击缶。蔺相如对秦王说：“我与大王相距不过五步，我这点请求您都不肯答应，那么我的颈血将要溅到大王身上了！”秦王的侍从想杀蔺相如，蔺相如瞪大了眼睛大声地呵斥他们，吓得他们都慌忙后退。于是，秦王只得很不乐意地勉强敲了一下缶。蔺相如回头叫来赵国的御史，也在史册上记载道：“某年某月某日，秦王为赵王击缶奏乐。”

这样一直到宴会结束，秦王始终没能从赵王那里占到便宜。因为赵国已经大规模调集军队防备秦国，所以秦国也不敢轻举妄动。

负荆请罪

渑池之会结束后回国，赵王认为此行蔺相如功劳巨大，便拜他为上卿，位次排在廉颇之前。廉颇以勇敢善战而闻名于诸侯各国，四年前率领赵军攻打齐国，大败齐军，攻占阳晋，以军功官拜上卿。

廉颇说：“我身为赵国的将军，攻城野战，立下大功，而蔺相如只不过动动口舌，竟然官位比我还要高了，况且蔺相如本来只是个出身卑贱的人，让我身居其下实在是不能忍受，我感到耻辱！”他扬言说：“我见到蔺相如，一定要羞辱他。”

蔺相如听说后，便不肯与廉颇会面。每当朝会的时候，蔺相如常常称病不去，避免为位次的先后与廉颇发生冲突。

有一次，蔺相如外出，远远地望见廉颇，蔺相如立即调转车头躲避。蔺相如的门客纷纷劝说他：“我们之所以离家投奔您的门下，是由于仰慕您的高尚道义。现在您与廉颇同居上卿之位，廉将军公开口出恶言，而您就吓得东躲西藏，害怕得不得了。就连一个普通人都会感到羞辱，何况是身居高位的人呢？我们是缺乏修养的人，请允许我们告辞而去。”

蔺相如坚决地挽留他们，说道：“诸位，你们看廉将军比秦王更强吗？”大家说：“当然比不上秦王了。”蔺相如说：“尽管秦王是那样的威风凛凛，而我在秦国的宫廷上却敢当众斥责他，羞辱他的大臣们，虽然我平庸无能，难道就单单害怕一个廉将军吗？我只不过是考虑到，强大的秦国之所以不敢对赵国发动战争，就因为我和廉将军在这里。现在如果两虎相争，势必不能同生共存。我之所以要忍辱回避，无非是把国家存亡作为头等大事，把个人的恩怨放在后面罢了。”

廉颇听到这些话后，就脱衣露体，背上荆条，由宾客带领来到蔺相如的府上请罪。他说："我是个粗人，没想到您宽容、忍让我到了如此地步。"终于两人和好，成为生死与共的朋友。这就是历史上著名的典故——负荆请罪。这一典故又被称为"将相和"，广为流传。

【剧情释疑】

○此次秦攻魏是魏冉私下擅自出兵吗?

电视剧设置了如下情节：

五国攻齐期间，魏冉取得陶邑之后，他认为秦王早晚会把陶邑封赏给他。因陶邑周围都是魏地，就想攻取魏地，扩大陶邑。于是就请白起为他出战，去攻魏国都城，最好攻下大梁，拿下魏王宫也行，擒住魏王以后，再与薛公谈判，让他割让魏都大梁以东之地，与陶邑连成一片。

白起认为这是盗用公器谋私，自己担当不起，魏冉也担当不起。看白起不为所动，魏冉就把秦国统领大军之职许给白起，白起不语。在魏冉的催逼下，白起劝他慎重，魏冉不以为然。无奈之下白起只好出战。

白起带领秦军突袭梁囿，结果反被魏军包围，且久久不能突围，被困梁囿。

宣太后知道后骂魏冉："我只知道你有一点点贪心，哪知道你竟然如此贪得无厌！稷儿在列国君王面前发过誓的，这次出兵绝不染指一寸齐地，你倒好，竟然擅自拿下陶邑。得了陶邑，你还不甘心，又让白起去攻打魏国国都大梁，再扩张陶邑。你竟然去攻打别人的都城，人家还不跟你拼命吗？你这不是让白起去送死吗？稷儿，这次任凭你怎么处置，我不管啦！"

秦昭王气愤地对魏冉说："齐国亡国，就是因为齐王与奉阳君贪好私利，寡人的丞相绝不能与他们一样。此事太大，你不但擅用军权谋私，更玷污了寡人信誉，危害秦国社稷！"

于是秦王免去了魏冉的丞相之职。

白起从魏国回来，身负重伤。

这时，燕、赵两国联军已至函谷关，燕王、赵王一同来了。秦昭王亲赴函谷关，与燕、赵二王谈判。

先是燕王质问秦王既已盟誓不要齐国一寸土地，为何又占有陶邑？秦王说陶邑乃是宋地，并非齐地，如若秦军不取陶邑，则宋地尽为魏国占领，魏国这个便宜也占得太大了吧？何况，若是承认宋地已属齐国，那联军灭齐师出何名呢？

接着赵王质问秦国既已取得陶邑，为何还要出兵攻打魏都大梁、灭掉魏国？秦王说这纯粹是个误会。因为陶邑周围皆是宋地，被围得提心吊胆，需要与魏国商议如何布防。白起赴大梁之后，正在魏地休整的蒙骜接到军报说魏王把白起困于大梁，这才举兵前去救人，定是一言不合才打了起来。误会，皆是误会！

赵王问："秦王打算如何了结此事？"

秦王答："不难。让魏王下令给我秦军解围，本王也下令，让我秦军撤回来便是。此番合纵攻齐，本王身为盟主，为昭示大公，除了我秦国以外，出资、出兵、出力的就是燕、赵两国，齐国善后之举交于燕、赵两王最为妥当。本王干脆做个主，将齐国东、西而分，东地与燕，西地与赵，至于燕、赵二王是否再与他国再行分地，就悉听尊便了。如此，本王便能功成身退。"

于是，燕、赵二王心满意足，请魏王为秦军解围。

电视剧说赵王、燕王率领两国军队攻至函谷关，秦王不带一兵一卒，说退两国之军，是电视剧虚构的情节，只是为了表明嬴稷已经成长为一个真正的王者，有能力独自收拾魏冉给他摆下的棘手的残局了。

《史记·楚世家》记载："[楚顷襄王]十六年与秦昭王好会于鄢。其秋复与秦王会穰。"《秦本纪》《六国年表》亦有记载。又据《史记·楚世家》："[秦昭襄王]二十四年……秦取魏安城，至大梁，燕、赵救之，秦军去。魏冉免相。"

楚顷襄王十六年、秦昭襄王二十四年，都是公元前283年。秦王与楚王会面，秦国拉拢楚国，是避免在秦攻魏时楚出兵相救。其实，此次秦国攻魏，并非魏冉擅作主张，而是秦的国家行为，意在乘五国破齐之时机，欲一举攻破魏都大梁。电视剧说是魏冉擅用兵权，以广其陶邑，也是为了体现魏冉的擅权和私欲。秦王免去魏冉丞相属实，具体原因不详，但应不是魏冉私自出兵攻魏所致。

史书又记载，两年后的公元前281年，秦国才把陶邑封给魏冉，魏冉复相。

○秦昭王欲得和氏璧，是为了孝敬太后吗？

答曰：不知道，因为史书没有记载。

电视剧通过魏伶优之口，向观众介绍了和氏璧的来历，可以增长知识。

魏伶优说："相传楚人卞和在荆山上见一只凤凰栖落于青石之上，因古人有云'凤凰不落无宝之地'，故他便将此青石献与楚厉王。可玉工辨识后，断定其只是一块石头，卞和便因欺君之罪而被断去左足。等到楚武王即位后，卞和又去献宝，却仍以前罪被断去右足。等到楚文王时，卞和抱玉痛哭于荆山下，直至双眼干涸，竟生生流出鲜血来。文王甚奇，便命人剖开璞石，果得宝玉，后经良工雕琢成璧，人便称'和氏璧'。"

太后听说秦王要以秦国十五座城池换和氏璧后，大惑不解，责怪昭王。她说："将来留入青史，你娘就臭名远扬了。和氏璧，娘不要，秦国的城池也不可以交与赵国，此事就此罢了。"

电视剧设置的秦昭王以和氏璧献太后的这个情节，虽然无从考证，倒也合情合理。

第十二章
乐毅奔赵，田单复齐

燕惠王中齐反间计，乐毅出走赵国

燕国军队仍在齐国，听说齐王在莒城，就集中兵力一起攻打莒城。当时淖齿已经在莒城杀死了齐湣王，坚守莒城，抗拒燕军。

燕军东进围攻即墨，即墨大夫出城迎战，结果战败而死。城中的人都推举田单为将军，并用即墨城的仅存的兵力来抗拒燕军。

田单，是齐国王族的远房子弟。齐湣王时，田单是临淄管理市政的辅助官员，毫无名声，无人知晓。燕将乐毅攻破齐国时，齐湣王逃出临淄，燕军长驱直入，连连攻下齐国城邑。田单逃往安平，吩咐他同族的人把车轴的末端锯掉，在外面套上铁箍。不久燕军攻打安平，城被攻破，人们争先恐后地抢路逃跑，在争抢中车轴被撞断，车辆被损坏，许多人成了燕军的俘虏。只有田单和他的族人，因为车轴被锯短了，轴头被铁箍箍紧了，车辆牢固，没有损坏，才得以逃脱，他们向东跑到即墨，据城自保。即墨大夫已经战死，大家因此而推举他当即墨将军。

公元前 279 年，燕昭王去世，他的儿子燕惠王继位。惠王当太子的时候曾经与乐毅有过节，对乐毅有意见。

齐国的田单听说了这件事后，就在燕国实施反间计，故意放出风说：“齐湣王已经死了，齐国没有被攻占的城邑只有两座了，之所以燕军不尽快攻占它们，听说是乐毅与燕国的新王有矛盾，他怕被燕惠王杀死因而不敢回燕国，他想率领燕军与齐军联合，就留在齐国，是以伐齐为名，实际上想在齐国自立为王。齐国人现在最害怕的是燕国派别的将领来，那样即墨城很快就会被攻破。”

燕惠王本来就已经在怀疑乐毅了，现在又中了齐国的反间计，果然派骑劫去替代乐毅为将，而召乐毅回燕国。

乐毅知道燕惠王是因为怀疑他，才派其他人来代替自己的。他害怕回到燕国后被杀，便离开齐国，投奔了赵国。于是，赵王把观津（今河北武邑东南）封给乐毅，号为望诸君。此后，赵国特别尊敬乐毅，同时用他来震慑燕国和齐国。

田单以“火牛阵”打败燕军，收复齐国

乐毅到了赵国后，燕军官兵都愤愤不平。

而此时的田单却令城中百姓每逢吃饭必须在庭院中先祭祀他们的祖先，于是就出现了飞鸟都聚集在即墨的上空盘旋飞舞的场面，虽然这些鸟儿只是伺机飞下来啄食，但燕军士卒却都感到很奇怪。

于是，田单趁机扬言：“这是上天降下神来教导我们了。”随后，他又通告全城说：“将会有一个神人来做我们的军师。”

有一个士兵问：“我可以做军师吗？”说完就开始走。

可田单却站起来，把他拉回来，并让他朝东坐下，拜他为军师。

那个士兵说：“我是骗您的，我确实没什么本事。”

田单说：“你不要说了。”

从此像对待老师一样对待他。每次发号施令，一定说是神师的旨意。

田单又四处宣传：“我最担心燕军割掉被俘齐人的鼻子，让他们冲杀在前打先锋，那样即墨就完了。”燕军听说后，果真这样做。城中齐人见被俘同胞都被割掉了鼻子，群情激奋，众志成城，坚守即墨，唯恐被燕军所俘虏。

之后田单又派出间谍施行反间计，说：“我们害怕燕军挖城外的祖坟，侮辱祖先的尸体，这是最让人悲愤寒心的事。”燕军果然挖掘了全部坟墓，焚烧了死人尸骨。即墨人从城墙上看到之后，都痛哭流涕，怒火冲天，比平时勇敢十倍地争着出城作战。

见齐军士气高涨，田单认为可以打仗了，就亲自携带筑墙和掘土的工具，和士兵们一起修筑工事，又把自己的妻妾家人编入军队服役，拿出所有的食物犒劳将士。然后下令，让精壮的披甲士兵全部埋伏起来，派老弱妇孺们登上城头守卫，同时派遣使者出城去与燕军谈投降条件。燕军高呼万岁。

田单又从老百姓那里收集到黄金千镒，派城内的富豪们去送给燕军将领，说：“即墨守军即将投降，希望燕军进城后不要掳掠我们的妻妾家人，让他们安居无恙。”燕军将领十分高兴，答应了他们的要求。燕军的戒备从此就更加松懈了。

田单还在城中收集到了一千多头牛，给牛身上披上大红色的外套，上面画满了五彩龙纹，在牛角上绑上锋利的尖刀，在牛尾巴上扎一束浸满油脂的芦苇。同时，又把城墙凿了几十个洞，晚上把牛放出去，五千名壮士跟在牛群后面，把牛尾巴上的芦苇点燃，烧烤牛尾。

这些牛热痛难忍，发怒狂奔，直向燕军冲去，燕军在黑夜里突见此状，都大惊失色。牛尾巴上的芦苇烧得像火炬一样耀眼，燕军看到这些庞然大物身披龙纹，凡是碰到的人不是死就是伤。那五千名壮士口中衔枚，不声不响地攻击燕军；城中的老弱妇孺则敲击铜器呐喊助威，呼喊声震天动地。燕军惊恐万状，丢盔弃甲，狼狈逃散。

于是，齐国人斩杀了燕军统帅骑劫，乘胜追击败走的燕军，一路上经过的城邑，都纷纷背叛燕国，回到齐国手中。

田单的兵力一天天地增多壮大，一路乘胜追击，燕军一天天地溃败逃散，最后退到了黄河边上，此时齐国沦亡的七十多个城邑已全部光复。

然后，田单去莒城迎回齐襄王，进入临淄主持国政。齐襄王分封田单，号为安平君。

齐襄王继位后，孟尝君保持中立，不归属于任何一个诸侯国。

开始，齐襄王害怕孟尝君的势力，便与孟尝君联合，恢复友好关系。但当孟尝君去世后，他的几个儿子你争我夺，都想立为薛公，于是齐、魏联合灭掉了薛邑。就这样孟尝君绝了后代，没有了继承人。

燕惠王致信责怪乐毅

此时，燕惠王因为自己中了田单的反间计，临阵换将而乐毅出走，齐国打败燕军收复失地，对此后悔至极，惭愧至极。而且，乐毅已去赵国，燕惠王害怕赵国重用乐毅，趁燕国吃败仗的机会来攻打燕国，于是派人给乐毅带去了一封书信：

先王把国家完全交给将军，将军为燕国攻破了齐国，替先王报了仇，天下无不为之震动，而我本人也没有一天敢忘记将军的功绩啊！正遇上先王不幸去世，我刚刚继位，是我身边那些人误导了我。我之所以派骑劫去接替将军，是因为将军长年累月在外辛劳，所以才召将军回国休整，并且与您商议国事。可是，将军却听信谣言，以为是与我有隔阂，便抛下燕国投奔了赵国。将军为自己打算而这样做当然是可以的，但是这样又怎么能够报答先王对将军的知遇之恩呢？

谚语说："仁德之人不轻易拒绝别人，聪明之人不轻易怨恨别人。"您和先王的关系，天下人都是知晓的。我希望在我做得不对之处，您能加以遮掩，不料您竟然公开地抛弃我；我希望当我犯有过错时，您能谆谆教诲，不料您竟然公开地指责我。我的罪过，老百姓都不清楚，您悄悄地离去表明对我一定有所怨恨，如此离弃寡人，那么我一定是有罪过了，即使如此恐怕您也不够宽容吧。

谚语又说："敦厚之人一定不会损害他人的利益来使自己受益，仁德之人一定不会冒着生命危险来博取虚名。"所以遮掩别人的错误，是敦厚的表现；纠正别人的错误，是仁德的做法。普天之下能够遮掩寡人过失、纠正寡人错误的人，除了您还能指望谁呢？您受到先王的厚爱才有了今日的尊贵，但您却为了一己快意而轻易地抛弃了寡人，那么遮掩寡人过失、补救寡人错误的人，也就难以指望于您了。如今寡人背负不贤的罪名，而您也有不够敦厚的恶名，所以，寡人认为您的行为是不足取的。

寡人虽不贤明，但还没有昏聩到商纣王那样的地步；您虽然不得意，也还没有悲惨到商容、箕子[①]那样的境地。但您在国内不尽职于寡人，却跑到其他诸侯国去抱怨我，恐怕您这么做正好损害了您高尚的仁义而使您的行为显得浅薄。相反，假如您这么做可以彰显您的高洁，昭示您的恩义，那么即使寡人背负恶名，也不会觉得难过。您本以为这样做可以表明寡人的薄情寡义，却也没有彰显您的敦厚仁德；宣扬寡人的坏名声，您也没有得到好名声。这样做，给我们俩人都带来了损伤。仁义之人不损人利己，更何况是损人而不利己呢？希望您不要因为寡人的不贤，而损害了您以前的美名。

我没有犯什么大的罪过，您难道还怨恨我吗？希望您能抛弃怨恨和愤怒，

---

① 商容、箕子，二人都是贤臣。商容因为直谏被纣王所贬；箕子因屡谏纣王不听，便装疯弃官为奴。

遵循先王的遗志，来继续教导寡人。我猜想您会说："你心里愧疚我才会痛快，为了让人们知道你的恶行，我也顾不得先王待我之情了。"您这样做是使寡人向前不能建立功业，往后不能改正错误，这一切都由您来决断，所以希望您能仔细考虑。这就是我的一些粗浅见解，以书信恭敬地呈送给您。

燕惠王听信谗言，误中奸计，派骑劫替换乐毅，导致乐毅走赵，田单得胜，大败燕军。这本来是燕惠王自己酿成的恶果，他却反过来责怪乐毅，真是以势压人，强词夺理。

乐毅《报燕惠王书》

一般人看了燕惠王的这封信，都会满怀怨气，愤恨不平，可是乐毅回复的书信，其措辞却大大出人意料。回信如下：

臣不才，没有遵从大王的命令，顺从您左右亲信的心意，因害怕治臣以死罪，以此损害先王的贤明，而又会给您带来加害功臣的不义名声，所以逃奔到了赵国。自认为身负不肖的罪名，不敢有所辩解。现在大王派使者数落我的罪过，我担心您身边的人不了解先王信任我、重用我的原因，又不明白我之所以尽心尽力侍奉先王的心情，所以不得不写信予以回复。

我听说贤明圣德的君主，不把俸禄随意赐给自己亲近的人，而是给予功劳卓著的人；不把官职随意封给自己喜欢的人，而是任命那些有能力胜任的人。所以，考察臣下的才能而授以其适当的官职，才是成就功业的君主；以他人的品行决定是否去结交，才是树立名声的贤人。我根据自己所学的知识来观察，先王的举措远远超出了世间的一般人，所以我借以魏国使臣出使燕国的机会，得以亲自到燕国体察。先王过分抬举我，把我从宾客之中提拔起来，位居群臣之上，没有与同姓宗亲商议，就任命我为亚卿。我自认为接受先王的命令和教诲，可以免除罪过，所以接受任命而没有推辞。

先王对我说："我对齐国有深仇大恨，不自量国力微弱，但仍以图谋齐国为己任。"我回答说："齐国继承了前代君王称霸诸侯的功业，近年来又有战无不胜的余威，经常习练兵器，操演兵法，擅长打仗。大王如果想攻打它，就必须联合各国诸侯一起对付它；要联合诸侯，首先必须拉拢赵国。况且淮北和宋地，楚国、魏国早就想得到它。赵国如果同意和燕国结盟，楚、魏两国也尽力，四国联合[①]就可以大破齐国。”先王说：“好。”我就接受先王命令，持符节出使赵国。在我回国复命后，随即发兵攻齐。由于上天的保佑和先王的英明，在济西大获全胜，精锐之师长驱直入，直达齐都。齐王逃跑到了莒城，只是保住了性命。珍珠宝玉，兵器财物，全都运回了燕国。自春秋五霸以来，没有谁的功勋能与先王相比。先王感到很满意，认为我能完成使命，所以划地而封我，让我能与诸侯小国相提并论。臣不才，自认为按照先王的命令行事，可以避免罪过，所以接受封赏没有推辞。

贤明圣德的君主，建立功业后不半途而废，所以能载入史册；先知先觉的智士，成就美名之后善于保持，所以被后世称道。像先王那样能报仇雪恨，削平万乘大国，把齐国八百年的积蓄据为己有，就算他去世之后，影响依旧存在。先王的所作所为，都可以用来教育后代。

善于创始的人不一定善于完成，有好的开始不一定有好的结局。从前伍子胥的意见被吴王阖闾采纳，所以吴王远征能打到楚的郢都。后来，吴王夫差不听伍子胥的意见，杀死他后，用皮革裹尸，沉入江中。夫差不知道采纳伍子胥先前的意见可以立功，所以杀死他并不后悔；伍子胥没有及早发现两个君主的气量不同，所以直至被投入江中仍然不知改变。免掉杀身之祸，保全已有之功，以彰显先王的功绩，这是我的上策；遭受屈辱的诽谤，败坏先王的美名，这是我最为恐惧的。面对无法预测的罪名，还要想凭侥幸去谋取私利，那是讲道义的人不会去做的事情。

古时的君子，在绝交的时候，不会说自己之长，揭别人之短；忠臣在离国的时候，不把功劳归于自己，把错误归于君上。我虽不才，也曾多次受过君子的教诲。我担心大王听信身边人的议论而不了解我远在赵国的行为，所以用这封书信来回复大王，希望大王能够体察谅解。

---

① 杨宽教授认为：五国攻秦是以赵、秦、燕三国为核心，而乐毅《报燕惠王书》却说是燕联合赵、楚、魏，与史实不合，系出于后世策士之拟作，乐毅《报燕惠王书》与燕惠王《让乐毅书》皆不可信。其他史学家似未对此提出质疑。本书作者认为：燕惠王因自己不明，撤换乐毅，误中奸计，致使乐毅奔赵，田单复齐，恼羞成怒，写信给乐毅，表达悔过与责备之意，与情理相合；史书所载乐毅《报燕惠王书》谓乐毅以燕联赵、楚、魏，当是乐毅最初为燕昭王的谋划，由于列国形势在急剧变化，最终形成了以赵为枢纽，燕、秦乃至魏共同推动的格局，乐毅不便掠他人之功，故仅述自己当初之献策而未述最终的结局，应为不误，因此本书仍然采用这两封书信。

乐毅在回信中，反复表明自己的心迹，对燕惠王没有一句反唇相讥的话。他说“君子之交，不出恶声”，又声明不会“以幸为利”。书信行文心平气和，委婉曲折，是真情流露之至文，感动了后代无数的读者。

司马迁说：“当初齐国的蒯通以及西汉的主父偃每读到乐毅回复燕王的书信时，就感动得读不下去，放下书信，热泪夺眶而出。”

据《三国志·魏书·武帝纪》注引《魏武故事》《后汉书·邓禹传》之注释记载，乐毅投奔赵国后，赵王对乐毅说：“燕惠王自绝于齐国，他听信谗言，国人都不归附，何不趁此图谋燕国！”乐毅跪伏在地上哭泣，回答说：“我侍奉燕昭王，就像侍奉大王您一样，我如果获罪，被放逐到别国，直到死为止，也不忍心谋害赵国的普通百姓，何况是燕昭王的后代呢？”

于是，赵国没有乘此机会图谋燕国。乐毅也没再去燕国，终老赵国。

齐襄王猜忌田单

田单收复齐国失地后，对于是否迎齐襄王入临淄犹豫不决，齐国人都认为田单想自己当国君。后来田单还是迎接齐襄王回国都主政，他自己做了相国。

但田单复齐，功高震主，齐襄王经常对他起疑心。

有一次过淄水时，田单看见一个老人过河，由于河水很冷，出水后冻得不能行走，瘫坐在沙滩上。田单就吩咐身边人给老人一些衣服，可大家分不出衣服来，田单就把自己的裘衣脱下来给老人穿上。

襄王很不高兴，说：“田单在笼络人，是要想篡夺国家的大权吗？如果不早点想办法，恐怕他会先下手。”

襄王见身边有个人，便把他叫住，问他：“你听到我的话了吗？”

这人回答说：“听到了。”

襄王问：“你认为怎么样？”

回答说：“大王不如因此而把它作为自己的优点。”

襄王问：“这是什么意思？”

回答说：“大王您就称赞田单的好处，公开说：‘我担心百姓挨饿，田单便收养他们，给他们饭吃；我担心百姓受冻，田单就脱下自己的裘衣给他们穿；我担心老百姓劳苦，田单也关心他们，很合我的心意。’田单有这些优点，大王嘉奖他。因此，嘉奖田单的优点，也就成为大王的优点。”

襄王说：“好。”于是赐给田单牛和酒，嘉奖他的行为。

过了几天，那个人来拜见襄王说：“大王上朝时，应该召见田单，在大庭中以礼相待，亲自慰劳他。”

于是襄王发布命令，收容饥寒的百姓，供养他们。又派人到百姓中去，听取他们的议论，他们都说：“田单爱护老百姓，这是大王教导的结果啊！”

齐国有个大臣叫貂勃，他经常说田单的坏话，有次在朝廷上说“安平君是个小人”。田单听说后，特备了酒席，请貂勃赴宴。

田单说：“我有什么地方得罪了先生，为什么先生经常在朝廷中跟我过不去啊？”

貂勃就以狗不管它的主人是个什么样的人，都只咬主人以外的人来解释。

田单说：“感谢您的指教。”

第二天，他就上朝向襄王推荐了貂勃。

当时，齐国有九个受宠幸的大臣，他们都想中伤田单，就一起在襄王面前说：“燕国进攻齐国时，楚王派淖齿将军带一万军队救援齐国，现在齐国已经安定，为什么不派使臣去酬谢楚王呢？”

襄王说：“派谁去合适呢？”

这九个宠臣说：“貂勃可以。”

貂勃奉命出使到楚国，楚王接见并设宴款待他，任务完成后也没有回国。

这九个宠臣又在齐王面前说：“貂勃是个普通的人，被万乘之君的楚王挽留，这难道不是他仗着安平君的势力吗？况且安平君对待大王不遵守君臣之礼，没有上下之别，他的内心是想要图谋不轨啊。他对内笼络百姓，收买人心，救济穷人，给百姓以小恩小惠；对外怀柔外族及诸侯的贤士，暗地里结交诸侯中的英雄豪杰，他的阴谋可不小啊！希望大王仔细审查。”

齐襄王听了这些言词后举棋不定。

貂勃劝齐王善待田单，诛杀九宠臣

之后，貂勃从楚国回到齐国，齐王设宴款待他。当酒兴正浓时，齐王说：

“去叫相国田单来！”

貂勃离开座席，行大礼参拜说：“大王怎么说出这种亡国的话来啊！大王跟周文王相比，怎么样呢？”

齐王说：“我不如。”

貂勃说：“是这样，我本来就知道您不如。那跟齐桓公比，又怎么样呢？”

齐王说：“我不如。”

貂勃说：“是这样，我本来就知道您不如。可是周文王得到了吕尚，尊他为太公。齐桓公得到了管夷吾，尊他为仲父。现在，大王得到了安平君，却叫他田单，大王怎么能说出这种亡国的话来啊？”

“当初，大王不能保住自己的国家，燕国出兵侵犯齐国，大王逃到城阳山中，安平君凭着区区即墨的三里内城、五里外郭，带领着七千疲惫的士卒，擒获了燕国的将军，收复了整个齐国，这都是安平君的功劳。在那时，如果他自立为王，诸侯谁也不能阻止他。可是，安平君从道义出发考虑问题，认为不能这样做，所以架设栈道，从城阳山中迎接了大王和王后，您才能返回国都，治理百姓。现在国家已经稳定，百姓也已经安定，您却直呼安平君的名字‘田单’，就是小孩子也不会这样做的。大王还不赶快杀掉这九人，向安平君道歉，不然的话，国家就危险了。”

于是，齐王杀掉了九个宠臣，驱逐他们的家属，又把夜邑万户之地加封给安平君。

齐国派貂勃出使楚国后，楚国又派使者赴齐答谢。齐王在临淄宫城西门外的游乐苑囿梧宫隆重接待，宴请楚国使臣。

楚国使者说：“这梧桐树好大啊！”

齐王说：“江海里的鱼大得可以吞下船只，大国的梧桐树当然长得高大了，使者何必对此感到惊奇呢？”

楚使说：“从前燕国进攻齐国，绕道而行，渡过济水浮桥，焚烧临淄雍门，袭击齐国的左翼而绕开右翼，王蠋断颈而死，公孙差拼死在龙门。于是燕军在淄水、渑水放马饮水，在齐国大获全胜。齐湣王与太后逃奔到莒城，躲藏在城阳山上。在那个时候，齐国的梧桐树高大到什么程度呢？”

齐王说：“请陈先生回答他。”

陈子说:“我不如貂勃说得好。”

齐王说:“请貂先生回答他。”

貂勃说:“使者问的是梧桐树的年头吗?从前楚平王做不讲道义的事情,无辜加罪于申氏,杀死了伍子胥的父、兄,伍子胥披头散发乞讨到吴国,吴王阖闾让他做了将相。过了三年,伍子胥带领吴国军队,向楚国报仇,在柏举打了胜仗,斩首百万,楚国令尹囊瓦逃到郑国,楚昭王退到随地自保。伍子胥带领军队攻入郢都,亲手射击楚国宫门,掘开楚平王的坟墓,鞭打他的尸体,历数他的罪行,说:‘我的父、兄没有罪,你却杀了他们!’并让士卒每人鞭打一百下,然后才罢休。在那个时候,梧桐树可以做弓的把手了。”

楚人来齐国本是前来答谢,友好往来,谁知双方却彼此揭短,相互攻击,剑拔弩张。

当然,从另一个角度理解,楚、齐两国都有国都破亡的惨痛教训,在此提及,也有相互劝诫之意。

不幸的是,楚国的郢都马上又将面临再一次破亡了。

【剧情释疑】

○为什么电视剧没有拍摄田单复齐的战争戏?

有观众在百度贴吧“大秦帝国吧”中发帖,对电视剧中没把田单复齐的战争场景拍摄出来,而是以魏丑夫给宣太后讲时事的方式表现感到遗憾,说是田单以“火牛阵”突围即墨,打败燕军,如果拍出来肯定很精彩。

其实拍摄一场战争戏既花钱,又费力,还会增加电视剧时长。从《大秦帝国之崛起》整体来看,如果一场战争不是相当重要,都不会拍摄战争场面。而且,电视剧省略的情节很多,就拿战争来说,开篇不久的垂沙之战,就是通过剧中人物的对话进行交代;连比较重要的伊阙之战,也是以旁白配画面的方式表现的。相比而言,田单复齐在本剧中就显得更为次要,在五国破齐之后,齐国基本上退出了大国争雄的舞台,后面的剧情也很少再涉及齐国,电视剧这样处理并无不妥。

第十三章
鄢郢之战，秦国破楚

楚取枳，欲伐秦

秦灭巴、蜀后（公元前316年），实行郡国并行制：即在其他地区设郡，郡守由秦王任免；秦灭巴后，也立即设郡；但灭蜀后，初设封国，作为过渡时期，任蜀王子弟为蜀侯，但蜀守、蜀相则由秦王任免，并由秦人充任，用以监督蜀侯。

公元前285年五国攻齐时，秦国乘机废除蜀侯，改设蜀郡。同时，秦国也开始加强经营西南地区。

秦置蜀郡而定蜀，在长江上游和汉水流域进一步对楚国构成威胁。秦若征服三晋，再来攻楚，楚国必危。所以，楚国加强了对原巴国的控制。

原巴国的枳（今重庆涪陵），位于乌江与长江交汇处，是通往楚国的交通要道，早在楚威王时期就是楚国的势力范围。秦废蜀侯、置蜀郡后，楚国为了摆脱秦国在长江上游的威胁，就占领了枳等原巴地。

今四川、重庆境内的嘉陵江流域，是当时秦、楚势力犬牙交错的地带，而且两国争夺西南原巴国地区的斗争非常激烈。楚国占领枳是一个标志性事件，使秦国大为不满，这也为楚国招致了灭顶之灾。

公元前281年，楚国有个善于用轻弓射箭的人进说顷襄王，他把秦、赵、魏、燕比喻为大雁，把齐、鲁、韩、魏比喻为中雁，把邹、费、郯（音同谈）、邳（音同披）比喻为小雁。善射者主张，楚国应首先攻取魏都大梁的南部，再攻取魏国的西部而直接连接到韩国，那样韩国通向中原的道路就会被截断，同时上蔡郡也就不攻自破了。再掉头肢解魏国的东部，向外攻击原宋国的陶邑。魏国丧失了东西部，便一蹶不振了，之后再正面攻击郯国，这样就能占有大梁了。如今五国合纵破齐之后，齐国的国力衰落，而赵、燕两国强盛，秦国虽然强大，但它连续攻伐三晋后，秦、魏都已经筋疲力尽了。根据这个局势，楚国可与赵、燕结盟，这样楚国的失地就可以被收复了。

秦国是只大雁，背靠内陆而居，面朝东方而立，左臂占据赵国的西南部，右臂直逼楚国的鄢、郢，正面可搏击韩、魏两国，低头可俯视中原，居处优越，地势有利，所以不能单独对付，只能招诱捕杀。

善射者还说："先王被秦国欺骗而客死他乡，没有比这更大的仇恨了。以匹夫之力尚且有向万乘之国报仇雪恨的，白公胜、伍子胥就是这样的人。如今楚国地域方圆五千里，全副武装的甲士上百万，本足以驰骋疆场，但却坐视不起，自受围困，臣子私下认为大王不可采取这种做法。"

于是顷襄王派遣使者到诸侯各国，与齐国、韩国重新缔结合纵盟约，准备攻伐秦国。

秦攻楚，白起引水灌鄢城

公元前280年左右，秦王又打算攻魏，有秦臣加以劝阻，上书给秦王说：

我听说大王打算出兵魏国，这个计划恐怕不妥当，希望大王慎重考虑。魏国所处之地，相当于山东六国的腰身。就像一条蛇，打它的尾，它的头就来救；打它的头，它的尾就来救；打它的腰，它的头、尾都会来救。现在魏国就是山东六国的腰，秦国攻魏，就是向天下各国宣告要腰斩山东六国。这时，头、尾都要来救腰了。各诸侯国看到魏国将要灭亡，一定会害怕，就必然要加强联合，山东六国还很强大，如此秦国马上就有大的忧患了。

我私下为大王考虑，不如向南出兵于楚国，楚国的兵力弱，其他诸侯不会去救援。这样，秦国的领土就可以扩大，国家就可以富裕，军队就可以强大，大王就能受尊重。大王没有听说过商汤讨伐夏桀的事吗？他先对弱小的密须国用兵，以此作为军事训练，消灭了密须国以后，商汤就知道怎样征服夏桀了。现在秦国想与山东各国为敌，不先出兵进攻弱楚来训练军队，那兵力必然要受到严重挫伤，国家必定面临更大的忧患。

秦王听从劝谏，加上得知楚国正想合纵攻秦，因此制定了攻取楚国鄢、郢的计划。在楚国合纵攻秦还没有展开行动时，秦国便立即发兵攻打楚国。

公元前280年，秦国派司马错调发陇西（今甘肃临洮）之兵，加上巴、蜀军队，率十万之众，装大船一万艘，载米六百万斛（音同胡），从巴地涪水浮江伐楚，进击楚国西部，攻取黔中（今湖南西北部及与贵州、重庆、湖北接壤的地区）。

同时，秦大良造白起同年在光狼城之役大败赵军之后，亦挥师南下直捣楚国北境，顺汉水直下，进攻楚国的邓城（今湖北襄阳西北），迫使楚“割上庸、汉北地予秦”，以求和解。秦国赦免罪人迁徙南阳（今豫西南及鄂西北一带），从而加强对这一地区的控制。

攻占楚国腹地，是秦国的既定方针，因此，楚人的妥协并不能阻止秦国的进攻。

公元前 279 年，秦向楚发起了更加猛烈的攻势，白起终于攻下楚国的邓城。邓城沦陷，楚国北边门户洞开，白起长驱直入，直逼楚的鄢城（今湖北宜城东南）。

鄢城是楚国的陪都（一说旧都），是仅次于郢都（今湖北江陵西北）的楚国重要城市，在楚国都城郢以北约两百里，鄢、郢之间有蓝田（今湖北钟祥西北，不是秦国的蓝田），这一带当时统称为鄢郢，是楚国的政治中心。

因此，楚国集结数十万大军在鄢城和秦军展开了对峙，意欲阻止秦军南下攻克郢都。这是一场殊死的决战。楚军据守顽强抵抗，白起久攻不下，很是懊恼。

离鄢城百里远有条河叫鄢水（又叫长谷水），出自楚西山长谷而流向东南，白起利用这一地理条件，在鄢城西边百里处筑堤蓄水，并修长渠直达鄢城。秦军每占一地，就赦免罪人迁去居住，也不缺乏修渠、筑坝的劳动力。

等水渠修好、水库蓄满以后，就掘坝开渠，以水灌城。水从城西向东灌入鄢城中，流注形成深潭。城中蓄水冲毁了城的东北角，鄢城内外顿为泽国，城中居民随水漂流，淹死在城东的军民有数十万之多，尸体腐烂，臭气冲天。而未死者，则争先恐后由东门逃窜，逃亡中又有不少人死亡。正是因为这里臭气冲天，所以便有人把城东这片水塘称为臭池。

鄢城遗址即楚皇城。城墙东部有个宽约六十米的大缺口，相传就是白起引水灌鄢的出水口。现楚皇城西南的“下捞尸湖”“上捞尸湖”地名也是指曾在此打捞溺死者。以上这些不祥地名能流传至今，可见当时鄢城之战之惨烈。

鄢之战，是中国历史上最残酷的战役之一，也是典型的以少胜多的战争。白起率秦军几万人对楚军数十万人，而楚军却城毁人亡。

白起当年在今湖北省南漳县武安镇筑坝灌鄢时，曾经修建的引水渠，被后人连接成一道农田灌溉渠，保存至今，就是现在的长渠，也叫白起渠。这条水渠西起南漳县谢家台，东至宜城市郑集镇（楚皇城一带），蜿蜒 49 公里，号称“百里长渠”，仍然灌溉着宜城平原 30 多万亩良田。

今天，当我们在白起渠首看到高大的白起雕像，不免为昔日白起拔鄢死去的那几十万亡灵而感慨。

白起攻破郢都，横扫楚国腹地

白起一到，楚之邓、鄢、西陵（今湖北南漳县武安镇[①]）、蓝田（今湖北钟祥西北）等五城相继失守，郢都就难以久存了。

公元前 278 年春，白起挥兵南下，所向披靡。楚国的军心、民心都已涣散，已经无法再组织有效的抵抗了。秦军势不可挡地如入无人之境，随即又连续攻取数城。郢都——这座面积约 16 平方公里的南国第一大城，被秦军攻克；夷陵——这个有楚先王陵墓和宗庙的圣地（在郢都郊外[②]），也被秦军焚毁。

接着，白起再分兵两路：一路向东攻克竟陵（今湖北潜江东北），再向东北一百多里攻取了安陆（今湖北云梦）。秦军所到之处，楚人感到震惊、恐惧，纷纷迁徙、逃亡。另一路向南攻到了洞庭、五渚、江南之地，取得了长江以南洞庭湖周围大片土地，秦国在此设置了南郡。

白起率秦军数万人，在两年的时间内，先后攻克了楚国郢都周围几百公

---

① 关于西陵的地望，史学界众说纷纭，分歧很大。多数学者（如史记专家韩兆琦教授、张大可教授，楚史专家张正明教授等）认为在湖北宜昌西陵县故址，即今湖北宜昌市西陵区。但史书记载秦军攻取西陵的时间是在公元前 279 年引水灌鄢之后，第二年春天才南下攻郢，而秦军南下的首要任务必定是攻取楚国都城，不会首选郢都以西 150 公里以外的宜昌西陵，因此西陵应不是宜昌之西陵。战国史专家杨宽教授认为西陵在湖北新洲县，即今武汉市新洲区，但史书均言“东至竟陵”，未见有“东至西陵”的表述，而新洲却远在郢都以东 300 多公里，也在竟陵（云梦）以东 100 公里，故此说亦不足信。经生前为宜昌市印染厂工人、宜昌市西陵区政协委员、发表过多篇论文的吴郁芳先生考证后认为：《史记·白起列传》谓其“拔鄢、邓五城”，应该就是鄢、郢及其四境的卫城。无论从地望、地名、攻克时间，还是从史料和考古资料来分析，楚西陵旧址都应在宜城西山，也就是今天的湖北省南漳县武（安）镇一带。本书作者采纳此说。见吴郁芳《楚西陵与夷陵》一文，载《江汉考古》1993 年第 4 期。

② 对于夷陵的现今所在，史学界观点也不统一。多数学者认为在今湖北宜昌市东南或者郢都（今湖北江陵）以西，到底在什么具体位置没有定论；也有人考证在郢都东郊甚至其他地方的。但有一个观点是一致的，那就是夷陵既然是楚之先王陵墓及宗庙所在，定然离郢都距离不远，故作者只好笼统地标注为“郢都郊外”。

里的宽阔、富庶地带，楚国领土面积大为减少，国力也被大为削弱。白起因此大功被封为武安君，只有封号，并无封邑。而“武安”的意思是白起能够爱抚军士，战必胜，攻必克，以武力安定天下。

秦国以斩首为功，每次大战得胜，都有斩首多少万的记录。此次攻楚除鄢之战白起引水灌城，淹死军民“数十万”外，未见有斩首数量的记载，可见楚军已无抵抗之力。

后来白起在分析此战时说：“当时楚王依仗国家强大，不顾念国政，群臣因为争功而互相嫉妒，阿谀奉承的佞臣受到重用，忠诚贤明的良臣遭到排斥，百姓离心离德，城墙和护城河不加修治，既无良臣，又无守备，所以我才能够领兵深入楚国，占领许多城邑，拆毁桥梁，烧掉船只，在城邑的郊外掠得粮食以补充军粮，使士卒专心作战。在那个时候，秦国的士兵以军队为家，把将帅当作自己的父母，相互亲近和信任，一心同建战功，至死也不退却。而楚国人是在自己的国土上作战，都想念自己的家，各有散心，没有斗志，因此我才得以取得成功。”

司马迁也说：“楚襄王兵散，遂不复战。”

楚国郢都破亡，军队溃散，百姓逃亡，楚顷襄王从郢都逃出，向东北迁都于陈城（今河南淮阳）。

陈城原为陈国所建，楚灭陈后则置为楚县，也是帝王之都。河南省博物馆 1980 年经勘察和试掘，证实今河南省淮阳县城即故楚都陈城。

楚失郢都的根本原因在于其内部的腐败。顷襄王重用州侯等阿谀逢迎之臣，贬斥屈原等忠贤良臣，致使百姓离心，城池失修，军无斗志，不堪一击，因而丧失包括郢都在内的江汉本土大片土地。

正如苏代对燕昭王所说：“齐国因取得宋国而亡国，楚国因得到枳地而亡国。”古人称国都为国，此处的“亡国”都是指齐、楚两国都城破亡。

齐灭宋引起诸侯的公愤，招致国破，几乎亡国。而楚取枳仅与秦争夺原巴地，则不同于齐灭宋。从总的形势来看，即使不因楚得枳而引起秦、楚冲突，秦国也要攻楚，因为这是秦人“并天下之心”而使然。

张若再伐楚，秦置黔中郡

秦、楚鄢郢之战结束、楚国完败后，公元前 278 年，秦昭王与楚顷襄王会于襄陵。此次会晤双方具体谈了些什么，达成了什么协议，史书没有记载。我们只知道，第二年秦以白起为统帅，蜀守张若率蜀郡之兵，再伐楚之巫郡、黔中郡及江南地，秦国在此设置黔中郡。

三年前，秦国司马错曾率陇、蜀之兵攻楚，拔黔中，后楚国曾一度收复。

楚收复黔中郡的将军当是庄蹻。庄蹻是春秋五霸之一楚庄王的后代，原是“为盗”者，公元前 300 年曾率众起义，一度攻到郢都。公元前 279 年左右，楚王派庄蹻通过黔中郡向西南进军，经过沅水，攻克且兰（今贵州黄平），征服夜郎（约在今贵州六盘水、毕节一带），一直攻到滇池（今云南昆明），使其归属于楚国。

公元前 277 年，秦国复取黔中后，留张若据守。当时黔中郡的郡治在黔中（今湖南沅陵西）。西汉改黔中郡为武陵郡，郡治移到义陵（今湖南溆浦）。东汉时将郡治移至临沅（今湖南常德东），所以临沅城又叫张若城。

至此，楚国西部及西南部地区全部归入秦国版图。

由于庄蹻的归路已被秦军阻断，无法通行，无奈退回到滇池地区，凭借他的军队在滇称王。之后庄蹻改变了楚人的服饰，顺从滇人的习俗，来做滇人的君王。都城在今云南晋宁，直到秦汉时代，该地区都是统一国家的一部分，庄蹻的后裔还保留有“滇王”的称号。

楚失郢都，被迫迁都陈城。陈城地处中原的东南部，离秦国本土很远，欲免秦患。

惊魂未定的楚顷襄王及其臣僚，立即下令加固陈城的城墙。其实，区区陈城，无论其城墙有多坚固，对于秦国来说都是不难攻克的。郢都的失守，其根本原因并非城不高、池不深，弊在楚国的君臣见识不高、谋略不深。这个道理，是顷襄王及其亲信大臣不明白的。

然而，这却是楚臣庄辛早已料定的事。

亡羊补牢

遭此大劫之前，庄辛曾对楚倾襄王说：“大王左边有州侯，右边有夏侯，随车跟从的有鄢陵君和寿陵君，一味荒淫享乐，奢侈无度，不过问国家大事，郢都必然危险！”

但是楚王却说：“先生您是老糊涂了呢？还是以妖言惑乱楚国呢？”

庄辛说：“我确实看到了楚国一定会这样，绝不敢妖言惑众啊。如果大王还继续宠信州侯、夏侯、鄢陵君、寿陵君这四个人，楚国必定灭亡！我请求去赵国躲避一下，待在那里静观楚国的变化。”

州侯、夏侯、鄢陵君、寿陵君，名氏不详。其中，州侯是当时楚国的令尹，最为恶劣。《韩非子·内储说下》记载：“州侯做楚国的令尹，地位尊贵而独断专行。楚王怀疑他有不轨的企图，便问身边的近臣，他们都回答说‘没有’，如同一张嘴里说出的。”这便是成语“如出一口”的来由。《荀子·臣道》将楚之州侯称为“态臣”，就是善于作态以惑其君的权臣。

之后，庄辛去了赵国，而秦国果然攻下了鄢、郢、巫等地。楚王流亡到了陈城后，派专人专车去赵国，召请庄辛回国。

庄辛一到楚国，楚王就对他说：“我当初没有听先生的忠告，如今事情到了这种地步，该怎么办呢？”

庄辛回答说：“俗话说得好：‘见到兔子再放出猎犬，还不算晚；丢了羊再修补羊圈，也不算迟。’我听说，从前商汤和周武王凭着百里的地盘，终能昌盛起来；夏桀和商纣王虽然拥有天下，却终于灭亡了。现在楚国虽然比以前小多了，截长补短，也还有方圆几千里，岂止百里呢？大王的宠臣州侯、夏侯、鄢陵君、寿陵君，他们嘴里吃着封地的粮食，车上装着国库里的钱财，您和他们在云梦泽中纵马驱车，游猎玩乐，不把国事放在心上。大王哪里知道，穰侯正接受秦王的命令，准备攻进楚国的黾塞以南，而把大王赶到黾塞以北去啊。”

楚王听了，脸色大变，浑身发抖。于是把执圭的爵位授给庄辛，并封他为阳陵君，赐予淮北之地。

庄辛也是楚庄王的后代，一直为楚国的日渐式微而深感忧虑。此后，顷襄王任庄辛以政事，正所谓“亡羊补牢”，为时未晚。而顷襄王晚年能够保境善邻，也与庄辛的谋划和主政是分不开的。

公元前276年，楚顷襄王收罗集合东部地区的楚军，得到十几万，又向西攻取秦军所攻克的楚国长江沿线十五个城邑，建立了郡，以抵御秦国。尽管未能收复大部分失地，但在此危难之际，能取十五邑为郡以拒秦，对于楚国来说，也是一个振奋人心的胜利。

【剧情释疑】

○蜀侯嬴辉是秦公子吗？嬴辉继母与蜀国丞相陈庄相勾结，欲趁祭祀大典借刀杀秦王、作乱复国？

要弄清楚这个问题，还得先从秦灭蜀后原蜀国首领的称号及官职设置的演变说起。

《史记·秦本纪》载:“[秦惠文王更元]九年司马错伐蜀,灭之。”《六国年表》作“击蜀，灭之。”秦惠文王更元九年即公元前316年。

《战国策·秦策一》第七章云:“惠王……卒起兵伐蜀，十月取之，遂定蜀。蜀王更号为侯，而使陈庄相蜀。蜀既属，秦益强、富厚，轻诸侯。”《史记·张仪列传》《新序·善谋》第八章大体相同。唯“蜀王更号为侯”作“贬蜀王更号为侯”，“陈庄”《新序》误作“陈叔”。

由这些记载可知，秦攻杀蜀王后，仍以蜀为属国，即《战国策·秦策一》所谓“蜀既属”，《史记·张仪列传》所谓“蜀既属秦”，改封蜀王子弟为侯，称为“蜀国”，封为“蜀侯”。按战国时代封君制度，封君之相常由国王派遣，因而任命陈庄为蜀相。

《史记·秦本纪》又载:“[秦惠文王更元]十一年公子通封于蜀。”《六国年表》则载:“秦惠文王更元十二年公子繇通封蜀。”司马贞《史记索隐》云:“繇音由，秦之公子。”

《华阳国志·蜀志》则谓:“周赧王元年秦惠王封子通国为蜀侯，以陈庄为相，置巴郡，以张若为蜀国守。戎伯尚强，乃移秦民万家实之。”

《秦本纪》之“公子通”，《六国年表》作“公子繇通”，而《华阳国志》又作“通国”，实为一人。《秦本纪》载此后三年“蜀相庄杀蜀侯来降”。《华阳国志》云:“[周赧王]六年陈庄反，杀蜀侯通国。”陈庄所杀者确是秦所封公子通，亦即通国。其实，公子通本是蜀王子弟而非秦之公子，《华阳国志》误为秦惠王之子。《秦策一》与《张仪列传》所谓“蜀主更号为侯”,或谓“贬蜀王更号为侯”，即在杀死原有蜀王之后，改封原蜀王子弟为蜀侯。

据此，秦伐取蜀两年后封原蜀王子弟为蜀侯，即先派陈庄为蜀相治理，两年后才选定原蜀王子弟公子通为蜀侯。“戎伯尚强”，对少数族采用羁縻政策，仍以蜀为属国，改封蜀王子弟为侯，并设守、相以监之。同时对于巴族，亦仍保留“世尚秦女”（《后汉书》），即为了取得少数民族首领的支持，让其按原有统治方式管理旧有辖地，又采取嫁女给他们的做法，对其加以笼络和控制。

此后蜀国仍连续发生蜀侯反叛之事，秦先后杀死三蜀侯，才巩固了对其的统治。

《史记·秦本纪》记载:“[秦昭襄王] 六年蜀侯煇反,司马错定蜀。”《史记·六国年表》亦载:“秦昭王六年，蜀反，司马错往诛蜀守煇，定蜀。”

《华阳国志·蜀志》记载:“[周赧王] 七年封公子恽为蜀侯，司马错率巴蜀众十万，大舶船万艘，米六百万斛，浮江伐楚，取商於之地，为黔中郡。”

“煇”“恽”两字都有一个共同的读音 yùn,但“煇”字还有另外三个读音:huī、xūn、hún。前文已述，蜀侯并非秦之公子，故电视剧将其称为“嬴辉”不妥，而且还把“煇”写成了“辉”，它们是两个不同的字。

《华阳国志·蜀志》又载:“周赧王十四年，蜀侯恽祭山川，献馈于秦昭襄王（原文误作孝文王），恽后母害其宠，加毒以进王。王将尝之。后母曰:‘馈从二千里来，当试之。’王与近臣，近臣即毙，王大怒，遣司马错赐恽剑，使自裁。恽惧，夫妇自杀。秦诛其臣，郎中令婴等二十七人。蜀人葬恽郭外。十五年，王封其子绾为蜀侯。”

意思是：周赧王十四年（公元前 301 年），蜀侯恽祭祀山川，将祭祀的食物进献给秦昭襄王。恽的后母陷害他，悄悄在食物中放了毒药。秦王正准备吃的时候，后母说:“食物是从两千里外的蜀国送来的，应该让人先尝一下。”秦王把食物给近臣试吃，近臣吃了后马上就死了。秦王大怒，派遣司马错送给恽一把剑，让他自裁。恽很害怕，夫妻两人都自杀了。秦王又诛杀了郎中令婴等二十七人。蜀人将恽葬在成都城外。周赧王十五年（公元前 300 年），秦王分封他的儿子绾为蜀侯。

周赧王七年与秦武王三年，即公元前 308 年。秦昭王六年与周赧王十四年，都是公元前 301 年。也就是说，公子恽为蜀侯七年后在公元前 301 年反秦。电视剧把这个情节安排在秦昭王称“西帝”之时，即公元前 288 年，这与史书记载的时间整整相差了 13 年。

现代历史学家蒙文通先生在《巴蜀史的问题》一文（载《四川大学学报》一九五九年第五期）中认为：秦所封蜀侯，皆非秦王之子。蜀侯煇封于秦武王三年，秦武王无子。蜀侯绾封于秦昭王七年，秦昭王年十九而立，昭王四年出生长子，因而绾亦不可能为昭王之子。昭王之同母弟如高陵君、泾阳君，只封为“君”，不可能昭王之异母弟封为“侯”。任乃强《华阳国志校补图注》以为蜀侯煇与绾为昭王异母弟，亦无确证。《华阳国志》所载恽后母杀害恽之故事，不近人情。既然恽之后母在恽所献祭品中加毒，何以经千里栈道送至咸阳宫中？当秦王将尝时，恽之后母适在其旁而提请近臣尝试？①

电视剧中秦昭王对太后说：“司马错已经查明，嬴辉的继母乃与蜀国丞相陈庄勾结，欲趁祭祀大典借刀杀人，除掉子婴和嬴辉，伺机作乱复国。嬴辉是被冤枉的，其母断定其懦弱无能，欲除之而自立蜀国。”于是秦国不再设蜀侯，改设太守治理蜀国。

但据《秦本纪》载“武王元年诛蜀相庄”，和《华阳国志》记“陈庄反”与“诛陈庄”在同年，唯记在周赧王六年，误上一年。即在公元前 310 年，秦国就派司马错诛杀了陈庄，平息了蜀乱，那时嬴稷尚在燕国做人质，还没有成为秦王。而电视剧所谓到公元前 288 年才平陈庄之乱，硬是把陈庄的寿命延长了 22 岁。

○秦国废蜀侯、改蜀郡后，就起用李冰为蜀郡太守，开始修筑都江堰？并且李冰还助白起引鄢水灌鄢城吗？

电视剧旁白：蜀郡之乱平定后，嬴稷亲临天府，为巴蜀之富饶而震撼，又深刻体会到都江水患之危害，于是，他下决心要治理都江，并大胆启用李冰为太守，在之后长达二十多年的时间内，修筑都江堰，最终将巴蜀从当初的旱涝灾害之地，变成五谷天府之国。而巴蜀的稳定和繁荣，也对秦国之后的统一大业，起到了举足轻重的作用。

① 杨宽《战国史料编年辑证》第 652-653 页，上海人民出版社 2001 年 11 月版。

电视剧还有如下情节：白起攻楚鄢城时，苦于鄢水低而鄢城高，鄢水南流，鄢城在东，不能实现引鄢水灌鄢城的想法。于是请来秦水工令李冰。李冰与二郎父子勘察后，建议立一道拦水的土堰，让鄢水东流。由于不能耗费很长时间来筑堰，就用松油烧山石，将两边的山头烧得炸裂开，山石崩滚下来，堆积成拦水堰。在山水之间修一条明渠，直通鄢城，中途不能梗阻，以将鄢水灌入鄢城中。

但李冰有顾虑，对白起说："我父子修堰治水乃为造福苍生，如今襄助王上成就霸业也是当尽之责，可是常言道：两国交兵，不累无辜。鄢水一旦灌入城中，城中百姓将和楚军一道，葬身死海。切莫让我父子成为千古罪人啊。"

于是白起决定，秦军从修筑工事开始，就通告鄢城军民，劝其规避，让他们有足够的时间搬走。水灌鄢城后，电视剧解说："史书记载，白起引鄢水而灌鄢城，楚人死者数十万，一代名都鄢城就这样毁于一旦，并无法修复。"而芈戎向太后和秦昭王报告的楚国死亡人数只有十多万人。这样处理，是为了淡化战争的惨烈，减轻白起的罪责。以后的长平之战更是如此。

据《史记正义》引《风俗通》所载，李冰为秦昭襄王时人；而《华阳国志・蜀志》则认为李冰是秦孝文王时人；《水经・江水注》从《风俗通》之说。之所以会发生这种差异，说明李冰的活动时期应该在秦昭襄王末年，或者兼及秦孝文王初年。

因此，著名民族史学家、《华阳国志》研究者任乃强教授认为："秦灭周移九鼎，在昭襄王五十二年（前二五五）。又四年，王卒，孝文王即位。《秦本纪》谓其：'十月己亥即位，三日辛丑卒。'秦以十月为岁首，故史表有孝文王一年。然据《史记》《索隐》，孝文王即位时已五十三岁。则昭襄王晚年，孝文王实际已主秦政。以此推之，冰为蜀守在公元前二五六——（前）二五〇年间。"[①] 秦汉史专家王云度教授认为：李冰建都江堰，应该在秦昭襄王晚年，约为公元前 256 年至公元前 251 年。[②] 就是在秦灭西周到秦昭襄王去世的那段时间。先秦史专家詹子庆、谢乃和教授亦认为：秦以李冰为蜀守，李

---

① 任乃强《华阳国志校补图注》第 231 页，上海古籍出版社 1987 年 7 月版。

② 王云度《秦汉史编年》（上册）第 163 页，凤凰出版社 2011 年 10 月版。

冰修都江堰当在公元前256年及稍后。[①]

而电视剧所述的平定巴蜀之乱在公元前288年或稍后（史书记载的秦王赐死蜀侯煇的时间为公元前301年），白起引水灌鄢城的时间为公元前279年，与上述专家意见至少相差了30多年。

○嬴柱儿子“子楚”是宣太后取的名字吗？

电视剧有这样一个情节：嬴柱长子诞生，太后有了第一个重孙，很是高兴。恰恰这时芈戎报告，白起攻克鄢城，淹死十多万楚人。太后难过，就说：“那孩子就叫‘子楚’吧，虽说和我隔了四代，可他身上毕竟还流着楚人的血，叫这个名，也没别的，就是留个念想。”

子楚就是后来的秦庄襄王，他是秦孝文王嬴柱之子，秦始皇嬴政之父。《战国策·秦策五》第五章谓“濮阳人吕不韦贾于邯郸，见秦质子异人”“秦子异人质于赵”，说他的名字叫“异人”。嬴柱继位秦王后，经过大商人吕不韦的一番运作，说动了王后华阳夫人，让他回了秦国。吕不韦让异人穿上楚国服装去拜见王后。王后喜欢他的这身楚国打扮，说：“我是楚国人。”因王后没有儿子，就把他认作自己的儿子，并把他的名字改为“楚”。

而《史记·吕不韦列传》则云“安国君有子二十余人”“安国君中男名子楚”，即安国君嬴柱有二十多个儿子，中间一个儿子名叫“子楚”。《史记》没有“异人”之说，一直称其为“子楚”。

对比判断，《战国策》记载的子楚曾经名为“异人”的可能性更大。如果他没有这个名字，史书就没必要给他编个名字，也没必要再编造由华阳夫人给他改名这一细节。

关于子楚何时出生，未见史书记载。有人说他生于公元前281年，没有依据。

因此，电视剧中所谓子楚为嬴柱长子，在其刚出生时就由宣太后取名为“子楚”，均不可信。

① 詹子庆、曲晓范主编《新编中国历史大事年表》第126页，作家出版社2010年1月版。

第十四章
屈原哀郢，绝望投江

屈原“哀郢”，投江自尽

楚国破亡之际，屈原正被流放于江南（今湖南汨罗境内）。秦军攻破郢都后，又南下攻占了洞庭湖及江南一带，当然包括今汨罗在内。在国难当头、悲愤绝望之际（一说屈原流放江南九年之后即公元前 283 年），屈原写下了楚辞代表作之一《哀郢》。

《哀郢》为《九章》之一篇，全文如下：

原　文	译　文[①]
皇天之不纯命兮，	老天爷的命令变化无常，
何百姓之震愆？	为何使老百姓震动惊慌？
民离散而相失兮，	人民妻离子散家破人亡，
方仲春而东迁。	正当仲春二月逃往东方。
去故乡而就远兮，	离开了家乡到远处去啊，
遵江夏以流亡。	沿着长江夏水四处流亡。
出国门而轸怀兮，	走出郢都城门我很悲痛，
甲之朝吾以行。	开始远行就在甲日早上。
发郢都而去闾兮，	我从郢都出发离开故里，
怊荒忽其焉极？	哪里是尽头啊心中迷茫？
楫齐扬以容与兮，	船桨齐划船儿慢慢前行，
哀见君而不再得。	可怜我不能再见到君王。
望长楸而太息兮，	望见故国乔木不禁长叹，
涕淫淫其若霰。	泪珠滚滚就像雪珠一样。
过夏首而西浮兮，	经过了夏首我沿江西浮，

① 比较四个楚辞译注版本，选定黄寿祺、梅桐生的译本，摘自《楚辞全译（修订版）》，贵州人民出版社 2008 年 8 月版第 92–94 页。

顾龙门而不见。	回头已看不见郢都城墙。
心婵媛而伤怀兮，	心里牵挂不舍无限忧伤，
眇不知其所蹠。	前途渺茫不知落脚何方。
顺风波以从流兮，	顺着风波随着江流而行，
焉洋洋而为客。	开始漂泊无定四处流浪。
凌阳侯之氾滥兮，	我乘着浩荡的波涛前进，
忽翱翔之焉薄。	如鸟飞翔不知飘到哪方。
心絓结而不解兮，	心中忧思郁结无法摆脱，
思蹇产而不释。	思虑不展心情不能舒畅。
将运舟而下浮兮，	我掉转船头啊顺江东下，
上洞庭而下江。	过了洞庭湖就进入长江。
去终古之所居兮，	离开世世代代居住之地，
今逍遥而来东。	现在飘飘荡荡来到东方。
羌灵魂之欲归兮，	我的灵魂时时都想回去，
何须臾而忘反。	没有一时一刻忘记家乡。
背夏浦而西思兮，	背向夏浦思念西边郢都，
哀故都之日远。	郢都越离越远令人悲伤。
登大坟以远望兮，	登上水边高地纵目远望，
聊以舒吾忧心。	暂且舒展我的九曲愁肠。
哀州土之平乐兮，	叹这一带生活如此安宁，
悲江介之遗风。	江边还保持着淳朴风气。
当陵阳之焉至兮，	问我乘着波涛从何而来，
淼南渡之焉如？	向南渡过长江又到哪去？
曾不知夏之为丘兮，	竟不知都城宫殿变丘墟，
孰两东门之可芜？	还问哪两座东门荒芜了？
心不怡之长久兮，	听后心中久久不能平静，
忧与愁其相接。	我的新忧旧愁紧紧相续。
惟郢路之辽远兮，	想到郢都归路那么遥远，
江与夏之不可涉。	长江和夏水也渡不过去。

忽若不信兮，	时间过得太快使人难信，
至今九年而不复。	未回郢都已有九年光阴。
惨郁郁而不通兮，	愁思郁积心情不能舒畅，
蹇侘傺而含戚。	失意不安使人非常心伤。
外承欢之汋约兮，	有人善于奉承外表美好，
谌荏弱而难持。	实际内心脆弱很不可靠。
忠湛湛而愿进兮，	忠心耿耿愿为君国效力，
妒被离而鄣之。	又被种种嫉妒怨恨阻挠。
尧舜之抗行兮，	那尧舜的行为多么高尚，
瞭杳杳而薄天。	远远超出世俗直薄云霄。
众谗人之嫉妒兮，	那些谗人们对他们嫉妒，
被以不慈之伪名。	还说尧舜行为不慈不孝。
憎愠惀之修美兮，	楚王憎恨那诚实的美德，
好夫人之慷慨。	却喜欢听那动听的辞藻。
众踥蹀而日进兮，	谗人奔走钻营日日连升，
美超远而逾迈。	贤人只能远远地走开了。

乱　曰：	**尾　声：**
曼余目以流观兮，	放开我的眼光四下观望，
冀一反之何时？	希望什么时候回去一趟？
鸟飞反故乡兮，	鸟飞再远总要返回旧巢，
狐死必首丘。	狐狸死时头向出生山冈。
信非吾罪而弃逐兮，	我确实无罪而遭到流放，
何日夜而忘之！	日日夜夜心中实在难忘！

此诗写得十分沉痛，家国之恨与身世之感、伤痕感与使命感紧紧地交织在一起，抒发了对宗国、对郢都刻骨的思念之情。同时也揭示了楚国在怀王、顷襄王时期，国君昏昧，佞臣当道，“举世混浊”，政治黑暗是导致国破人亡的主要原因。

屈原来到江畔，在水边披散着头发且行且吟。脸色憔悴，容貌瘦削。

一位渔翁见他这个样子，就问他："您不是三闾大夫吗？怎么到了这个地方？"

屈原说："举世混浊而我独清，众人皆醉而我独醒，所以才被流放到这里。"

渔翁说："一个聪明人，就不应该太固执认死理，而是能够顺应世俗的变化。举世混浊，您为什么不随波逐流、推波助澜呢？众人皆醉，您为什么不一醉方休、沉醉其中呢？何必死死坚守所谓节操而自讨没趣、被人放逐呢？"

屈原说："我听说，刚洗过头的人一定要弹一弹帽子再戴，刚洗过澡的人一定要抖一抖衣服再穿，谁愿意让自己干净的身子，去沾染外界的污秽呢？我宁肯投身于滚滚江流，葬身鱼腹，也不愿让高洁的品格受到世俗的污染！"

于是，公元前278年①五月初五这一天，屈原便抱着石头，自沉于汨罗江中。一位伟大的爱国者和诗人，以这种方式离开了人世，享年约61岁。

屈原生平回顾

屈原（约公元前339年—前278年），名平，字原。他的出生日期非常特殊——寅年寅月寅日，经学者们推算，应该是在公元前339年正月十四日。屈原从出生起就被赋予了能够做出大事业的伟人般的名字。他的父亲伯庸为他取名为"正则"，希望他长大后内心有法度，成为一个正直的人。到了成年及冠的时候，又为他取字为"灵均"，因"灵"与天相合，"均"与地相合，意思就是希望他成为一个上可安天、下可安地，上能安君、下能养民的国家栋梁。

他的祖先是传说中的远古五帝之一——颛顼高阳氏。高阳子孙中的一支受封于楚，传到楚武王熊通的时候，熊通的儿子熊瑕被封在"屈"这个地方，他的后代就以"屈"为姓氏，所以屈原乃是楚王本家的贵族。从《左传》《国语》等典籍来看，屈氏人才辈出，且多担任要职，都是楚国出将入相的重要人物。屈原就出生在这样一个非同一般的楚国贵族家庭中。

贵族家世使屈原从小受到良好的教育，他聪明好学，悟性又高，博闻强记，擅长辞令，通晓国家治乱之道。

楚怀王年间，屈原出任左徒一职，而左徒是仅次于楚国最高行政长官令

① 这是大多数学者的意见。屈原的卒年，大约共有九种说法，不一一列举。

尹的显要职位。当时的屈原入朝便与楚怀王商议国家大事，拟定政令；出朝便接待宾客，应酬于诸侯之间。楚怀王特别倚重他。

屈原为楚国国家利益计，一直主张联齐抗秦的邦交政策，后来也证明这是正确的策略。在两个重大事件上屈原都有自己的独立见解：一是在张仪以六百里商於之地欺楚后再去楚国，楚怀王把他关起来准备杀掉。当时屈原正在出使齐国，等屈原回来，秦国已经买通靳尚、子兰、郑袖等人，力劝楚怀王把张仪放走，屈原问怀王怎么不把张仪杀了，并陈述了自己的意见，楚怀王悔悟，立即派人去追张仪，但张仪已经出了楚境。二是秦昭王邀请楚怀王去武关会盟，屈原极力阻止怀王不要去秦国，但在公子子兰的怂恿下楚王还是去了，以至于后来被秦扣留、要挟，客死异国。

楚怀王的对外政策总是反复不定，又受到上官大夫靳尚、公子子兰等人不断进谗言对屈原进行排挤，加上屈原的性格太过刚直，屡屡冒犯楚怀王，多次被怀王疏离，之后更是免去其左徒一职，将其流放到汉北。

大约在汉北期间，屈原写下了楚辞代表作《离骚》，千古名句“路漫漫其修远兮，吾将上下而求索”就出自此篇。如果说屈原是楚辞的灵魂人物，那么《离骚》则是楚辞的灵魂篇章。这一长篇政治锐意抒情诗，充满了爱国热情和忧愁愤懑，体现了屈原伟大的爱国主义精神、绝不与世俗同流合污的独立精神、不断进修内心的高洁精神、百折不挠的上下求索精神和锐意进取的改革精神。

楚顷襄王继位后，继续亲信佞臣，疏远贤臣，还任命他的弟弟子兰为令尹。当令尹子兰听说屈原怨恨他，十分恼恨，便让上官大夫靳尚在顷襄王面前说坏话诋毁屈原，使屈原继续被疏离。后来屈原改任三闾大夫，掌管公族子弟的教育，从此远离了政治核心。

公元前293年伊阙之战结束后，秦国大胜，得意忘形，秦昭王致书楚顷襄王说：“楚国背叛秦国，秦国将率领诸侯一起讨伐楚国，决一死战。希望大王整顿好军队，我们痛痛快快地打一仗。”楚王十分恐惧，不想因此惹怒秦国。第二年，楚顷襄王不顾杀父之仇，被迫迎娶秦女，暂时使楚国免去一场灾难。这就是《资治通鉴》所说的“忍其父而婚其仇”。

屈原对楚顷襄王迎娶秦妇的行为极为不满，于是令尹子兰和上官大夫靳尚借此机会，在顷襄王面前夸大、渲染屈原的不满情绪，大进谗言说屈原不顾国家安危云云。顷襄王大怒，遂将屈原放逐到江南。

对屈原及其楚辞的评价

屈原是伟大的爱国者，典范永垂。他爱国，也爱民。他爱自己所出生的乡国和自己所侍奉的君国，也爱普天之下九州之地的祖国。他木秀于林，至今为人们所崇敬。

屈原又是一位伟大的诗人，丰碑永存。在博采南北民歌精华的基础上，他创立了从内容到形式都令人耳目一新的楚辞。除了《离骚》外，没有争议的屈原作品还有《九歌》(11篇)、《九章》(9篇)、《天问》等，屈原的诗歌聚合了巫学狂怪直率的意绪、道学睿智玄妙的理念、骚学高洁绮丽的情思。在抒情诗领域内，屈原的作品不仅前无古人，而且在某种意义上也可以说是后无来者。①

郭沫若说:“屈原的一生是一个悲剧，他的政治生活是失败了的，但作为诗人，他却得到了很大的成功……作为诗人，屈原的想象力在中国文学史中是独步的，特别是通过他的《离骚》——最宏大的一首抒情诗，我们可以看出，他把宇宙中的森罗万象都看成是有生命的存在，而且都可以用来为他服务。结果是上天下地都不能满足他的要求，而不得不决心自杀。感情的真挚，构思的奇特，气魄的雄浑，辞藻的丰富，韵调的铿锵，形式的自由，使他在中国诗史和世界诗史上放射着永久的光芒。”②

屈原是旷世奇才，但不是通才；屈原是绝代伟人，但不是完人。屈原一生的大多数时间是在楚国官场险恶的政治斗争中度过的，却一直为同僚所不容，最终被排挤出局，在政治上他是个失败者。大凡第一流的诗人，都不是第一流的政治家和思想家，只是在政治上的失意和思想上的造诣，可以促进艺术上的创造和催生艺术上的杰作。

屈原作为中国真正意义上最早的个体诗人，他的“求索”虽然囿于自身的局限性，最终没能达到追问的超越，但他积极追问生命的意义、寻求人生

① 张正明《楚史》第266页，中国人民大学出版社，2010年7月版。

② 郭沫若《屈原赋今译》，引自张大可、丁德科《史记通解》(第七册)第2980页，商务印书馆2015年8月版。

出路的精神却是十分可贵的。

屈原之死并不是愚忠的表现，而是他热爱祖国、热爱人民而又无力拯救的悲剧性结果，是他的理想、信念彻底破灭后的必然结果。[①] 或许只有像屈原那样，活着的时候以极大的生命热情去追求和探索，死的时候又以极高的人格和尊严去感染和启迪后人，生与死才是真正有价值的。

端午节包粽子、划龙舟的由来

屈原坚贞不屈和悲剧性的一生，引起了人们的深切同情和追念。人们不仅在他投江的汨罗江畔修建了屈原墓和屈子祠，而且还在他的祭日端午节以吃粽子和赛龙舟来纪念他。

南朝梁吴均所撰《续齐谐记》记载了这样一则神话传说：“楚大夫屈原遭谗不用，五月五日投汨罗死，楚人哀之，每至此日，以竹筒贮米投水祭之，并命舟楫拯救之。”想必是“竹筒贮米”就演变为吃粽子，“命舟楫拯救”就演变为龙舟竞渡了。

还有神话曾说，屈原投汨罗江之后，有天夜里，屈原故乡的人忽然梦见屈原回来了。他峨冠博带，一如生前，只是面容略带几分忧戚与憔悴。乡亲们高兴极了，纷纷拥上前去，向他行礼致敬。屈原一边还礼，一边微笑着说：“谢谢你们的一片盛情，楚国人民这样爱憎分明，不忘记我，我是死而无憾了。”

话别时，众人发现屈原的身体已大不如过去，就关切地问道：“屈大夫，我们给你送去的米饭，你吃到了没有？”

屈原先是感激，接着又叹气说：“遗憾哪。你们送给我的米饭，都给鱼虾龟蚌这般水族吃了。”

乡亲们听后都很焦急，问道：“要怎样才能不让鱼虾们吃掉呢？”

屈原想了想说：“如果用箬叶包饭，做成有尖角的角黍，水族见了，以为是菱角，就不敢去吃了。”

第二年端午节，乡亲们便用箬叶包成许多角黍，投入江中。

可是端午节过后，屈原又托梦说：“你们送来的角黍，我吃了不少，可是

① 董运庭《再论屈原之死及其爱国主义精神》，引自张璞《浅谈屈原之死》一文，载《今日湖北月刊》2011 年第 9 期。

还有不少给水族抢去了。”

大家又问他：“那还有什么好法子呢？”

屈原说：“有办法，你们在投放角黍的舟上，加上龙的标记就行了。因为水族都归龙王管，到时候，鼓角齐鸣，桨桡翻动，它们以为是龙王送来的，就再也不敢去抢了。”

屈原说的角黍，就是现在的粽子。

而从此以后，端午节包粽子、划龙舟的习俗，就由屈原的故乡传向全国，由古代传到今天。①

【剧情释疑】

○电视剧中为什么叫屈原为“芈原”？

在前文“剧情释疑”中，我们已经对先秦时期姓氏做了简要介绍。

姓氏的起源，可追溯到人类原始社会的母系氏族制度时期。“上古八大姓”姬、姜、姚、嬴、姒、妘、妫、姞（一说：姬、姜、姚、嬴、姒、妘、妫、妊），都带有“女”字。所以，“姓”代表的是氏族的血统，即源于同一女性始祖、具有共同血缘关系的族属所共有的符号标志。

“氏”是姓的支系，是姓族的分支标记，是源于同一父姓始祖的各支系（庶子）的开氏始祖的符号标志。同一个姓，可能有若干个氏，但这些氏都共一个父姓始祖。通常情况下，同氏的两个人比同姓的两个人，血缘关系应该更近一些。

而芈是楚王族的通姓，凡楚王族的后裔，皆以芈为姓。屈原，是楚武王熊通之子瑕之后裔，瑕受封屈邑，以屈为氏。故他是：芈姓，屈氏，名平，字原。因男子称氏不称姓，女子称姓不称氏，所以应当叫“屈原”，不能叫“芈原”，因此电视剧称为“芈原”不妥，这种叫法是错误的。

直到战国以后，人们以氏为姓，姓氏逐渐合二为一，汉代则通谓之姓，并且自天子以至于庶人都能有姓了。

而且古人既有名，又有字，不同的人对其称呼以及自称，都有一套规则。

尊对卑称名，卑自称也称名；卑对尊则称字，对平辈也称字。称字还不

① 摘自韩燕《浅谈端午节的历史与假日经济》一文，载《南北桥》2012 年第 7 期。

是最尊敬的方式，最尊敬的方式是不称名也不称字，而是在姓氏的后面加“子”字，比如“孔子”。

以《论语》为例说明：孔子（姓孔，名丘，字仲尼）自称为丘，这是谦称；孔子对弟子称名，弟子自称也称名；弟子当着老师的面称呼其他弟子也称名；记录《论语》的人对孔门弟子一般都称字，只有对曾子称子不称字，对有若也有一次称子不称字，所以有人推测《论语》是曾子和有若的门人所记录的。

因此，按照上述规则，一般人应称屈原为“屈原”，屈原应该自称为“屈平”，但电视剧（尤其是第二部）中屈原均自称“芈原”，就是错上加错了。

第十五章 秦攻魏赵，诱灭义渠

秦屡攻魏挟韩，魏、赵联盟拒秦

秦国攻破楚国，夺取楚国的郢都和大片土地后，认为楚国已经无足轻重，不再是它的对手了，于是便把兵锋指向了魏国。

公元前 277 年，魏昭王卒，秦国趁魏国新君安釐王（釐音同西）新立，于次年派秦将白起伐魏，攻取两城。

公元前 275 年，秦相魏冉亲率大军再次围攻魏都大梁（今河南开封），韩国派暴鸢来救，被秦击败，斩首四万，暴鸢退走启封（即开封，司马迁为避汉景帝刘启之讳改称开封，在今河南开封西南）。秦军分兵追击暴鸢，占领启封，又回兵合击魏都大梁。魏军抵挡不住，为免使大梁陷落，魏国割让温（今河南温县西南）以求和。

这两次攻魏，秦国共得到魏国三城。

然而，秦对魏的攻击并未就此停止。韩国救魏被秦打败后，又被迫与秦连横。

公元前 274 年，秦国派客卿胡阳（亦作胡伤）率秦军越过韩国向魏进攻，据韩地以攻取魏国西边的城邑，先后攻取卷（今河南原阳西）、蔡（今河南上蔡）、中阳（今河南中牟西）、长社（今河南长葛东北）四城，都是靠近韩、魏边境的魏国之地。

魏国在秦国的连续攻伐下，面临破国、灭国的危险，于是转而投靠赵国，借以存国。

此时，赵国是除了秦国以外最为强大的国家。继承赵武灵王胡服骑射改革成果的赵惠文王，是一个有为的国君，他任用贤臣，对外以理折服强秦，对内整顿税收，充实府库，国力大增。

赵国也力图避免与秦国的正面冲突，客观上来说，这一时期的秦国也未将赵国作为攻击对象，这样一来给予了赵国发展壮大的宝贵时间。在其国富兵强之际，赵国也在不断攻取齐、魏之地。现罗列如下：

公元前 283 年，廉颇率领赵军攻打齐国，大败齐军，攻占阳晋（今山东郓城），以军功官拜上卿。

公元前 282 年，赵攻取魏的伯阳（今河南安阳西北），两年后又还给魏国。

公元前 281 年，赵军溃决黄河水，进攻魏国，洪涝成灾，漳水河泛滥。

公元前 280 年，赵以赵奢为将，攻取齐国的麦丘（今山东商河）。

公元前 279 年，廉颇又攻齐。

公元前 276 年，赵以楼昌为将，进攻魏国的幾（音同几，在今河北大名东南），十二月以廉颇为将，占领幾城。

公元前 275 年，赵又派廉颇攻取魏的防陵、安阳（均在今河南安阳西南）。

公元前 274 年，赵派燕周攻取齐的昌城（今河北冀州西北）、高唐（今山东高唐东北）。

公元前 273 年，赵攻取东胡欧代地（大约在今辽宁西部地区）。

公元前 271 年，赵派蔺相如伐齐到平邑（今河南南乐东北）。

华阳之战，秦胜魏、赵

公元前 273 年，赵、魏攻打韩的华阳（今河南新郑北）。韩国派人向秦国告急，使者车马沿途相望，可是秦国就是不肯出兵救援。

韩相国对陈筮（音同是）说："事态非常紧急，您虽然有病，只好辛苦您连夜跑一趟。"

陈筮去了秦国，拜见穰侯魏冉。魏冉说："形势危急了吗？韩国才派您来！"

陈筮说："不危急。"

魏冉大怒，说："您这样的态度，能担任国家的特使吗？韩国使臣一个接一个来秦求救，都说韩国情况危急，而您却说不急，怎么回事？"

陈筮说："韩国要是危急，就会改变方向，另谋出路，不到您这儿来了。因为不急，所以才再次派我来。"

魏冉说："好啦！您也不必去见秦王，我马上请求大王发兵救援韩国。"

八天后，秦国援军到达韩国，由秦相魏冉、大良造白起、客卿胡阳统帅秦军，真可谓是豪华阵容。

秦军一到，便在华阳附近迅即展开交战，秦军攻势虽猛，魏军也奋勇力战，双方反复冲杀，战斗剧烈，互有进退。但最后魏军不敌，伤亡过重，无力继续战斗，被秦军击败。秦军攻拔华阳，大败赵、魏军队于华阳城下，魏军主将芒卯（也作孟卯）败走，俘虏三名魏将，斩杀魏军十三万。

之后，白起立即转移兵力，对赵军进攻，秦、赵两军展开战斗。因魏军已被击破，赵将贾偃认为赵军处境危急，便率军向黄河南岸退走，打算渡河回国，秦军追击，两军再战。赵军一面抵抗，一面渡河，秦军趁赵军渡河时发起攻击，两万赵卒沉于河中而死。

此役秦军共计斩杀十五万，大胜魏、赵联军，是为华阳之战。

西周马犯"借"魏军

秦军攻破华阳时，西周臣马犯见秦国撕毁与魏国的和约，担心秦国进犯西周，趟若果真如此，则西周危在旦夕。

马犯对西周君说："请派我游说魏国为西周筑成。"西周君同意了。

于是，马犯去对魏王说："西周君如果担心秦伐周而忧虑至死，那我马犯也就必死无疑了。我请求西周君主动把九鼎进献给大王，大王得此九鼎后要为马犯所说的事情考虑。"

魏王说："好。"于是派兵给马犯，声称是去守卫周城。

马犯借此又去对秦王说："魏国派兵并不是去守卫周城，是要攻打周。大王您不妨出兵境外看看情形如何。"秦国果然出兵。

马犯趁机又对魏王说："西周君的心病已经好了，马犯请求等到条件许可时再来报答。现在大王派兵前往西周，诸侯都会产生顾虑，以后再有什么行动人家也不会相信了。不如让士兵帮助修筑周城，以掩盖最初的目的。"

魏王说："好。"于是同意魏军去修筑周城。

这是马犯为骗取魏国派军队，为防卫西周并修筑周城而设的一个诡计，竟然如愿得逞了。

秦再围大梁，魏臣须贾劝退

秦相魏冉领兵攻魏，赶走芒卯，占领北宅（今河南荥阳东北），又进军包围了魏都大梁。

这时，魏国大夫须贾劝说魏冉退兵。须贾说：“我听说魏国的官员对魏王说以前魏惠王攻打赵国时，曾战胜赵军于三梁，并攻下了赵国的都城邯郸，但是赵国坚决不肯割地求和，后来邯郸又被赵国收复。齐军进攻燕国时，也攻陷了许多城邑，并杀死了子之，燕国也是坚持不肯割让土地求和，燕国后来也复国了。燕、赵两国之所以能保全国土，兵力不衰，而且土地没有被诸侯各国兼并，是因为他们能忍受苦难而不轻易割地。而宋国、中山国多次被攻打并割让土地，国家很快就灭亡了。我认为燕、赵两国是可以效法的，而不应像宋国、中山国那样做。”

“秦国是个贪婪、暴虐的国家，不可以亲近。它蚕食魏国，打败暴鸢，割让的土地都还没有交接，秦国的军队又来伐魏了。秦国的欲望哪里能够满足啊！现在又打败了芒卯，侵占了北宅，不是真要进攻大梁，而是以此来胁迫大王，借以达到得到土地的目的，大王一定不要听从！现在大王如果背弃与楚、赵的合纵盟约，而单独同秦国讲和，楚、赵必然恼怒而抛弃大王，同大王争着去侍奉秦国，秦国一定会高兴地接受。之后秦国会带领楚国、赵国的军队再来进攻魏国，魏国想要不亡国都不可能了。希望大王一定不要与秦国讲和。如果大王想要讲和，也要少割土地且有秦国的人质，不然一定会被欺骗。这就是我在魏国听到的情况，希望您根据这些情况来考虑战事。”

“《周书》上说：‘天命无常’，说的是幸运不是经常出现的。秦军战胜暴鸢，割走魏国三县，不是因为兵力精锐、计策巧妙，而是幸运占多数。现在秦军打败芒卯，侵占北宅，进攻大梁，认为幸运会经常出现，智慧的人却不会这样看待。”

“我听说魏国全力调动各地的兵力来防守大梁，不会少于三十万。用三十万的军队来守卫城墙几丈高的大梁城，我认为即使是商汤王、周武王再生，也不容易将其攻下。轻视魏国背后楚国、赵国的援兵，攀登几丈高的城墙，迎战三十万守军，而且还志在必得，我认为这是从开天辟地以来从未有过的事。”

“攻而不克，秦军必然疲惫，距大梁很近的陶邑必定会丢失，那就前功尽弃了。目前魏国正在犹豫，是否以少割地来了结这件事。希望您趁楚国、赵国的军队还没有到大梁，尽快少割地来拉拢魏国。趁魏国正在犹豫时，得以少割土地而讲和，这样一来，您的封地陶邑也就没有危险了。而楚国、赵国对魏国抢先与秦国讲和肯定会感到很恼火，必然争着侍奉秦国，合纵联盟也会因此而瓦解，您以后就可以据此作出有利的选择。”

“况且，您想得到土地，难道一定要用兵吗？譬如秦国以前割去了魏国所属的大部分晋地后，不再费一兵一卒，就让魏国献上绛和安邑两城，为陶邑开辟了两条通道，又几乎全部占有了宋国原来的土地，卫国也献出了受到威胁的孤城单父。这种威慑的策略可以使秦军不受损失，由您节制统帅，何求而不得，何为而不成！希望您仔细考虑进攻大梁之事，不要采取冒险的行动。”

听了须贾这番言词，魏冉觉得有道理，于是解除了对大梁的包围。

虽然秦国没攻下大梁，但毕竟魏国在此战中是战败国，秦国不可能不捞一点好处。

魏将段干崇请求魏王把南阳（今河南修武）割让给秦国以求和。

苏代对魏王说：“想得魏玺的是段干崇，想得魏地的是秦王，现在大王让觊觎魏国土地的人拿着封玺，让向往魏国封玺的人管着土地，魏国土地不丧失殆尽他们绝不肯罢休。况且，用割地去讨好秦国，就好比抱着干柴去救火，柴薪不烧光，火就不会熄灭。”

魏王说：“你说得很对，不过割地求和之事正在进行，无法改变了。”

最终，魏国还是把南阳割让给了秦国。

楚使黄歇上书秦王，劝退秦伐楚

华阳之战刚结束，秦昭王又命令白起同韩国、魏国一起进攻楚国。

军队尚未开拔，恰好这时楚国使臣黄歇正在秦国，知道了秦国联合韩、魏攻打楚国的消息，惧怕这次一旦出兵，就会一举灭掉楚国。于是黄歇立即上书秦王[1]，欲使秦国远交楚国，近攻韩、魏。黄歇在信中说：

现在听说大王要进攻楚国，这就像两虎相斗，反而会被劣犬在双方疲惫之时得到好处。外臣认为，秦国不如跟楚国和好。请允许臣下说一说此中的道理：臣听说物极必反，冬天和夏天变换就是例证；东西堆叠得太高就有危险，把棋子堆高了会倒下来就是例证。现在贵国的领土，占有了天下西、北边境，这是自古以来所有大国都不曾有过的广大土地。大王若能保持已有的功业和声威，收敛攻城夺地的欲望，而在仁义德惠方面下功夫，使自己免除后患，那么三王就少了，应加上您成为四王；五霸就少了，应加上您成为六霸。大王如果倚仗兵多将广，装备精良，趁着战胜魏国的声威，想要以武力使天下诸侯称臣，臣下担心秦国将后患无穷。

《诗经》说："凡事开始都是好的，而结果多半是不好的。"《周易》说："狐狸小心过河，快到岸了却弄湿了尾巴。"这都是说善始容易，善终就难了。现在大王忌恨楚国没有灭亡，而忘记了灭亡楚国的结果是使韩国、魏国强大起来，臣下为大王考虑，认为不能采取这种做法。

《诗经》又说："威武大军不长途跋涉进攻别的国家。"由此看来，楚国应该是秦国的帮手，邻国才是秦国的敌人。《诗经》还说："狡猾的兔子又蹦又跳，遇到猎犬还是跑不掉。别人有心思，我则要认真揣摩。"现在大王中途转变态度，相信韩国、魏国跟大王友善，这是吴国相信越国的友善啊。臣下听说，对敌人不能宽大，对机会不能放过。臣下恐怕韩、魏两国是用谦恭的言辞来换取安宁，实际上是在欺骗贵国。为什么这么说呢？大王对韩、魏没有世代

① 史学界对黄歇此时正出使秦国不持异议，但对于这封信是否在此时（公元前 273 年）为黄歇所写，存有疑问。该书信现见于《战国策·秦策四》第十章，篇首原有顷襄王二十年（公元前 279 年）秦攻楚后，秦又派白起来伐，楚黄歇使于秦游说秦王的背景介绍，但据学者考证，该段文字乃《春秋后语》之文被误补入策文；《新序·善谋》第九章开篇则曰："楚使黄歇于秦，秦昭王使白起攻韩、魏，韩、魏服事秦，秦王方令白起与韩、魏共伐楚。黄歇适至，闻其计，是时秦已使白起攻楚，取数县，楚顷襄王东徙。黄歇上书于秦昭王……"司马迁予以采信写入《史记·春申君列传》之中，认为该书信是黄歇此时所写。但是，书信中多处事实此时还没发生，是否也是错简混入，不得而知。根据信中所叙事实与历史记载比勘，多数学者认为此书信应该写于秦王政十二年（公元前 235 年）秦助魏伐楚前夕。而此时黄歇已死了 3 年，据此可推断：如果此信写于公元前 235 年，则肯定不是黄歇所写；白起更是已去世 22 年，不可能如文中所述为将攻楚。而此时黄歇出使秦国、游说秦王为实，而且成功劝阻了秦国伐楚，现以《新序·善谋》第九章为据，将其中当时还没发生的事实予以剔除，并对文字进行精简，权当是此时黄歇对秦昭王的游说辞。

累积的恩德，只有世代累积的冤仇。那韩、魏两国，父子兄弟接连不断死于抵抗秦国的战争，这种情况延续了将近十代人了。国家残破，政权崩溃，宗庙破坏；肚子被划开，肠子被割断，砍下脑袋，扭断脖子，肢体不全，抛尸荒野，骸骨狼藉，全国境内到处都能看到这样的惨状；文武大臣，公子王孙，五花大绑，成为俘虏，在大路上一群又一群地被驱赶；无论是祖先神灵还是山精鬼魅，都无法得到人们的祭献，民不聊生，骨肉分离，离乡背井，沦为奴婢，遍布天下。因此，韩、魏不灭亡，秦国的祸根就存在。现在大王却资助他们一块来进攻楚国，难道不是失策吗？

况且进攻楚国，将从哪条路出兵？大王或许会向仇敌韩、魏借路吧？从军队开拔那一天，大王就要担心他们回不来了，这无异于把大批兵马拱手赠予韩、魏两个敌国。大王如果不向仇敌韩、魏借路，就一定要进攻随水西岸一带。随水西侧，这些地方都是大川大河、山林沟谷，尚未开发的土地，大王尽管占领了它，也等于没有占领。这样，大王只有毁坏楚国的名声，而没有扩大领土的实惠。况且大王进攻楚国的时候，韩、魏、齐、赵四国一定会动员全部兵力对付大王，一起瓜分秦国的土地。大王进攻楚国，只能使韩、魏两国扩大了中原土地，并增强齐国的力量。韩、魏强大了，足以和秦国较量；齐国南面以泗水为边界，东靠大海，北靠黄河，没有后顾之忧。天下的诸侯，没有比齐国、魏国更强大的，齐国、魏国得到土地保有实利，又谨慎地管理国家，修明吏治，一年之后，虽然自己不能称帝，但在阻止大王称帝这方面，是绰绰有余的了。

以大王这样拥有广大的土地、众多的人口、精良的武器装备，一出兵就和楚国结怨，而使韩、魏两国把帝王的尊号归于齐国，这是大王的失策啊。臣下替大王考虑，不如跟楚国保持友好关系，秦、楚联手来进攻韩国，韩国必然无力抵挡，必然成为秦国的属国。大王再以十万人马进攻郑国旧地，魏国人一定胆战心惊，魏国也成为秦国的属国了。大王一旦跟楚国和好，韩、魏两国就可以向齐国出兵，您不动手就可以取得齐国西部的土地。大王的土地从西海到东海连成一片，把天下的腰部约束住，这样燕、赵不能指望齐、楚，齐、楚也不能指望燕、赵，然后以灭国的危险震慑燕、赵，就会直接动摇齐、楚，如此，这四个国家，用不着经过恶战就能制服了。

秦昭王看了黄歇的书信后，就叫白起停止攻楚，辞退了韩、魏的军队，派使者送礼物给楚国，两国结为同盟。

这样，不仅保全了强大秦国的军队，也解除了疲弱不堪的楚国的危机，而这一局势的逆转，黄歇功不可没，同时也证明了他的足智多谋。当两国达成盟约后，黄歇便返回了楚国。

第二年，楚国派三万军队助三晋伐燕，干预燕相公孙操弑杀燕惠王的内乱。秦国也派兵参与此事，秦、楚两国又讲和，楚国把太子完送到秦国做人质，并派黄歇随太子入秦。此时黄歇的官职是左徒，执掌外交事务。之后黄歇陪同太子完去秦国，一起在秦国做人质，被秦国扣留数年。

黄歇的重头戏还在后面，在此，我们得简要介绍其出身。

黄歇，生年不详（一说生于公元前 314 年），卒于公元前 238 年，为战国四公子之一，后被楚考烈王封为春申君。一般认为，黄歇并非楚室公子，而是庶族出身，只不过他也爱养士，门客三千，因其有真才实学，靠自己的学识、才智和功劳，受封为君，故史书将其与孟尝君、平原君、信陵君相提并论。司马迁在《史记·春申君列传》记述黄歇“游学博闻，事楚顷襄王。顷襄王以歇为辩，使于秦”，不仅没有表明黄歇为楚公子，而且认为是因其游学博闻而名扬天下，致使后人误认为黄歇不是楚公子。

司马迁在《史记·游侠列传》中云：“近世延陵、孟尝、春申、平原、信陵之徒，皆因王者亲属，藉于有土卿相之富厚，招天下贤者，显名诸侯。不可谓不贤者矣。”可见司马迁是知道春申君非游士致显，乃王者亲属，只不过没在春申君列传中明确表述而已。《韩非子·奸劫弑臣》也说“楚庄王之弟春申君”，据金正炜、钱穆等大家考证，楚庄王即顷襄王。韩非与黄歇为同时代人，其言不至于有误。所以，春申君黄歇是楚顷襄王之弟、考烈王之叔，确为楚国公子，而非庶人。

宣太后诱杀义渠王，秦灭义渠、筑长城

自秦惠文王以来，义渠总是威胁着秦国，但秦国又不能将其彻底制服。

秦昭襄王继位时，义渠王前来朝拜，并趁机与秦昭王之母宣太后私通。此后，义渠王与宣太后长期保持着这种关系，还生下了两个儿子。正因为宣太后用这种不太体面的办法笼络了义渠王，所以在昭襄王时期，虽然秦国不断和东方各国在打仗，但未见有义渠趁机攻秦之事。

待义渠王与宣太后同居已久，其戒备之心全无，且对秦国有非分之想时，公元前272年，宣太后诱杀义渠王于甘泉宫，并趁势起兵灭掉了义渠国，秦国才开始在义渠设置了陇西郡、北地郡和上郡。

秦国开始修筑长城，防御匈奴。到秦灭六国之后，秦始皇又大规模地修建万里长城，这是后话。

秦史专家马非百评论说："宣太后以母后至尊，为国家歼除顽寇，不惜牺牲色相与义渠戎王私通生子，谋之达三十余年之久，始将此二百年来为秦人心腹大患之敌国巨魁手刃于宫廷之中，衽席之上，然后趁势出兵一举灭之，收其地为郡县，使秦人得以一意东向，无复后顾之忧，此其功岂在张仪、司马错之下哉！"①

秦欲助赵攻齐，苏代成功阻止

公元前273年，秦军在华阳之战打败魏、赵联军后，还攻占了赵国的观津。秦国随即把观津归还给赵国，并增援赵国兵力，让赵国去讨伐曾与魏国合纵的齐国。

齐襄王很害怕，便派田章到赵国，以割让阳武为条件，希望与赵国和好，并以公子顺子做人质。

赵惠文王很高兴，于是停止出兵齐国，并告诉秦昭王说："齐国割让阳武给我，又以顺子作为人质，希望我们不要进攻。所以，我特将这个情况向您的手下通报。"

秦王就派公子他到赵国，对赵王说："从前齐国和贵国援救魏国，却违背了盟约，可见齐国不可信赖。贵国认为齐国违背盟约不讲信义，于是把攻打齐国的想法告诉了敝国，而且还送给敝国两块土地供祭祀之用。现在却又按兵不动，想与齐国联合，还接受了他们的土地，这是我们不能理解的。敝国再给您增加四万兵力，请贵国决定吧！"

在听闻这件事后，齐王让苏代为齐国秘密地送给穰侯魏冉一封信，信中

① 马非百《秦集史》（上册）第108页，中华书局1982年8月版。

写道：

我听最近在秦、赵之间来往的人说：“秦国准备给赵国增加甲士四万来进攻齐国。”我向敝国的君王猜测判断说：“秦王英明而善于谋划，穰侯多智而深明事理，一定不会增援赵国兵力四万来讨伐齐国的。”这是为什么呢？

三晋联合，是秦国的大敌，赵、魏、韩屡次背叛秦国，屡次欺骗秦国，而秦国却不认为他们不讲信用，不认为他们不讲道义。现在秦国帮助赵国打败齐国，以增强赵国的国力，而赵国是秦国的大敌，对秦国不利。此其一。

如今秦国的谋士们一定会说：“打败了齐国，三晋和楚国也会因此疲惫不堪，随后可以一举战胜三晋和楚国。”而齐国已经是一个疲惫不堪的国家，各国攻打齐国，就像用千钧强弩去射穿脓疮那样容易，齐国必亡无疑，而且不会耗损多少他们的国力，秦国那时又怎么能战胜三晋和楚国呢？此其二。

秦国少出兵，三晋和楚国会认为是让他们在为秦国卖命，就不能取信于他们；多出兵，那么三晋和楚国就会认为自己被秦国所挟制。齐国害怕，不会投靠秦国，而是投靠三晋和楚国。此其三。

齐国割地给三晋和楚国，就与三晋和楚国相安无事，如果齐国举兵与秦国决战，三晋和楚国定会助齐力战，秦国反受其害。此其四。

这实际上是三晋和楚国在利用秦国来算计齐国，又利用齐国来算计秦国，为什么三晋和楚国如此聪明，而秦国和齐国如此愚蠢呢！此其五。

秦国得到安邑，如能与齐国和好使齐国安定，也就一定没有祸患了。秦国占有安邑，韩国的上党就必然不保。取得上党这个三晋腹心要害之地，与出兵攻齐而又担心有去无回相比，哪个更有利呢？因此，我说“秦王英明而善于谋划，穰侯多智而深明事理，一定不会增援赵国兵力四万来讨伐齐国的”。

于是，穰侯魏冉决定停止伐齐，领兵而归。

魏冉谋取齐地刚、寿，广其封邑

两年之后（公元前271年），秦国有个名叫造（亦作灶）的客卿对魏冉说：“秦国把陶邑（今山东定陶）封给您，由您执政已经有十年了。倘若攻打齐国能够成功，陶邑就是拥有万乘兵车的大国了，可以成为小国的首领，率领他们去朝见周天子，天下都会听从您，这样就能同春秋五霸相比了；如果攻打齐国不能成功，陶邑就会变成一件摆设，无法依靠。所以，攻打齐国对陶邑来说，关系到生死存亡。如果您需要办成这件事，为什么不派人去见燕相成安君公孙操，去劝说燕国攻齐呢？”

之所以不见燕王而见燕相，是在公元前272年（燕惠王七年），燕成安君兼相国公孙操弑杀燕惠王，拥立武成王，公孙操独揽国政。在燕国内乱期间，秦、楚助三晋伐燕，干预其事。

客卿造接着说：“您派人对燕相公孙操说：‘圣人不能创造时机，时机到了也不会放弃。如今攻打齐国，是您的大好时机。依靠天下的力量，讨伐仇敌齐国，报复惠王失败的耻辱，继续昭王破齐的功业，除掉国家万年的祸害，这是燕国的永久利益，您也可以得到伟大的名声。”

“古书上说：做好事不必嫌多，除祸害务必彻底。齐国不灭掉燕国，燕国就会灭掉齐国。齐国被燕国灭掉，就是因为除害不彻底啊。如果不抓住时机成就您的功名，除掉您的祸害，秦国发生变故而倒向齐国，齐、秦两国联合，必然把您作为死敌，一道攻打燕国，到那时，您后悔也无济于事了。”

“您调动燕国全部兵力迅速进军，天下对您的附和，就像儿子为父亲报仇那样积极。真要能灭掉齐国，把河南的地方分封给您，您就会拥有万乘兵车，直达中原地区，南面与陶邑成为近邻永世平安。希望您一心一意地攻打齐国，不要有其他顾虑。”

结果未见燕国去攻打齐国，倒是在公元前270年，秦国客卿造率领秦军，越过韩、魏两国而攻齐，取得刚（今山东宁阳东北）、寿（今山东东平西南）两地，秦国也将其给予了穰侯作为封地。

可见，如今魏冉的封地是越来越大。公元前300年，秦国攻取了韩国的穰，封给魏冉，穰侯由此而来。在五国攻秦时，魏冉就存有私心，想占有当时中原地区最为富庶、繁华的商业城市——宋国的陶邑，并在公元前281年如愿以偿，如今又增加了刚、寿两地。

《韩非子·定法》评论道：“穰侯越韩、魏而东攻齐五年，而秦不益尺土之地，乃成其陶邑之封。”意思是说：魏冉越过韩国、魏国而攻打东边的齐国，打了五年，秦国没有增加尺寸土地，而陶邑却成了他自己的封地。后来，魏冉又陆续通过战争，在陶邑周围占领他国土地，以扩大陶邑的控制范围。

【剧情释疑】

〇宣太后与黄歇是青梅竹马、旷世绝恋吗？

我们来对宣太后和黄歇的年龄做个有趣的对比。就以黄歇上书秦王这年（公元前 273 年）为基点，此时宣太后该是多少岁？而黄歇又是多少岁呢？

由于两人的出生年份史书都无记载，我们只能靠其他线索推算了。已知秦昭王出生于公元前 325 年，假设宣太后 15 岁入秦为秦惠王妃（不可能再早吧？），16 岁生嬴稷，那么宣太后最晚生于公元前 341 年，到公元前 273 年至少已经 68 岁了。

而黄歇的出生年份，相对可靠的线索是位于武汉市江夏区郑店街黄鹤庄的春申君墓地《歇公生平简介》碑，该碑记载："歇公字光明，号啸天（公元前三一四至公元前二三八年），战国末期人，出生在新罗（韩国）。"即黄歇生于公元前 314 年，到公元前 273 年才 41 岁。

因此，两人相差至少 27 岁，黄歇比宣太后的儿子秦昭王都还小 11 岁，黄歇应该是宣太后的下一辈人了，怎么可能像电视剧《芈月传》演绎的那样，"芈月"与黄歇青梅竹马呢？

按照上述推算，芈氏离楚入秦 12 年后，黄歇才出生，而且不是出生在楚国，两人不可能相见，直到史书记载的公元前 293 年黄歇出使秦国，此时 41 岁的黄歇见到一个身为太后、执掌国政的 68 岁老太太，会一见钟情吗？黄歇被秦扣留数年，难道是宣太后以这种方式逼迫黄歇与她谈一场恋爱、建立起感情吗？何况，这段时间宣太后正在为如何处置野心膨胀、觊觎秦国江山的义渠王伤透脑筋，最后不得不忍痛割爱杀掉义渠王，她有这份心情来与黄歇谈恋爱吗？黄歇既是被秦国扣留的外国使臣，又怎么敢与大权在握的秦国太后涉足感情之事呢？

凡此种种，不可理喻，可见《芈月传》的相关剧情纯属编造，而且太过离谱，绝不可信！

〇义渠王被杀之前，向秦王要求"广地界，请封君"，并且联赵、韩、魏合纵攻秦吗？

据《后汉书 · 西羌传》记载："赧王四十三年，宣太后诱杀义渠王于甘泉宫，因起兵灭之，始置陇西、北地、上郡焉。”宣太后诱杀义渠王应是事实。

但到底是什么原因导致秦宣太后要杀义渠王，并未见史书记载。而且，这么多年以来义渠与秦国都相安无事，再加上宣太后与义渠王也有多年私情，如果没有发生什么大的事情，是很难让她下决心除掉义渠王的。当然，倘若义渠王危害秦国的国家安全和国家利益，特别是危及秦王的王位时，在两者之间，宣太后应该也必定会站在秦国和儿子一边。

电视剧演绎的义渠王要求秦国扩大其地盘，对其封君，又联络赵国、韩国、魏国合纵攻秦，里应外合，意图灭亡秦国的剧情，符合让宣太后起杀心的上述条件，属于合理补充。

○是因韩国背盟，才导致赵、魏攻韩华阳吗？

与前一问题一样，《史记·韩世家》《战国策·韩策三》第十五章只记载了公元前273年赵、魏攻打韩的华阳的事实，未记载发生战争的原因。但是否如电视剧所说，是因义渠、赵、韩、魏结盟攻秦后，韩国又背弃盟约，故意将此事泄露于秦以讨好秦国，才导致赵、魏攻韩呢？

从时间上看，义渠王被杀在公元前272年，而赵、魏攻韩在上一年。义渠王先到秦国咸阳，再到赵国邯郸，还要等韩、魏两国君王去邯郸会盟，韩相公仲朋去咸阳报告秦王，赵、魏两国知晓韩国背盟并且相互商定后，才会调集军队去韩国华阳，要完成这个过程需要不少时间。由于史书并未记载两件事发生的月份，两者相距多长时间也就不能确定，长则一年多，短则一两个月，所以不能肯定是电视剧编造的这个原因，估计可能性较小，不过对电视剧不必苛求。

第十六章
范雎入秦，远交近攻

范雎被魏相毒打，逃命入秦

范雎，魏国人，字叔。他常游说于诸侯之间，并打算侍奉魏昭王，因家境贫寒无法维持生活，就先去投靠到魏国中大夫须贾门下。

须贾为魏昭王出使齐国，范雎也随从前往。住了好几个月后，也没有什么结果回报魏国。齐襄王听说范雎能言善辩，就派人赏赐给范雎黄金十斤和一些牛酒，范雎辞谢不敢接受。须贾知道这件事后，非常生气，以为范雎把魏国的国家机密告诉了齐王，因此才得到齐王馈赠的礼物。于是命令范雎收下了牛酒，退还了黄金。

回魏国后，须贾心中还在怨恨范雎，并把这件事告诉了魏国的相国。当时的魏相是魏国诸公子之一，叫魏齐。魏齐听了之后也十分生气，就令门客施行笞刑[①]（笞音同痴）痛打范雎，打断了他的肋骨，打掉了他的牙齿。

无奈之下范雎只好装死，于是魏齐的门人用席子把他卷起来放在厕所里。宾客们喝醉了酒后就往范雎身上撒尿，故意侮辱他，以警告后来的人，使人们不敢乱说话。

范雎从席子中对看守他的人说："如果您能放我出去，我一定重谢您。"看守他的人就请求魏齐把席子里的"死人"扔出去。魏齐也喝醉了酒，说："可以。"这样范雎才得以逃脱。

后来魏齐很后悔放了范雎，又重新派人去找他。魏国人郑安平听说这件事后，就带着范雎逃跑了。之后范雎隐藏起来，改名换姓叫张禄。

这件事发生在公元前 271 年。当时，秦昭王正派王稽出使魏国。郑安平假扮为役卒去侍候王稽。

王稽问郑安平："魏国有没有贤人可以和我一道去秦国啊？"

---

① 笞刑，是古代"五刑"之一，用竹板、木板击打犯人的背部、臀部和腿部。汉景帝时期的《棰律》规定了刑具规格、受刑部位，同时在行刑时，中途不得换人。

郑安平说："我有个叫张禄的同乡想见见您，谈谈天下大事。因为他有仇人，白天不敢来见您。"

王稽说："晚上你和他一起来吧。"

郑安平便于夜间与范雎去见了王稽，话还没说完，王稽便知道范雎很贤能，于是对他说："请先生在三亭的南面等我。"

王稽告辞离开魏国，在经过三亭时，让范雎坐上车一起去往秦国。到了秦国的湖县，远远望见有不少车马从西边而来。

范雎问："那边来的人是谁？"

王稽说："是秦国丞相穰侯到东边去巡察县邑。"

范雎说："我听说穰侯独揽秦国大权，不愿意接受诸侯的宾客，恐怕他要侮辱我，我暂且藏在车子里。"

过了一会，穰侯魏冉果然来了，慰问了王稽一番，就站在车旁问道："关东各国有什么变化吗？"

王稽回答说："没有。"

魏冉又说："您该没有和诸侯的宾客一起来吧？这些人无益于事，只能扰乱别的国家。"

王稽说："我不敢这样做。"

说完魏冉就离去了。

范雎说："我听说穰侯是个很聪明的人，但他看起来反应迟钝，刚才他怀疑车中有人躲藏，却忘记了搜查。"于是范雎就下车步行，并说："这次他一定要后悔的。"

魏冉走了十余里之后，果然派骑兵返回来搜查王稽的车子，发现没有宾客才作罢。于是，王稽和范雎顺利地到达秦都咸阳。

范雎苦等一年余，上书秦昭王

王稽向秦昭王汇报了出使魏国的情况之后，接着说："魏国有位张禄先生，是天下能言善辩的人，他说'秦国危如累卵，如果用我就会转危为安。但其中的缘故不能用书信来表达'。所以我就用车把他带来了。"

秦王不相信"张禄"有这样的才能，没有接见他。但还是让他留下来，住在下等客舍中，给他粗劣的饭菜吃。范雎就这样等待了一年多。

见秦王一直没有召见他的意思，范雎就给秦王上书一封，信中说：

我听说英明的国君执政，对有功劳的人不会不赏，对有能力的人不会不用，出力多的人得到的俸禄多，功劳大的人被封的爵位高，能够管理民众的人担任的官职就大。因此，没有能力的人就不敢任职，真正有能力的人也不会被埋没。如果您认为我的话可以采纳，则请予以推行，就会更加有利于治理国家；如果您认为我的话不能采纳，即使把我久留秦国，也不起什么作用。

常言道："昏庸的君主奖赏他所宠爱的人，处罚他所厌恶的人；英明的君主却不是这样，赏赐必定是给有功的人，处罚必定是给有罪的人。"现在，我的胸做不得斩首的垫板，我的腰挡不住杀人的斧头，又怎么敢拿没有把握的主张来试探大王呢？大王虽然认为我卑贱而对我轻慢，难道就不看重保荐我的人绝不会对您做没有把握的事情吗？

况且我听说周有砥厄[1]，宋有结绿[2]，梁有悬黎[3]，楚有和璞[4]，这四件璞玉，当初工匠都不能识别，但它们却是天下有名的宝物。那么，现在被大王所遗弃的人，难道就不能对国家有用处吗？我听说，善于使封邑富裕的人，是从国家那里夺取的；善于使国家富裕的人，是从诸侯那里夺取的。天下有了贤明的君主，诸侯就不能独自富强，为什么呢？因为诸侯富了就会分割天子的权力。良医可以预见病人的生死，圣君可以预见事情的成败。认为有利的就该实行，认为不利的就该放弃，认为可疑的也不妨稍加尝试，即使是尧、舜、禹、汤复活，这个道理也是不能改变的！

话说得深了，我不敢书面写出来；话说得浅了，又不值得大王听取。是

① 砥厄，周室镇国之宝，是一块美玉。相传为周文王姬昌于岐山所遇。当时商纣王无道，听信妲己谗言，把姬昌关在朝歌。其长子伯邑考为救父亲，进献给纣王无数宝物，其中就有美玉砥厄。妲己对美玉爱不释手，见她高兴，纣王才下令释放姬昌。后周武王姬发灭商，宝玉重归周室。武王以为砥厄于周有大功，能去厄辟邪，便命巧匠将宝玉刻成玺印，上刻"天子之玺，以德配之"。砥厄一直传至此时的周赧王，已历 37 世，为周王王权的象征。

② 结绿，是宋国有名的宝玉，也是宋国的镇国之宝。

③ 悬黎，是魏国的宝物。据东汉的史学家班固在《西都赋》中记载，"悬黎垂棘，夜光在焉。"东汉的张衡在《西京赋》中说："流悬黎之夜光，缀随珠以为烛。"从这两人的记载看，悬黎应该是一种能夜晚发光的玉石，属于夜明珠一类。

④ 和璞，即楚国的和氏璧，是中国历史上著名的美玉，为天下奇宝。与和氏璧有关的著名典故"完璧归赵"，见本书前文《蔺相如"完璧归赵"》一节。

我愚钝浅薄，不合大王的心意？还是保荐我的人地位低下，而不值得大王听信呢？如果不是因为这些，那么我希望大王能抽出一点您的闲暇时间，让我见您一面。如果我说了一句无用的话，情愿服罪领死。

秦昭王看了信，很高兴，就向王稽道歉，并派专人驾车，召见范雎。

秦昭王召见范雎

秦王在离宫接见范雎。范雎假装不知道通往宫内的道路，一直走了进去。

这时秦王正来到这里，宦官很生气，赶范雎离开，说："大王来了。"

范雎胡乱地说："秦国哪里有王？只有太后、穰侯罢了。"打算用这话来激怒秦王。

昭王听到他和宦官在争吵，就去迎接他，道歉地说："我早就应该亲自来聆听您的指教，正好遇上义渠的事情比较紧急，需要处理，我每天都要向太后请示。现在义渠的事情已经了结，我这才有机会来接受您的教导。我深感自己办事迟缓，请让我现在恭行宾主之礼吧。"范雎辞让了一番。

这天在场见此情景的大臣们，无不表现出感动的神情。

秦王让身边的人都退下，宫中已没有其他人。

秦王挺直身子跪着，诚恳地向范雎请教说："先生用什么来指教我呢？"

范雎应声道："哦，哦。"

过了一会儿，秦王又问。

范雎仍然只是"哦，哦"地应了两声。

像这样连续三次。

秦王就跪在地上，挺直身子说："难道先生不肯指教我吗？"

范雎道歉说："我不敢这样。我听说从前吕尚遇到周文王时，他只是一个渔夫，在渭水边钓鱼，与文王没有交情，关系很疏远。文王听了他的一席话，就任命他做太师，同乘一辆车回去，因为文王被吕尚的话深深地打动了。后来文王果然因为重用了吕尚而成就大功，终于统一天下，成为诸侯共主。要是文王疏远吕尚而不愿和他深谈，那他就没有天子的品德，周文王、周武王也无法成就王业了。现在我只不过是一个旅居秦国的人，和大王的交情还很浅，而我想说的都是纠正大王的过失、涉及骨肉亲情的大事，我希望表达微薄的忠心，但不知大王意下如何，这就是大王连问三次我都不敢回答的原因。”

“当然，我并不是有所畏惧而不敢直言，我也知道我今天把话说了，明天就有可能被杀掉，但是我不会因此而感到害怕。如果大王能采纳我的意见，就是死了也不足以让我忧患，流亡也不足以让我顾虑，身上涂漆生疮、披头散发装疯也不算是我的耻辱。像五帝那样圣明的君主都免不了死，像三王那样仁慈的君主也免不了死，像五霸那样贤能的诸侯还是免不了死。死是任何人都不能避免的。面对必然要来的死亡，只要对秦国有微小的补益，这就是我最大的心愿，我还有什么顾虑呢？”

“当年伍子胥藏在布袋里才逃出昭关，晚上赶路，白天躲藏，到了陵水，没有食物充饥，就在地上爬到处磕头，讨口饭吃，后来终于使吴国兴盛，使吴王阖闾成为霸主。如果我能像伍子胥一样献上计策，即使受到囚禁，终身不得和大王相见，我还有什么遗憾呢？”

“而箕子和接舆①，身上涂漆生疮、披头散发装疯，对殷商、楚国毫无益处。假如我的行为和他们一样，但可以为我崇拜的君主带来好处，将是我莫大的荣幸，我又怎么会感到耻辱呢？我所担心的只是在我死了以后，天下人见我因尽忠而身遭不幸，从而闭口止步，不敢到秦国来效力啊！”

“恕我直言，大王您上边惧怕太后的威严，下边蒙蔽于奸臣的谄媚；住在深宫里面，离不开左右的侍奉；终生迷惑，没有人来帮您辨明忠奸善恶；大则国家覆灭，小则自身孤立而危险，这才是我所恐惧的。至于那些穷困羞辱的小事、死亡的忧患，我并不害怕。如果我死了而使秦国安定，那将比我活着更有价值。”

秦王说：“先生这是什么话！秦国地处偏远的地方，我又愚笨无能，有幸先生来到这里，这是上天让我打扰先生，以保我国家社稷。我能够有机会聆听先生的教诲，这是上天眷顾我的先王而不抛弃他们的后人啊！先生为什么会这样说呢？不论事情的大小，上至太后，下到大臣，先生都可以发表意见，不要有什么顾虑。”

范雎听完秦王的话语后拜了两拜，秦王也拜了两拜。

---

① 接舆，春秋时楚国隐士，装疯避世。

范雎献“远交近攻”之策

范雎继续说:“大王的国家，四面的边塞都很坚固，北边有甘泉山、谷口，南边有泾水、渭水环绕，西边有陇、蜀崇山峻岭，东边有函谷关、崤关。拥有战车千辆，精兵百万，有利就出击，不利就退守，这是王者的疆土。百姓怯于私斗而勇于公战，这是王者的百姓。在这两方面大王都兼而有之。凭着秦兵的勇敢，车马的众多，以这样的实力去制服诸侯，就像用猎犬去追逐跛足的兔子一样，霸王之业是可以成功的。但到现在反而闭关十五年了，不敢向东方诸国用兵，这都是因为穰侯没有忠心地为国家出谋划策，而大王的决策又有所失误的缘故。”

秦王听到此处，便说:“我很想听听我的失策之处。”

这时秦王左右有很多人在偷听他们谈话，范雎感到害怕，便没有回答秦王，而是先讲外部的事情来观察秦王的态度。

范雎说:“秦国越过韩、魏而去攻打齐国的刚、寿，这不是个好计策。派出的军队少了，就不能打败齐国；派出的军队多了，又会对秦国有损害。我估计大王想少派军队，而让韩、魏两国投入全部兵力，这是不合道义的。现在看到同盟国不亲近秦国了，越过他们去攻打齐国，这样可以吗？这是谋划不周啊！”

“从前，齐湣王攻打楚国，打败楚军，杀掉楚国将领，取得胜利，开拓土地千里，而齐国却没有得到尺寸土地，难道是齐国不想得到土地吗？不是！而是当时的形势不能使他们得到。当诸侯看到齐国军队疲惫，君臣又不团结，于是兴兵攻打齐国，齐王蒙羞，齐军瓦解，被天下人所耻笑。之所以会这样，是因为攻打楚国实际上反而壮大了韩、魏的实力。这就是人们常说的把武器借给强盗、把粮食送给小偷啊。”

“我认为，大王不如远交而近攻，这样，得寸土就是大王的寸土，得尺地也是大王的尺地，而今不采用这个策略，却去攻打远方的国家，这不是犯了严重的错误吗？”

“从前，中山国拥有方圆五百里的领土，被赵国独吞，大功告成，名声树立，利益到手，天下谁也奈何不了它。如今，韩、魏两国地处中原，是天下的枢纽，大王如想成就霸业，必须控制中原地区，从而威慑楚、赵两国。赵国强大则楚国会依附秦国，楚国强大则赵国会依附秦国。楚、赵都依附秦国了，齐国必然恐惧，定会说好话、送厚礼来侍奉秦国。只要齐国来依附，韩、魏两国就唾手可得了。”

昭王说：“我想和魏国亲善，可魏国是个变化无常的国家，我没法亲近它。请问怎样才能拉拢魏国呢？”

范雎回答说：“先说好话，再送厚礼去讨好它；还不行，再割让土地去贿赂它；如果这还不行，就出兵攻打它。”

于是秦昭王任范雎为客卿，全部采纳了范雎的意见，让他谋划军事。

对“远交近攻”之策的评价

秦国地处西部边陲，崤山、函谷关是其与山东诸国的天然屏障。秦国要想统一天下，必须采取东出函谷、逐步蚕食的政策。自张仪为秦相以来，推行“连横”而对抗“合纵”，其中已经孕育了“远交近攻”的战略思想，但这种战略经过几十年的实践，在秦国的政治、军事、外交政策中只是自发地顺势而为，并未上升到自觉的理论高度，而且中途在国君更迭的过程中还出现过摇摆不定的现象，延缓了秦国统一天下的进程。

范雎入秦，便向秦昭王献“远交近攻”之策，其具体步骤是：先迫使地处天下中枢的韩、魏与秦结好，挟此以威逼楚、赵，使楚、赵屈服；进而慑服远方的齐国。齐国也依附之后，秦国就可以放手兼并与其接壤的韩、魏两国的土地了。韩、魏之中，范雎主张先取韩，因为“秦、韩两国的地形就像锦绣的花纹一样，相互交错。韩国对秦国来说，就如同木头有蛀虫，人的内脏有病一样。”

范雎还建议秦王“毋独攻其地，而攻其人”，即不仅只是攻占敌国的土地，还要注重消灭敌人的有生力量。

范雎的“远交近攻”之策，是对秦国“连横”战略的具体化和系统化。首先，他从地缘关系出发考虑战略问题，因为列强争夺的最终目标还是土地，所以，地缘问题对于军事、外交策略的确定具有极为重要的意义。其次，“远交近攻”是一个系统的战略方案，它有明确的步骤和达到某一步骤的方法。其原则是先弱后强，由近及远，先占据中枢之地，再向四周扩展，最后完成统一。第三，

"远交近攻"是一个军事与外交手段有机配合的综合战略，强大的军事实力是外交的后盾，有效的外交活动又是军事进攻的准备和先导，目的在于拆散合纵联盟，各个击灭关东诸侯，统一天下。"远交近攻"战略是秦国统一天下的条件已经初步具备，其军事和外交策略逐步成熟的产物，它的提出也标志着秦统一天下在战略思想上已基本完成。[①]

自"远交近攻"战略思想确立以后，目标明确，步骤清晰，秦国一步步兼并诸侯，吞并天下，最终完成了统一大业。

以上摘录的评论，仅是对范雎"远交近攻"之策而言，至于对其一生整个历史功过的评价，则是褒贬不一，后文还将涉及。

【剧情释疑】

○到底是"范睢"（suī）还是"范雎"（jū）？

《战国策》《资治通鉴》皆作"睢"（suī），《资治通鉴》胡三省注、吴师道《战国策补》皆云："音虽。"《史记》各种版本"睢""雎"杂出。

日本学者泷川资言《史记会注考证》云："庆长本标记云：雎，七余反，盖驺诞生音。"《韩非子·外储说左上》《武梁祠石刻画像》皆作"范且"。钱大昕《武梁祠堂画像跋尾》与《通鉴注辨正》以及梁玉绳《古今人表考》均以为作"雎"（jū）为是。钱氏云："战国、秦、汉人多以且为名，读子余切，且旁或加隹，如范雎、唐雎，文殊而音不殊也。"

"且""雎"音同字通，如《魏世家》中的"唐雎"，《魏策四》与《楚策三》均作"唐且"，这便是例证。作"睢"（suī）者乃"雎"（jū）之形误。这是著名战国史学者杨宽教授在《战国史料编年辑证》一书中所作的考证，较为权威。

中华书局点校本二十四史之《史记》修订本亦作"范雎"（jū）。点校者亦采钱大昕之说，把"睢"（suī）改为"雎"（jū），并在《校勘记》中说："范雎，原作'范睢'，据景祐本、耿本、彭本、柯本、索隐本、凌本、殿本、会注本改。他皆仿此改。"

中华书局点校本二十四史是国家古籍整理工程，由中华书局组织全国数

---

① 吴如嵩、黄朴民等著《中国军事通史》（第三卷·战国军事史）第 270 页，军事科学出版社 1998 年 10 月版。

百位文史专家，历时二十年完成的新中国最宏大的古籍整理出版工程，是代表新中国古籍整理出版事业最高成就的标志性成果。从2006年开始启动修订，修订本正陆续出版，《史记》修订本已于2013年最先面世。

商务印书馆《古代汉语词典》（第2版）“范”字条第④义项解释：“姓。战国有范雎。”《现代汉语词典》（第7版）“雎”字条解释：“用于人名，如范雎、唐雎，都是战国时人。”可见，权威辞书已将这一结论固定下来。

因此，应为“范雎”（jū）而非“范睢”（suī），电视剧中将其读为suī不妥。

○范雎被魏齐、须贾毒打，是因为他想投靠魏冉吗？

电视剧中，范雎首次出场是在秦攻魏围大梁，魏国不敌，割南阳给秦国，魏冉去魏国签订和约，魏臣中大夫须贾接待，范雎随行。范雎欲改换门庭，投靠秦相魏冉，行贿王稽之后才得到一个被引荐的机会，结果范雎不仅未被魏冉收纳，反而受其侮辱，没去成秦国不说，私通外臣欲投靠秦相之事也已败露。须贾打算回家后再惩罚他，但魏相魏齐听说后，当即在朝堂上命手下毒打范雎，致其腿残，以后他就成了个瘸子。

而史书上记载的范雎遭魏齐毒打的原因，却与穰侯魏冉无关。据《史记·范雎列传》记载：“须贾为魏昭王使于齐，范雎从。留数月，未得报。齐襄王闻雎辩口，乃使人赐雎金十斤及牛酒，雎辞谢不敢受。须贾知之，大怒，以为雎持魏国阴事告齐，故得此馈，令雎受其牛酒，还其金。既归，心怒雎，以告魏相。魏相，魏之诸公子，曰魏齐。魏齐大怒，使舍人笞击雎，折胁摺齿。”（译文见本章正文。）

电视剧把这个真正原因通过台词表现出来，并对原文进行了改编。范雎对郑安平说：“须贾其实早就对我怀恨在心。年初的时候，他带我出使齐国，在齐王殿上，齐王突然责问起当年魏国参与灭齐一事，须贾支支吾吾，难以应对。是我站起来反驳道：那齐王骄暴无厌，五国同仇，又岂独我魏国。我还对齐王说，切莫只知责人，不知自责，只有奋发图强才能振兴齐国。齐王当面没说什么，但是很快便赏赐我金钱酒肉，还让我留在齐国。我害怕须贾不高兴，不敢私自丢下主人自谋出路，便回绝了齐王。从齐国回来之后，那鸟人因在齐国受到冷落，便开始百般刁难于我，所以我才不得不另做打算。”

《史记·范雎列传》又云:"雎详(佯)死,即卷以箦,置厕中。宾客饮者醉,更溺雎,故僇辱以惩后,令无妄言者。雎从箦中谓守者曰:'公能出我,我必厚谢公。'守者乃请出弃箦中死人。魏齐醉,曰:'可矣。'范雎得出。后魏齐悔,复召求之。魏人郑安平闻之,乃遂操范雎亡,伏匿,更名姓曰张禄。"(译文见本章正文。)

可见,当范雎被"守者"(即厕所里的看守)扔出去时,郑安平并不在场,他更不是"守者"。等魏齐后悔放了范雎,派人去找他时,郑安平才听说这件事,于是就带着范雎逃跑了。而电视剧却把"守者"与郑安平混为一人,以至于后来郑安平被戏称为"茅厕将军"。这样编剧,可能是为了体现郑安平并无什么才能,与后来因范雎举荐而获得重用形成鲜明对比。

○范雎认为,要想灭魏、韩,先要攻强赵?

《史记·范雎列传》《战国策·秦策三》第九章均记载:"今夫韩、魏,中国之处而天下之枢也,王其欲霸,必亲中国以为天下枢,以威楚、赵。楚强则附赵,赵强则附楚,楚、赵皆附,齐必惧矣。齐惧,必卑辞重币以事秦。齐附而韩、魏因可虏也。"其主旨是先迫使地处天下中枢的韩、魏与秦结好,挟此以威逼楚、赵,使楚、赵屈服;进而慑服远方的齐国。

电视剧中范雎对秦昭王所说的"要想灭韩、魏,必先攻强赵"与史实不符,是为紧接着的阏与之战做铺垫。然而,阏与之战则另有原因,下一章再说。

第十七章
谏除四贵，阏与之战

范雎建言驱除秦国“四贵”

范雎的建议屡屡被采纳，日益受到秦昭王的信任。

范雎找机会对昭王说：“我来到秦国之前，只听说齐国有田单，而没听说过齐王；只听说秦国有太后、穰侯、华阳君、泾阳君和高陵君，而没听说过大王。能总揽国政的才算是王，能兴利除害的才算是王，能生杀予夺的才算是王。如今太后独断专行，无所顾忌；穰侯派遣使臣不向大王请示，回国后也不禀报；华阳君、泾阳君等处事专断，为所欲为；高陵君遇事也是擅自决定，不向大王请示。只要这四大权贵横行，秦国不发生危险，那是不可能的。满朝文武屈服于‘四贵’之下，心目中早已没有了大王。大王的地位也处在这‘四贵’之下，这就是所说的秦国无王啊。这样一来，大权怎么会不旁落，大王怎么能发号施令呢？”

“我听说善于治理国家的人，对内要巩固他的威信，对外要加强他的权力。如今穰侯的使臣利用大王的威名，分割诸侯的土地，任意动用兵符，攻打各国，没有谁敢不听从。打胜了，利益就归到他的封地陶邑；而国家却因此而疲敝，受制于诸侯。战败了，百姓怨声载道，祸患就留给国家。《诗经》上说：‘树上的果实多了就会压断树枝，树枝断了就会伤到树干；封邑过大就会危害国家，臣子过于尊贵就会降低君王的地位。’当年淖齿掌握齐国大权，抽掉齐湣王的筋，把他吊在宗庙的大梁上，一晚上就死了。李兑在赵国当权，把主父囚禁在沙丘，一百天就饿死了。目前秦国由太后、穰侯掌权，高陵君、泾阳君和华阳君协助他们，所有政事根本无关大王，这跟淖齿、李兑有什么两样！”

“夏、商、周三代之所以亡国的原因，是因为君主把权力授给了臣下，自己纵酒打猎作乐，不理政事。他所授予权力的人，嫉贤妒能，蔽上欺下，来成全他们的私利，不为君主考虑；而君主也不能觉悟，因此才丢掉了他的国家。现在秦国从凡有官职的人一直到朝中重臣、大王左右，没有一个不是穰侯的人。看到大王在朝廷孤立无援，我私下为大王担心，恐怕后世拥有秦国的人，不是大王的子孙了。”

秦昭王听了大为恐惧，对范雎说：“从前齐桓公遇到管仲时，称他为‘仲父’；现在我得到您，也敬您如父吧！”

穰侯魏冉是宣太后的同母异父弟，华阳君芈戎是宣太后的同父异母弟，都是秦昭王的舅舅；泾阳君公子市（音同福）、高陵君公子悝（音同亏），都是秦昭王同母异父弟。

穰侯魏冉于公元前 300 年第一次任秦国的相国，已在上一年封穰侯，初封于当时新得韩地穰（今河南邓州），公元前 281 年加封新得齐地（原为宋地）陶邑（今山东菏泽市定陶区）。

魏冉为相期间，华阳君芈戎、泾阳君公子市、高陵君公子悝轮流担任秦军将领，都有自己的封邑。芈戎先封于华阳（今陕西华阴华山之南），后又加封新得韩地新城（今河南新密东南），所以芈戎称华阳君或新城君。公子市原封于泾阳（今陕西泾阳西北），故称泾阳君；后又加封于新得楚地宛（今河南南阳）。公子悝初封于彭（今陕西澄城西北）；又加封于高陵（今陕西省西安市高陵区），故称高陵君；再加封于新得韩地邓（今河南省漯河市郾城区），邓之西的叶阳（今河南叶县）同为其封邑，故公子悝又称为叶阳君。

因为太后的缘故，他们的私家财富甚至胜过了秦国王室。

阏与之战，秦国战败

在秦王召见范雎的同一年（公元前 270 年），赵国派公子部（音同吾）到秦国做人质，后又请求献出焦、黎、牛狐三城，与秦国交换在十二、三年前被秦国攻下了赵国的兹氏、祁和离石。但赵国随即又反悔，不肯献出焦、黎、牛狐三城。

秦王不满，派公子缯去赵国要求交出三城。

赵王派郑朱对公子缯说：“兹氏、祁、离石离赵国很远，而离贵国很近。因有先王的圣明，又有先臣的努力，所以我们才拥有了这三地。现在我不如先王，连国家都治理不好，怎么能顾得上兹氏、祁、离石呢？守城的人自作主张，这些事都是他们干的，我一点也不知道。”赵王终究撕毁了约定。

秦王大怒，派中更（爵位名）胡阳（亦作胡伤）出兵讨伐赵国，进攻阏与（阏音同烟，阏与在今山西和顺）。这是公元前269年的事。

赵王召见廉颇，问道：“可不可以去救援呢？”

廉颇回答说：“到阏与去的这段路，既远又险峻狭窄，恐怕难以救援。”

赵王又召见乐乘来问这件事，乐乘的回答跟廉颇一样。

赵王再召见赵奢。赵奢说：“那条路的确是又远又险峻狭窄，这就好比两只老鼠在洞中相斗一样，由骁勇的将领统帅的军队能够获胜。”

于是赵王就命令赵奢为统帅，前去救援。

赵奢本来不是军事将领，他是赵国征收田税的官吏。有一次，遇到平原君家不肯按照规定缴税，赵奢便依法治罪，杀了平原君家九个管事的人。平原君大怒，要杀掉赵奢，赵奢趁机劝说平原君：“像您这样身居高位的人，如果能维护国家利益，遵守国家法律，就会使全国上下一心；上下一心了，就会使国家富强；国家富强了，赵氏的地位就会巩固。而您贵为国戚，难道还会被天下诸侯轻视吗？”平原君认为赵奢很有才干，把他推荐给赵王。赵王让他管理全国的财政赋税，他果然管理得井井有条，税收公平，人民富足，国库充盈。

赵奢率领赵军离开都城邯郸三十里时，下达军令说：“有敢对这次军事行动进言的，处以死刑！”这时的秦军已经驻扎在武安城西边，当秦军擂鼓呐喊、演习操练的时候，武安城里房屋上的瓦片都在震动。军中的一个侦察员建议赶紧去救援武安，赵奢立即将他斩首。他加固军营的壁垒，一直驻守了二十八天，没有向前推进，而是在继续修筑工事。

秦国派间谍混入赵营，赵奢用好饭好菜招待他，然后放他回去。间谍把看到的情况报告给秦国将领，秦将非常高兴，说：“离开都城不过三十里就屯驻大军不敢前行，只是一味地加固营垒，这下阏与不会再是赵国的地盘了。”

赵奢把秦国的间谍送走之后，命令全军换下甲胄，轻装全速行军，两天一夜就赶到了阏与前线，命令一批神射手在距离阏与五十里的地方驻守。营垒构筑完毕，秦军才得到消息，倾巢出动进攻赵军。

这时，有一个叫许历的军士请求对战事发表意见。赵奢同意了。

许历说：“秦军没有料到赵军突然来到这里，被激怒的秦军的进攻气势必然旺盛。将军一定要集中兵力严阵以待，不然一定会失败。”

赵奢说：“这个意见可以采纳。”

许历说：“请按军令处死我吧。”

赵奢说：“回邯郸以后再说。”

许历请求再发表意见，说：“能够先控制阏与及其北面山头的一方，必定能获得胜利，后去的一方必然失败。”

赵奢表示同意，立即发兵万人快速占领了北山。秦军后到，与赵军争夺北山而终于没能上山，赵奢指挥大军发动攻击，把秦军打得大败。

秦军溃散逃走，赵奢解除了阏与之围，班师回国都邯郸。

赵惠文王封赵奢为马服君，提拔许历任国尉。于是，赵奢有了和廉颇、蔺相如相同的地位。

“马服”是封号而非地名。今河北邯郸西北有马服山，只是因赵奢葬于此地而得名，并非由于赵奢封于此地。

秦军在阏与大败，回头又进攻赵国攻取的魏地幾（今河南大名东南）。赵国派老将廉颇救援，又打败了秦军。

赵国以其强大的国力与廉颇、赵奢等著名战将，两次大败秦军。秦国受到了赵国强有力的抵抗，锋芒连续受挫，也削弱了秦国东出进攻六国的锐气。《汉书》中说：“赵有廉颇、马服，强秦不敢窥兵井陉。”《战国策》也说“四十余年秦不能得其所欲”，都是对赵武灵王改革到赵惠文王末年间，秦国一直想削弱赵国却收效甚微这一段历史事实的客观描述。

赵奢不服田单

在阏与之战的同一年，齐相安平君田单到赵国为将。田单是赵国专门花代价请来的。

因为三年前（公元前 272 年），燕国国相、成安君公孙操弑杀燕惠王，拥立武成王为国君。燕国因此发生内乱，三晋共同伐燕，秦、楚助之，出兵对燕国进行干预。于是燕国记恨赵国，就封宋国人荣蚠（音同坟）为高阳君，派他率军攻赵。赵王恐不敌，便下令割让赵国的济东三城即卢、高唐、平原合计有据点五十七处给齐国，以此换取齐相安平君田单到赵国担任将领，率赵、齐联军攻燕。

马服君赵奢很不服气，对平原君赵胜说："您为了请安平君来做将领，而割让济东三城共五十七处据点给齐国，这是当年您率领赵军和敌国战斗，打败敌军、杀掉敌将，是从敌国那里夺来的土地啊。现在您把这些土地割给齐国，以此向齐国请求派安平君来赵国做将领，难道赵国就这样缺人吗？您为什么不让我带兵呢？以前我曾因抵罪住在燕国，燕国任命我为上谷郡郡守，燕国的关口、要塞我都熟悉，百日之内，就算诸侯的援军还没有聚集，我也早已经攻下燕国了。您为什么要请安平君来做将领呢？"

平原君说："将军您就算了吧。我已经把这件事告诉了大王，他也已经同意了，将军您就不要再说了。"

马服君说："您错了！您之所以请安平君来为将，是因为齐国对燕国有不共戴天的仇恨吗？我就不这样认为。假设安平君是个愚蠢的人，那他一定敌不过荣蚠；假设安平君是个聪明人，那他就会不肯与燕国交战。这两种推测，安平君必居其一。如果安平君聪明，那他为什么要让赵国强盛呢？赵国强盛了，齐国就不能再称霸了。现在齐国利用赵国强大的军队去对抗燕军，花费好几年的时间，让赵国的士卒全部去挖战壕、筑堡垒，使得战车、铠甲、旌旗破损，府库、粮仓空虚，燕、赵两败俱伤，于是安平君率军返回齐国，而燕、赵两军都耗尽了力量，这不是很明白的道理吗？"

虽然这样说了，但赵奢仍然没能阻止赵国请田单来做将领。

之后田单率领赵、齐联军攻燕，果然不出赵奢所料，从公元前 269 年开始，耗时数年，最终只攻取了三座城邑，其中最大的也没有超过三百平方丈的。

赵奢、田单论兵

趁安平君田单来赵国的机会，马服君赵奢与他一起讨论带兵打仗。

田单因曾经以少胜多的战例收复齐国，如今又被赵国邀请前来为将，有很大的心理优势。他对赵奢说："我不是不喜欢将军的用兵之法，我只是不佩服将军用兵人数太多。用人太多，百姓就不能进行耕作，粮食供应就会出现问题。这是坐以待毙的方法，我是不会这样做的。帝王用兵不超过三万人，天下就会归服。现在将军非要十万、二十万才出兵打仗，这是我不佩服的地方。”

赵奢答：“您不但不明白用兵之道，而且不明白天下大势。吴国的干将宝剑，可以砍断牛马，可以砍断金属盘子，如果用它去砍击柱子，宝剑就会断成几截；如果用它去敲击石头，宝剑就会碰得粉碎。现在用三万兵去对付强国的军队，就如同用宝剑去砍柱子、石头那样。您没有十万、二十万军队当成利剑来用，只凭三万军队纵横天下，怎么可能做到呢？

古代天下分为万国，现在已经变成七国，每个国家都能聚集数十万军队，战争一般会持续数年，就会出现你们齐国（被燕军攻破）那样。齐国用二十万军队攻打楚国，五年不胜。赵国起兵二十万攻中山国，五年才得胜班师。如今齐、韩力量相当，如果两国相攻，有谁敢说我用三万军队就能去救援呢？现在，千丈的城、万家的邑到处都是，用三万军队去包围千丈的城，只能围城一角，进行野战就更不够用了，您带三万军队能干什么呢？”

田单长叹一声，说：“这是我考虑不周啊！”

之后田单不仅被聘为赵将，还于公元前 264 年担任赵相。

【剧情释疑】

○范雎第一次见秦王，就是先说“内事”吗？

电视剧说，秦昭王在泾阳离宫接见范雎。秦王若无其事，边撒饵喂鱼边与范雎会谈。

范雎开门见山，说：“大王，臣万万没有想到，我王竟如此惧怕太后和穰侯。”

秦昭王问：“你有何治国大策？”

范雎答：“王上，治国分内外，而内事之利害又重于外事，故臣先与我王说内事。”

但据《史记·范雎列传》记载：“然左右多窃听者，范雎恐，未敢言内，先言外事，以观秦王之俯仰。”也就是说，范雎第一次见秦王时，本想先说“内事”，但这时秦王左右有很多人在偷听他们谈话，范雎感到害怕，就先说“外事”来观察秦王的态度。他说的“内事”，不是第一次见秦王之时，而是“范雎日益亲，复说用数年矣，因请间说”，可见范雎说“内事”与说“外事”的时间间隔长达“数年”。

○范雎进说秦王除掉“三贵”还是“四贵”？所指的各是哪几人？

电视剧中，范雎第一次面见秦王，对秦王说：“臣以为，内事之首便要先除掉‘三贵’：太后、穰侯、华阳君。‘三贵’不除，我王就不能专制于国，大秦终不能大出啊。‘三贵’皆是外戚，请我王收缴‘三贵’之权柄，统于君王之权。”

“三贵”之说，出自《战国策·秦策三》第十一章：“今太后使者分裂诸侯，而符布天下，操大国之势，强征兵，伐诸侯，战胜攻取，利尽归于陶；国之币帛，竭入太后之家；竟内之利，分移华阳。古之所谓危主灭国之道，必从此起。三贵竭国以自安，然则令何得从王出？权何得毋分？是王果处三分之一也。”其中“三贵”指的是太后、穰侯和华阳君，与电视剧相同。

而《史记·范雎列传》则谓：“今太后擅行不顾，穰侯出使不报，华阳、泾阳等击断无讳，高陵进退不请。四贵备而国不危者，未之有也。为此四责者下，乃所谓无王也。”显然，此处的“四贵”指的是穰侯、华阳君、泾阳君和高陵君。太后虽然也在范雎指摘之列，但因其是秦昭王母后，未作为“四贵”之列。

《战国策·秦策三》第十章又载：“闻秦之有太后、穰侯、泾阳、华阳，不闻有其王。……今太后擅行不顾，穰侯出使不报，泾阳、华阳击断无讳，四贵备而国不危者，未之有也。为此四者下，乃所谓无王已！”此处虽然也是说的“四贵”，但与《史记》所指对象不同，具体包括太后、穰侯、泾阳君、华阳君，未包括高陵君。

本书采《史记》“四贵”之说，其指称对象为穰侯、华阳君、泾阳君和高陵君。

○阏与之战是范雎“灭魏韩必先攻强赵”的一部分？

电视剧是这样安排，但史实不是这样。前文已说过，电视剧中范雎所谓“灭魏韩必先攻强赵”与史实不符，剧中这样说是为阏与之战做铺垫，但阏与之战则另有原因。

引起阏与之战的原因见于《战国策·赵策三》第四章，是由于赵国向秦国要求以焦、黎、牛狐三城换取兹氏、祁、离石三城，秦国答应了，但赵国又失约背信，不肯献出焦、黎、牛狐三城，惹恼了秦国，才引发阏与之战。

但《战国策·赵策三》第四章所言换取的三城是蔺、祁和离石，并非本书所采的兹氏、祁、离石三城。前文已述，公元前 282 年白起攻赵取得两城，出自《史记·赵世家》“秦怨赵不与己击齐，伐赵，拔我两城”和《史记·六国年表》“秦拔我两城”，并未记载是哪两城。

据《战国策·西周策》第二章苏厉谓周君曰：“败韩、魏，杀犀武；攻赵、取蔺、离石、祁，皆白起。”钱穆据此谓“两城者蔺与祁也。云蔺、离石者，兼言两年事”（见钱穆《先秦诸子系年》之《公孙龙说赵惠文王偃兵考》一文）。但秦简《编年纪》则载“[秦昭王] 廿五年攻兹氏”，可知当年秦拔赵两城，兹氏必为其一。

《史记·赵世家》载惠文王十年秦取梗阳（今山西清徐），由梗阳南下，即是祁城。由祁向西，越过昭余祁泽，即为兹氏。当年秦攻取赵之两城，必为祁与兹氏无疑。故本书未采赵策三两城之说。

最后，关于“阏”字的读音，在《现代汉语词典》中只有两读：一为 yān（音同烟），汉代匈奴称君主的正妻称为“阏氏”（yān zhī）；二为 è（音同饿），意思是作动词的堵塞和作名词的闸板。《古代汉语词典》除了上述两个读音外，还有第三读，即 yù（音同玉），意思是舒缓的样子。《王力古汉语字典》中又增加了一个读音，即 yè（音同夜），列词条“单阏”，解释为“十二地支中‘卯’的别称”；但在 yān 的读音之下，专门增加了“阏与”一词，解释为“地名。在今山西和顺县境内”。在《辞源》中，也将“阏与”读为 yān yǔ。由于“百度百科”、中央电视台纪录片《喋血长平》中的解说和专家均读为 è yǔ，特此辨明。

○秦太子叫嬴倬吗？在阏与之战前夕，秦将太子质于魏国？

电视剧中说，范雎认为：欲攻赵，先盟魏，秦国主动与魏国结为铁盟，魏国便不是赵国的盟友，秦国攻打赵国便无后顾之忧，不仅可得到魏国供给之粮草，还可与魏军一同作战。故范雎建议将太子质于魏国，给足了魏国的面子，魏国岂不感激涕零，甘愿为秦国当马前卒。于是，秦昭王听从范雎之言，在秦国攻赵阏与前夕，把太子质于魏国，与魏结盟。并说秦太子、昭王长子叫嬴倬。

其实，史书并未载明秦太子的名字。据清代黄式三所著编年体的战国史《周季编略》云：“秦太子质于魏卒，称曰悼太子。”尽管不知秦太子名字，其死后的谥号为“悼”，故称悼太子。不知何故，电视剧称其为嬴倬。但从电视剧旁白“在正史记载中，嬴倬并无留下子嗣，死后谥为倬太子”可知，电视剧是因“悼”“倬”形近而将“悼”误为“倬”，且将其谥号误为其名。

秦太子质于魏国，史书有记载，确有其事。但于哪年质魏却未见记载。现代秦史学者马非百在《秦集史》的《质子表》中云：“若秦之出质，则既非求和，又非乞援，而全为远交近攻政策之运用，乃属于攻势外交，与六国之仅属于守势外交者大异其趣……范雎说昭王，亲中国以为天下枢，以实现其远交近攻之政策，则使悼太子出质于魏，此其彰明较著者也。”而当代战国史学者杨宽不同意此观点，他在《战国史料编年辑证》中说：“秦之出质子于他国，当迎合其推行合纵连横政策之需要。当秦惠王时，张仪当国而推行连横之政策，欲连韩、魏而攻齐、楚，因使公子繇出质于魏。悼太子出质于魏，当在范雎推行远交近攻政策之前。范雎欲远交齐、楚而近攻韩、魏，则不必出质子于魏。悼太子之出质，当在魏冉当权而欲合韩、魏以攻齐之时。”

○秦与魏结盟了吗？阏与之战时，赵平原君出使魏国离间秦、魏之盟，杀掉了秦质魏太子，逼使魏国联赵抗秦？

据《史记·范雎列传》记载，范雎向秦王献远交近攻之策时，说：“王其欲霸，必亲中国以为天下枢，以威楚、赵。”此处的中国指的是韩、魏。

昭王说：“吾欲亲魏久矣，而魏多变之国也，寡人不能亲。请问亲魏奈何？”

范雎答：“王卑词重币以事之；不可，则割地而赂之；不可，因举兵而伐之。”

但此后未见秦与魏亲善结盟的记载，而且据秦简《编年纪》《史记·蔡泽列传》及《史记·魏世家》均记载阏与之战的第二年，“[秦昭王]卒听范雎谋，使五大夫绾伐魏拔怀”。可见，秦国在攻魏之前，并未亲善结盟，亦可证明此时秦未将太子质于魏。

电视剧说，赵国赵奢率军伐战、赵胜赴魏伐交。平原君赵胜到了魏国，先见了其夫人的弟弟、魏国信陵君魏无忌，责怪魏国袖手旁观赵国受困，信陵君言明其王兄在秦太子的监视之下怕得罪秦国而不敢救赵，他多番劝说仍无济于事，于是平原君当即杀了质魏的秦太子，逼迫魏王与赵结盟共同抗秦。电视剧旁白：阏与之战后的第二年，魏安釐王惧怕秦国报复，将秦太子嬴倬的尸首奉还，即史记魏世家和秦本纪所载“魏安釐王十年，秦太子外质于魏，死，归葬”。

对于秦太子之死，《史记》之《秦本纪》《魏世家》《六国年表》《吕不韦列传》均有记载：“秦昭王四十年太子质于魏者死，归葬芷阳。”但时间是在阏与之战两年后（即公元前267年），而不是电视剧所谓的阏与之战后的第二年。试想，倘若魏国在两年后才把秦太子的尸首奉还，那时还有尸首在吗？

但这样编剧，总体来说值得称道，由于史书只记载了秦质魏太子之死，编剧只需抓住“质魏”和“死”两个关键事实，其他的都可以充分发挥想象力，让电视剧更好看。

第十八章
秦国攻魏，范雎报仇

赵、魏争当纵长，范座自救脱险

秦昭王采纳范雎的远交近攻之策，秦国在范雎献策的第二年（公元前268年），首先对近邻魏国下手，攻下了魏国的怀（今河南武陟西南）。公元前266年，秦又趁赵孝成王新立，攻取了赵国三城。

于是，列国又开始合纵抗秦，当时魏国为合纵盟主，主持合纵的是魏相范座，而赵国也想当合纵盟主，赵相虞卿便向赵王献策。

虞卿对赵王说："常人的想法，是希望让别人来朝见，还是希望去朝见别人呢？"

赵王说："人都希望让别人来朝见，怎么会希望去朝见别人呢？"

虞卿说："现在魏国是合纵的盟主，而反对赵国当盟主的是范座。如果大王能用百里之地或者万户之城作为交换条件，请求魏国杀掉范座。范座死后，合纵的盟主就会是赵国了。"

赵王说："好。"就派人拿百里之地去请求魏王杀了范座。

魏王听到此意见后竟然答应了，就派司徒拘捕了范座，还没有杀他。

于是范座上书给魏王，在信中说：

臣听说赵王用百里之地请您杀掉我。杀死无辜的范座是小事一桩；魏国因此而得到赵国的百里之地，是占了极大的便宜。臣暗自为大王感到高兴。虽然如此，可还有一种可能的情况：如果得不到百里之地，而死了的人又不可能复活，那么大王就会被天下人耻笑。臣以为与其拿死人来交换，不如用活人来交换。

范座又写信给信陵君魏无忌，说：

赵王写来一封短信，魏王就可轻易地杀掉无罪的范座。我范座虽然不才，但也是魏国免职的相国，曾经因为魏国的关系得罪了赵国。现在国内无可用之臣，虽然得到了赵国的土地，也势必不能守住。而现在能够守住魏国的，没有谁能比得上您了。大王听从赵国的要求杀我之后，强大的秦国也会采用同样的办法，割让比赵国加倍的土地，您又怎么能幸免于难呢？这就是您的祸患啊！

信陵君恍然大悟："对啊。"兔死狐悲，物伤其类。于是信陵君向魏王进言，让他放了范座。

范座身处绝境，以其智慧化险为夷，既让自己免于一死，也避免了信陵君重蹈其覆辙，为人称道。

唐雎说服秦王救魏

就在公元前266年这一年，齐、楚两国共同攻魏，魏国此时已归附秦国，便派人向秦国求救，可派出使者的车辆络绎不绝，秦国就是不出动救兵。

魏国有个叫唐雎的人，已经九十多岁了。他对魏王说："请让老臣西去秦国求救，让秦国的救兵在我还没回国之前就出动，可以吗？"

魏王说："太好了！"于是安排车辆送他去秦国。

唐雎见到秦王，秦王说："老先生不辞辛劳，远道而来，太辛苦了。魏国已多次前来求救，我知道魏国已经很危急了。"

唐雎答道："大王已经知道魏国危急，而救兵却迟迟未到，这就是为大王出谋划策的大臣们无能啊！再说魏国是有万乘兵车的大国，自愿臣服做秦国东边的属国，接受秦国的封赏，春秋两季向秦国进贡祭品，是认为秦国强大可以与之结盟，现在齐、楚的军队已经到了魏都的郊外，大王的救兵还不到，魏国危急之时就会割让土地而与齐、楚两国结盟，到那时，即使秦国想救援魏国，哪里来得及呢？这样，秦国就轻易失去了拥有万乘兵车的魏国，却让秦国的两个敌国齐、楚强大起来，所以我私下里认为大王的谋臣无能啊！"

秦王吃了一惊，猛然醒悟，立刻发兵，日夜兼程救援魏国。

齐、楚两国知道秦国已出兵救魏，便撤军离去。魏国此次得以保全，全靠唐雎的游说。

秦乐官中期谏昭王

也是在公元前266年这一年，秦国又攻打魏国，并夺取了魏的邢丘（今河南温县东北）。经此两败，魏国就主动请求依附秦国了。赵国等所谓的"合纵"，也没成气候。

秦昭王对左右的人说:“如今的韩国、魏国与当初相比，什么时候更强大？”

左右人回答说:“现在不如当初强大。”

昭王说:“现在的如耳、魏齐比得上当初的孟尝君、芒卯的贤能吗？”

大家回答说:“比不上啊。”

秦王说:“以孟尝君、芒卯的才能，率领韩、魏强大的军队攻打秦国，尚且不能把我怎么样；现在以无能的如耳、魏齐，带领削弱了的韩、魏兵力来攻打秦国，他们更不能把我怎么样，这是明摆着的！”

身边的人都说:“确实是这样。”

这时，秦国的乐官中期推开手中的琴，起身说道:“大王这样估计天下的局势，那就错了。从前晋国六卿当政的时候，智氏最强，它先灭了范式、中行氏两家，又率领韩氏、魏氏两家的兵力，把赵襄子围困在晋阳，掘开晋水直灌晋阳城，水位只差六尺就把城淹没了。有一天智伯出来巡视水情，韩康子执缰驾车，魏桓子同车陪乘。智伯说:‘我以前不知道用水可以灭亡别人的国家，如今方才知道。汾水可用来灌安邑，绛水可用来淹平阳。’魏桓子用胳膊肘碰了一下韩康子，韩康子踩了一下魏桓子的脚。两人心领神会，订下了共谋智氏的盟约，后来智氏终于被赵、魏、韩所亡。智伯身死国亡，被天下人所耻笑。如今秦国的强大还没有超过当年的智伯，韩、魏虽然削弱了，还是比赵襄子当年在晋阳城的处境要好。这正是他们用肘和脚暗中联合的时候，希望大王不要轻视它们啊！”

于是，秦王开始警觉起来，恢复理智，不像刚才那样自我膨胀了。

范雎任秦相，封应侯，举荐王稽、郑安平

秦国连续攻打魏国，经过怀、邢丘两战就让魏国彻底臣服了，范雎“远交近攻”的战略思想已经初见成效。秦王很高兴，就任范雎为丞相，并把应（今河南宝丰西南）封给了范雎，号为应侯[①]。时为公元前 266 年。范雎从魏国

① 杨宽教授认为：范雎被封应侯应在七年之后（即公元前 259 年），理由是《韩非子·定法》云：“应侯攻韩八年，成其汝南之封。”汝南即应，在今河南鲁山县东，秦攻韩，“北断太行之道”，夺取上党之地，疑范雎即因攻韩得胜之功而封于应。《史记·范雎列传》谓范雎进说昭王废太后、逐四贵而拜相后，即封于应而号为应侯，此亦游士夸饰之辞耳（见杨宽《战国史料编年辑证》第 931 页、第 979—980 页，上海人民出版社 2001 年 11 月版）。因《史记》《战国策》《荀子》等古籍在秦攻韩得胜之前皆称范雎为应侯，故本书未从杨宽之说。

死里逃生，来秦五年、事秦四年，就拜相封侯了。

范雎能够有今天，得益于两位恩人相助，当他开始想如何报答他们时，没想到他们竟然如此急迫地提出了要求。

从魏国带落难的范雎到秦国的秦臣王稽对他说："世间事物，难以预料的有三种情况，无可奈何的也有三种情况。某一天宫中的车辇突然晚出，大王晏驾归天，是难以预料的第一种情况；您也可能突然离世，不得不捐弃豪宅府邸，这是难以预料的第二种情况；我同样可能突然死去，埋骨沟壑之中，这是难以预料的第三种情况。大王一旦驾崩，你因无法报答我而遗恨终生，那是无可奈何的；您突然去世了，也因无法报答我而遗恨终生，还是无可奈何的；我突然死了，您仍然因无法报答我而遗恨终生，仍然是无可奈何的。"

范雎听了，不大高兴。但是，范雎还是入宫去见秦昭王，说："要不是多亏了王稽对大王的忠诚，就不会把我带进函谷关来；要不是大王的贤能圣明，我也不可能得到重用。现在我官至丞相，爵封列侯，而王稽仍然还是个谒者（谒音同夜，谒者为官名），这不是他带我来秦国的意图。"

秦昭王理解王稽这种心理上的不平衡，也认为范雎的委婉举荐符合人之常情，决定提升王稽的官职。便召见王稽，任命他为河东郡守。考虑到王稽的才能平平，特别允许他三年内可不向朝廷汇报政绩。

后来，范雎又向秦昭王推荐在他奄奄一息的时候带他逃跑、引荐他见王稽的魏国人郑安平。昭王也听从了范雎，任命郑安平为将军。

范雎知恩图报固然可嘉，但王稽、郑安平却有负于范雎和昭王的信任，这是后话了。

除了举荐王稽、郑安平升官，范雎还散尽家中财物，以报答那些在他危难时帮助过他的人。哪怕是给他吃一顿饭的恩德他都要偿还，哪怕是只瞪过他一眼的怨恨也一定要报复，这便是史书所谓的"一饭之德必偿，睚眦之怨必报"。

范雎报复老东家须贾

范雎做了秦相后，在秦国名叫张禄，而魏国人并不知道，以为他早就已经死了。

魏国听说秦国将要向东讨伐韩、魏，就派须贾出使秦国。

范雎听说后，就一个人私自出府，故意穿着破旧的衣服，走小路到须贾住的馆舍。

须贾见了范雎，大惊失色，说：“范叔原来安然无恙！”

范雎说：“是的。”

须贾笑着说：“范叔游说过秦王吗？”

范雎说：“没有。我以前得罪过魏相魏齐，所以才逃到这里来，哪里还敢游说呢？”

须贾问：“范叔现在做什么事呢？”

范雎答：“我给别人做帮工。”

须贾很同情范雎，就留他一起吃饭，说：“范叔竟然穷困到这种地步！”于是拿出他的一件袍子送给了范雎。

须贾接着说：“秦国的张相，你知道吗？我听说他很是得宠于秦王，天下大事都由他决定。现在我出使秦国的成败，关键在于张相，你有没有与张相熟悉的人呢？”

范雎答：“我的主人就很熟悉张相，我也与他见过面，我可以引荐你去见张相。”

须贾说：“我的马有病，车轴也断了，作为魏国使节，没有驷马大车，怎么好出去呢？”

范雎说：“我可以为你去向主人借辆驷马大车。”

然后范雎回府，取来驷马大车，并亲自为须贾驾车，进入秦国相府。相府的人看到后，认识他的人都躲避让开。须贾见此还感到很奇怪。

到了相府门口，范雎对须贾说：“等我一下，我先进去为你通报张相。”

须贾留在车上等了很长时间，不见范雎出来，便问守门人：“范叔怎么不出来呢？”

守门人说：“范叔是谁？没听说有这个人啊。”

须贾说：“就是刚才和我一起来的那个人。”

守门人说：“哦，那就是我们的张相啊。”

须贾大吃一惊，自知上当，于是脱下衣服，袒胸露臂，跪在地上，移膝前行，请守门人代他向张相请罪。于是范雎在重重帷幔之中，侍从人员众多时接见了须贾。

须贾一边叩头一边自请死罪，说："我没想到您能凭自己的本事一步登天，我不敢再读天下的书，也不敢再参与天下的事了。我的罪过，下油锅也不为过，请让我把自己放逐到北方边远之地，是生是死都由您处置。"

范雎问："你有什么罪？"

须贾说："拔下我须贾的头发来数我的罪过，也数不清。"

范雎说："你有三罪。从前楚昭王时申包胥为楚国打退了吴军，楚王封给他荆地五千户，申包胥辞而不受，是因为他祖先的坟墓在荆地。如今我范雎祖先的坟墓在魏国，当年你以为我私通齐国而在魏齐面前说我的坏话。这是你的第一条罪状。当魏齐在厕所中侮辱我时，你不加制止。这是你的第二条罪状。你醉酒后在我身上撒尿，你怎么能忍心呢？这是你的第三条罪状。但我之所以饶你不死的原因，是看在你赠送给我一件袍子，还有不忘故旧的情谊，因此才放了你。"

须贾谢罪后回到馆舍。范雎向秦昭王报告了此事，然后打发须贾回魏国。

须贾向范雎辞行，范雎大摆筵席，把诸侯的使节都请来，一起坐在堂上，共享丰盛美味。却让须贾坐在堂下，把喂马的草料放在他面前，派两个刺了面的罪犯夹住他，逼着他吃马料，并数落须贾："替我告诉魏王，赶快把魏齐的人头送来！如若不然，我将血洗大梁。"

须贾回去后，把这事告诉了魏齐。魏齐害怕，逃跑到赵国，躲藏在平原君赵胜家里。

秦王助范雎报复魏齐

秦昭王听说魏齐在平原君家里，想为范雎报仇，便假装友好，给平原君写了一封信。他在信中说：

我听说您有崇高的道义，希望能和您做真心朋友，现诚挚地邀请您驾临，我将与你畅饮十天。

平原君虽然害怕秦国，但又觉得没有拒绝秦王的理由，便入秦去见秦昭王了。

秦昭王与平原君喝了几天酒之后，对平原君说："从前周文王得到吕尚，奉他为太公，齐桓公得到管仲，尊他为仲父，现在范雎就是我的叔父。范雎的仇人躲在您家里，希望您派人回去把他的头取来，否则，我就不放您出关。"

平原君说："人在富贵时交朋友，是为了在贫贱时有依靠。魏齐是我赵胜的朋友，即使他就在我家，我也绝不会交出来，何况他并没在我家。"

秦王于是写信给赵王，说：

> 大王的叔父[①]在秦国，范雎的仇人魏齐就在平原君家里。大王派人赶快把他的头送来；否则，我就出兵讨伐赵国，而且不放大王的叔父回国。

随即赵孝成王立即派兵包围了平原君的家。但当时的魏齐已经连夜逃出，去见了赵相虞卿。虞卿估计赵王最终不可说服，于是解下自己的相印，和魏齐一起悄悄走小路逃跑了。考虑到诸侯各国没有可以在危急时可以去投靠的，于是重回大梁，想通过魏国信陵君魏无忌的帮助逃到楚国去。

信陵君听说后，由于害怕秦国，一直犹豫，不肯见魏齐和虞卿，问："虞卿是个什么样的人？"

此时，一个门人在旁边说："人固然不容易被了解，要了解一个人也不是一件容易的事。当年虞卿穿着草鞋、背着斗笠出远门，到赵国第一次见赵王，赵王就赐给他白璧一对，黄金百镒；第二次见赵王，赵王又拜他为上卿；第三次见时，赵王则授给他相印，封他为万户侯。当时，天下各国都争着和他结交。如今魏齐因急难投奔虞卿，虞卿不看重高官厚禄，反而解下相印，舍弃万户侯，与魏齐一同逃亡。虞卿把魏齐的急困当作自己的急困前来投奔公子，公子却问'虞卿是个什么样的人'，人固然不容易被了解，要了解一个人也不是一件容易的事啊！"

信陵君听了觉得非常惭愧，便亲自驾车去郊外迎接他们。但当魏齐听说信陵君当初为此事犯难而不愿见他时，便一怒之下自杀了。

赵王知道消息后，便取了魏齐的头，将之送给了秦国。秦王这才释放平原君回赵国。

而放弃高官厚禄与魏齐一起逃离赵国的虞卿，在魏齐死了以后，他又回

① 此事发生在公元前265年，前一年赵惠文王已卒，赵孝成王继位，平原君赵胜应为惠文王之弟、孝成王之叔，《史记·范雎列传》误记为孝成王之弟，现予更正。

赵国仍为相国，并为赵王提出过一些很好的建议，但他已心灰意冷，便著书立说，上采《春秋》的史料，下观近世的史实，写成《虞氏春秋》，分为《节义》《称号》《揣摩》《政谋》等共八篇，可惜现已失传。

触龙说赵太后

公元前266年，赵惠文王赵何去世，太子赵丹继位，是为孝成王。赵孝成王新立，其母太后执掌国事。

第二年，秦国为了迫使赵国交出范雎的仇人、躲藏在平原君家的魏相魏齐，除了邀请平原君赵胜入秦并扣留外，还出兵攻取了赵国的三座城邑，并更加猛烈地攻打赵国。

赵国向齐国求救。齐王要求赵国必须派孝成王之弟、赵太后之幼子长安君做人质，齐国才肯出兵。太后不答应，大臣们都极力劝说。太后对身边的人明确宣布："再有说让长安君去做人质的，老婆子一定向他脸上吐唾沫。"

听说左师[①]触龙要拜见她后，太后正怒气冲冲地等着他。

触龙上殿，小步走动以示敬意，到太后跟前道歉说："老臣的脚有毛病，不能快走，所以很久没来拜见太后了。我私下原谅自己，只是担心太后的身体，才来看望太后。"

太后说："我要坐车才能行动了。"

触龙问："每天的饮食没有减少吧？"

太后回答说："只能靠喝粥了。"

触龙说："老臣最近不思饮食，就勉强出去散散步，每天走上三四里，逐渐地想吃东西，身体也感觉好些了。"

太后说："老婆子做不到。"但她的脸色有所缓和。

触龙说："老臣的犬子舒祺，年龄最小，也不成才，可我最疼爱他，希望让他补进黑衣侍卫，保卫王宫，我冒死来向您提出这个请求。"

太后说："没问题。他多大了？"

触龙答："十五岁了。希望在我死之前把他托付出去。"

太后问："男人也疼爱自己的小儿子吗？"

---

① 左师，战国时没有实权的高级官名，类似于上卿，主要用于优待老臣。

触龙答："男人疼爱的程度还超过妇人家。"

太后笑道："妇人家疼爱小儿子可是特别厉害啊！"

触龙说："老臣倒是认为您疼爱燕后胜过长安君。"燕后是赵太后的女儿。

太后说："您错了，比疼爱长安君差得远。"

触龙说："父母疼爱子女，就要为他们作长远打算。您送燕后出嫁时，在车下握着她的脚后跟，为她掉眼泪，因为想到她要离家远嫁。这就是疼爱她啊！她出嫁后，您并不是不想她，祭祀时总是要为她祝福，祈祷说：'千万不要让她回来呀！'难道不是从长远考虑，希望她的子孙世代继承王位吗？"

太后说："是的。"

触龙问："从现在上推到三代以前，直到赵氏立国的时候，赵王子孙被封侯的，他们的后代还有保留侯爵的吗？"

太后答："没有了。"

触龙又问："不单是赵国，其他诸侯王的子孙，他们的后代还有保留侯爵的吗？"

太后答："没听说过。"

触龙说："他们当中遭祸早的，祸患就降到自己身上；遭祸晚的，祸患就降到了子孙身上。难道国君封侯的子孙就一定都不好吗？只是因为他们地位尊贵而没有功勋，俸禄丰厚却没有成绩，并且还占有大量贵重宝物。如今，您封给长安君尊贵的地位、肥沃的土地，又给他很多宝物，不趁现在让他为国立功，一旦太后您不在人世，那时长安君凭什么在赵国立足呢？老臣认为您为长安君考虑得不够长远，所以说您疼爱他不如疼爱燕后。"

太后说："说得对。那就听凭您的安排吧。"

于是，赵国为长安君准备了一百辆车子，送他到齐国做人质，齐国这才出兵救赵。最终，秦军撤退。

秦国"四贵"的结局

范雎曾向秦昭王谏言除掉"四贵"，如今他当了秦国丞相，更是大权在握，所谓"四贵"的结局又如何呢？

据《史记·范雎列传》记载：秦昭王听了范雎的一席话之后，才认识到"四贵”危害的严重性，于是就废除了太后的权力。太后从此未再参与政事。

而在宣太后诱杀义渠王后，又爱上了魏丑夫。魏丑夫是魏国人，名叫魏馀，“丑夫”乃时人所称之别号。

宣太后病危将死时，下令说：“如果我死了，一定要魏丑夫为我殉葬。”魏丑夫非常害怕。

秦臣庸芮为魏丑夫向太后说：“您认为人死了还会有知觉吗？”

宣太后说：“不会有知觉了。”

庸芮说：“像太后这样聪明的人，明明知道人死后不会有知觉，为什么白白地把自己喜欢的人和没有知觉的人同葬呢？如果死人还有知觉的话，那先王早就不知道有多么生气了。太后补救过失还来不及，哪还有时间去爱魏丑夫呢？”

宣太后听从了庸芮之言，让魏丑夫殉葬之事作罢。

宣太后先后与义渠王、魏丑夫的私情，显然这些秦国朝臣们都知道，太后却不怕别人说三道四，说明当时秦国贵族们对婚外情持有颇为宽容的态度，也可能是秦国僻处边陲，混杂戎狄之风俗，和中原人士的礼制观念有所不同，还有可能是太后位高权重，秦国公族大臣们敢怒不敢言。

当年宣太后诱杀义渠王，可能是他危及秦国的安全，有碍于自己的儿子秦昭王施政，故不得不割舍几十年的感情而坚决剪除；而其男宠魏丑夫，则是以平民的身份和心态与太后相处，不大可能有政治上的野心，所以太后出于真爱并想延续这份感情，希望魏丑夫为她殉葬，经庸芮冒死劝谏后，宣太后才点头称善，放过了魏丑夫。

公元前265年十月，秦宣太后离世，享年至少75岁，葬于芷阳郦山（今陕西西安市临潼区骊山）。

宣太后去世后，秦昭王收回了穰侯的相印，让他回到自己的封地陶邑。派主管官吏安排车马让他上路，穰侯搬家的车辆有一千多辆。出关时，守关人员检查其所运财物，发现穰侯家的奇珍异宝比秦国王室还要多。

魏冉回陶邑一年后病故。秦国收回陶邑，改设为郡。魏冉墓位于今山东菏泽市曹县韩集镇孙庄村北安陵堌堆。

华阳君芈戎也被秦昭王驱逐，公元前262年被逐到其封邑华阳，而芈戎则在去华阳的途中便去世。

秦国“四贵”仅剩泾阳君公子市、高陵君公子悝未被驱逐。

魏冉从秦昭王元年任将军开始，到秦昭王四十一年范雎为相，执掌秦政或参与政事长达四十一年。在此期间，魏冉做秦相共计五次，在相位累计二十五年，是秦国历史上在位最久的丞相，其执政时间仅次于齐国的相国管仲，为秦国的统一六国大业作出了重要的贡献。

当代著名史记学者韩兆琦评论说：“魏冉为昭王之舅，昭王之所以得立，实乃得力于魏冉，此其第一大功；魏冉为相数十年，任举白起为将，将相合力，佐昭王开疆辟土，对东方六国构成高屋建瓴之势，为日后秦的统一奠定了坚实基础，此又其不可磨灭之第二大功。身为贵戚，又有盖世之功，而能善于持满者鲜矣，故遂有‘贵极富溢’之态，于是君臣之间的矛盾遂成为不可避免，此其所以不得善终者也。更何况穰侯推行的政治路线是‘近交远攻’，费力大而秦国所得的地盘不多，相反倒是更多地表现了穰侯的图谋私利。正是在以上两种情况下，遂使范雎的‘谗言’得以奏效。而范雎推行的‘远交近攻’，对于扩大秦国领土而言，却更能立竿见影，因此也就很难完全否定范雎的排斥魏冉了。司马迁同情魏冉，而魏冉又确实有让人可抓的把柄，这其间的祸福倚伏，的确是令人深深感慨的。”①

【剧情释疑】

○秦攻魏是给死去的太子报仇吗？

不是。从两件事发生的时间先后即可证明。质于魏的秦太子死于公元前267年，而秦国攻取魏国的怀在公元前268年，攻取魏的邢丘则在两年之后，秦王任范雎为丞相、封应侯也在攻取邢丘的同一年。可见，是秦国攻魏在先，太子死于后，不可能是为太子报仇而攻魏。

○太后是绝食而亡的吗？

史书没有记载，应该不是，属正常死亡。《战国策·魏策三》第八章朱己谓魏王曰：“故太后母也，而以忧死。”此谓太后被废除权力后，忧闷而死，

① 韩兆琦《史记笺证》（第七册）第4151页，江西人民出版社2015年12月修订版。

也不是自杀而亡。太后高寿无疑问，但因其生年不详，故电视剧所谓其享年75岁，并无确据。

○范雎谏除“四贵”之后，秦昭王立即“废太后，逐穰侯”了吗？泾阳君、高陵君是否也在被逐之列？

《史记·范雎列传》记载：“范雎曰：‘见王独立于庙朝，臣窃为王恐，万世之后，有秦国者非王子孙也！’秦王闻之大惧，曰：‘善。’于是废太后，逐穰侯、高陵、华阳、泾阳君于关外。”

据战国史学者杨宽教授考证，秦昭王确实废除了太后的权力，穰侯魏冉于公元前265年太后死后才回到封地陶邑，华阳君芈戎也被驱逐，但泾阳君公子市、高陵君公子悝并未被逐。杨宽教授云：

“《秦策三》第十章与《范雎列传》所载废太后、逐四贵之事，盖出于游士夸大，未可全信。吕祖谦、吴师道皆以《皇极经世》书‘罢穰侯相国及宣太后权’为实。吕祖谦《大事记》曰：‘《秦本纪》宣太后没，书薨，书葬，初未尝废。魏公子无忌谏魏王亲秦之辞，止曰：太后母也，而以忧死，亦未尝言其废。穰侯虽免相，犹以太后之故未就国，在太后既葬之后，始出之陶耳。《范雎列传》所载，特辩士增饰之辞，欲夸范雎之事，而不知甚昭王之恶也。《皇极经世》曰罢穰侯相国及宜太后权，盖得其实矣。’全祖望《经史问答》亦有类似之辨析。

“《魏策三》第八章朱己谓魏王曰：‘故太后母也，而以忧死。穰侯舅也，功莫大焉，而竟逐之，两弟无罪，而再夺之国。’是则高陵君、泾阳君取消封国，未被逐走。《秦本纪》载昭王四十五年‘叶阳君悝出之国，未至而死’。《集解》云：‘一云华阳’，当作‘华阳君芈戎出之国’为是。若为叶阳君悝被逐，何以泾阳君又不逐，何以华阳君亦不逐？李斯《谏逐客书》云：‘昭王得范雎，废穰侯，逐华阳，强公室，杜私门。’可知所逐者确为华阳。高陵、泾阳则未逐也。”[①]

○公子市、公子悝欲联合魏冉、芈戎谋反吗？

电视剧中，泾阳君公子市、高陵君公子悝从封地回咸阳，对母亲太后、大舅公魏冉、二舅公芈戎说：“王兄他忘恩负义，竟排挤母族血亲，任用奸佞

① 杨宽《战国史料编年辑证》第929-930页，上海人民出版社2001年11月版。

小人，如此昏君，必定害国误民，罢免王兄，另择新君吧！娘，只要您一声令下，我等便不必骨肉分离，秦国靠的是娘和两位舅公，还有白起，有没有王兄有何不同？可若没了你们，那秦国便成了范雎那等小人股掌中的玩物，秦人百姓岂不冤枉啊！”

魏冉点头表示赞同。

太后问公子市：“我儿，你不怕吗？”

公子市答：“为了娘，为了秦国，市儿怕什么？何况，二舅公还有半数兵权未交，军中又有往日诸多亲信下属。”

太后自然是没有答应。

但魏丑夫将泾阳君公子市意欲谋反的事写在绢帛上传递给了秦昭王。秦王让白起把魏冉未交兵权的秦军统领起来，以防万一。

当魏冉、芈戎、公子市、公子悝准备启程回各自封地，于是前来进殿拜别昭王。秦王未见，只传了一道口诏：“穰侯、华阳君、泾阳君、高陵君归于封地，永不得入关。”秦昭王随即把写有泾阳君等意欲谋反的绢帛烧毁。

上述情节由于史书均无记载，应不是史实。如果正如杨宽教授考证的那样，泾阳君公子市、高陵君公子悝并未被驱逐，他们就没有谋反的动机了。

第十九章
秦国攻韩，上党降赵

秦攻韩取陉、南阳

秦国攻取魏的怀、邢丘，魏国臣服之后，范雎认为，韩国是秦国的心腹之患，其远交近攻战略的重点就是攻韩，因而范雎即向秦昭王献计，请求举兵攻韩。

范雎对秦王说："秦、韩两国的地形就像锦绣的花纹一样，相互交错。韩国对秦国来说，就如同木头有蛀虫，人的内脏有病一样。天下没有变化则已，天下若有变化，最能伤害秦国的就是韩国，大王不如也收服韩国。"

秦昭王说："我倒是想收服韩国，可它不买账，怎么办呢？"

范雎说："出兵攻打荥阳，从成皋来救援的道路就不能通行；北面切断太行山的要道，上党的援军就不能到达；一举攻占荥阳，韩国就被断为三截。韩国见灭亡就在眼前，怎么会不听从秦国的支配呢？韩国服从，大王的霸业也就成功了。"

秦王说："很好！"

范雎的攻韩之策，重点是兵分两路，即"一军临荥阳，一军临太行"。以后几年，秦国正是采用范雎之谋，分步实施。

上文是《史记》中的相关记载，《战国策》中还详细记载了秦昭王此次攻韩的目的，是为三十余年前（公元前298年）韩国跟随齐国孟尝君合纵攻破秦函谷关一战报仇。

秦昭王对公子他说："从前三国攻破函谷关那一战役，韩国充当主力，与齐、魏等诸侯合纵攻秦。韩国与秦国接壤连界，它的地盘方圆不足千里，又反复无常不可结为盟国。再往前，秦国与楚国在蓝田激战，韩国出动精锐部队来帮助秦国，但当秦国处于不利的形势时，又立即转向去帮助楚国，不守信用和盟约，只贪图眼前利益。韩国对我们来说，是个心腹大患。我想讨伐它，你认为怎么样？"

公子他说："大王出兵攻韩，韩国一定害怕，他们害怕了，则不用交战我们就可以割取大片土地。"

于是秦国发兵，一支军队进逼荥阳，另一支则指向太行。

公元前 265 年，秦攻取韩的少曲（今河南济源东北）、高平（今河南济源南）。该两地在太行山脉的西南，是秦国推行范雎"北断太行之道"战略必攻的起点，占领此地，可切断韩国上党地区通往韩国都城新郑的通道，从而可以夺取韩国上党郡的大片土地。

公元前 264 年，秦又派白起攻韩取陉（音同刑，在今山西曲沃），拔九城（一说五城），斩首五万。

秦军包围陉城时，范雎对秦昭王说："攻打一个国家，有的着重攻人，有的侧重攻地。穰侯曾经十次进攻魏国却不能挫败他们，并不是秦国弱小魏国强大，而是因为穰侯他们所要夺取的只是土地。国君最喜爱的是土地，而臣子都愿意效命于国君。攻打国君所喜爱的土地，又与愿意为国君效命的臣子相斗，所以攻打十次都不能取胜。现在大王攻打韩国的陉城，我希望大王不只是攻地，而是要攻人。这次攻韩围陉，可争取韩相张平在韩王面前说说话。如果张平的势力大，就会割让土地来讨好大王，多次割地，韩国不就完了；如果张平的势力小，那么大王就可赶走张平，另选不如张平的人讲交换条件。这样，大王就可以得到韩国了。"

韩国被攻击，情势危急，便派人通报秦国，打算用太行山之南阳（今河南获嘉）与秦国交换陉城。秦国已经答应了交换土地，却又去进攻陉城，于是韩国把南阳割给了秦国。公元前 263 年，秦国接受了南阳之地，仍然去进攻陉城。

有人对秦昭王说："两国因地形不便才交换城池，因两国关系交恶才割地。现在韩国已经割地给秦国，可是秦国仍然不停止进攻，我担心山东六国不会再用换地、割地来孝敬大王了。况且大王在三川想得到百金都不可能，而在韩国想得到千金却一下子就实现了。现在大王进攻韩国，这是断绝了最友好的邦交而堵塞了从诸侯获得利益的通道，我私下认为大王不该这样做。"

但在此时，任何人的劝说都不能阻止秦国攻韩的脚步。

荀子入秦，批评秦国武力攻伐、不讲信用

据古籍记载，儒家大师荀子（名况，字卿，亦称孙卿）大约在这时（公元前263年左右）去过秦国，并且在《荀子》一书中对秦国的政事发表过评论，他在《强国》篇中写道：

依靠强力的方法行不通，合乎道义的方法行得通，说的是什么呢？回答是：说的是秦国。秦国的兵力比商汤、周武王还要威武强大，国土比舜、禹时期还广大，然而忧患不可胜数，常常提心吊胆，害怕天下联合起来攻打自己，这就是所说的依靠强力的方法行不通。

为什么说兵力比商汤、周武王还要强大？商汤、周武王能够使自己喜欢的人为己所用。楚怀王死了，国都被攻陷了，楚顷襄王背着三个先王的牌位逃到陈、蔡两地之间，窥视着有利时机，等待着可乘之隙，想抬起脚来直捣秦国的腹地。然而，秦国让他向左就向左，让他向右就向右，使仇人为自己所役使，这就是所说的秦国的兵力比商汤、周武王还要强大。

为什么说国土比舜、禹时期还广大？回答是：古时历代帝王统一天下、臣服诸侯，疆域都没有超过方圆千里。当今秦国的南面占据沙羡（今湖北武昌），这便是长江以南了；北面与胡、貉相邻；西面占有巴国与戎地；东面占领楚国的土地与齐国接界。在韩国的军队已经超过了常山（即恒山）而占据了临虑（今河南林州）；在魏国的军队已经占领了围津（今山东东明），距离大梁（今河南开封西北）只有一百二十里；在赵国的军队侵占了苓（今址不详）而又据有松柏之塞，背靠西海而把常山作为屏障。这就是国土遍及天下，比舜、禹时期还广大。

秦国的威势震慑天下，强大危及中原，然而忧患不可胜数，常常提心吊胆，害怕天下联合起来攻打自己，那又该怎么办呢？回答是：节制武力返回到礼仪上来，选用那些端正诚实守信的君子治理天下，同他们一起参与国家政事，端正是非，治理曲直，听证于咸阳，顺从的国家不用管它，不顺从的才加以诛伐。像这样，那么军队不用再到关外，只利用政令就能通行天下了；像这样，即使给秦王在关外修筑名堂来使诸侯朝拜，也是可以的。当今之世，增加土地不如增加信用更为迫切。

这应该是荀子对秦国想以武力征服天下，而且不讲信用的谴责吧。

《荀子·强国》还记载了荀子入秦见应侯范雎时，他在秦国的见闻、感受和评价。

应侯问荀卿："您进入秦国看到了什么？"

荀卿答："秦国关塞险要，地形有利，景色美丽，物产丰富，这是地理优势。进入国境，观察秦国风俗，百姓淳朴，音乐不淫荡污秽，也没有奇装异服，害怕官吏，非常顺从，真像古时的人民。到了城邑的官府，百官严肃认真，无不恭让节俭，敦厚可敬，忠诚守信而不懈怠，真像古时的官吏。进入秦国国都，观察士大夫，走出家门，进入公门，又走出官府，回到家里，没有个人的私事，不拉帮结派，没有不明智通达而公正无私的，真像古时的士大夫。观察秦国朝廷，退朝时各种政事处理得毫无遗留，悠闲得好像没有什么事情可做了，真像古时的朝廷。所以，秦国四代君王取得成功，并非侥幸，是必然的。这就是我所看到的。"

"所以说，安闲而又治理得好，政令简约而周详，无须烦劳而有功绩，这是为政的最高境界。秦国就类似这样。虽然如此，仍有它的忧虑啊。上述几个方面都具备了，但是要跟王者的功名相衡量，那还相差得很远啊。这是什么原因呢？大概是他们没有儒者吧。所以，纯粹地崇尚道义、任用贤人的就能称王天下，驳杂地义利兼顾、贤人亲信并用的就能称霸诸侯，这两者一样都没有，就只能灭亡。这也是秦国的短处啊。"

在《荀子·儒效》中，录入了荀子与秦昭王关于儒者作用的对话。

秦昭王问孙卿子："儒者对治理国家没有什么好处吧？"

荀卿答："儒者效法先王，尊崇礼义，谨慎地坚守臣子的本分，并使他们的君主尊贵。得到君主的任用，就在朝廷做一个称职的臣子；没得到任用，则会退居民间，编入户籍，做一个诚实、顺服的百姓。即使处境艰难，受冻挨饿，也不会用歪门邪道贪图财利；即使贫穷得没有安身之处，也能深明大义，维护国家；虽然大声疾呼也无人响应，但是他们通晓管理万物、养育百姓的纲纪。如果地位在人之上，他们可以成为王公大臣；地位在人之下，他们也是国家之臣、国家之宝。即使隐居在穷巷陋屋，也没有人会不尊重他，因为治国之道确实掌握在他们手中。"

"孔子将要担任鲁国司法大臣的时候，沈犹氏不敢再在早晨把要卖的羊喂饱水以欺骗顾客了，公慎氏休掉了自己不守妇道的妻子，慎溃氏因为荒淫无度而越境逃走了，鲁国卖牛马的也不再漫天要价了，这是因为孔子总是预先用正道去对待人们的缘故。孔子住在阙党的时候，阙党子弟将捕获的鱼兽进行分配，有父母的人就分得多一些，这是因为孔子用孝悌感化了他们。”

“儒者在朝廷中担任官职，就能改善朝政；作为老百姓，就能淳化风俗。儒者作为臣民就是这样啊。”

秦昭王问：“那么，儒者地位在人之上的时候，又怎样呢？”

荀卿答道：“儒者在人之上，他们的作用就更大了！他们内心意志坚定，用礼义纲纪整顿朝廷，用法律制度约束官府，在百姓之中推行忠诚、信实、仁爱、利他的美德，使之蔚然成风。做一件不合礼义的事，杀一个无罪的人，即使能得到天下也不会去做。这样，君主的道义就会取信于民，传遍四海，天下人就会异口同声地欢呼响应。”

“这是什么原因呢？就因为他的名声尊贵、显赫，天下的人都很仰慕。所以，周围的人就会歌颂他、欢迎他，远方的人也会不辞辛劳地来投奔他。这样，四海之内如同一家人，凡是能到达的地方没有不归服的，这就是为人楷模。《诗经》说：‘从西到东，从南到北，没有不顺从的。’说的就是这种情况。儒者处在人之下是那个样子，处在人之上是这个样子，怎么能说他们对于治理国家没有好处呢？”

秦昭王说：“说得好啊！”

但说归说，听归听，做归做，一个儒者荀子，是改变不了秦国的。

诸侯合纵攻秦，范雎散金瓦解

秦国攻韩的目的，诸侯各国心知肚明，一旦韩国灭亡，他们亡国的日子也就不远了。此时，山东各国中以赵国最强，天下主张合纵的谋士便聚集在赵国，谋划攻秦。

面对涌动的暗流，范雎对秦昭王说：“大王不必担忧，让我现在就去破坏他们的行动。秦国对于天下谋士来说没有什么怨恨，他们相聚合谋攻秦，只不过是为了自己贪图富贵罢了。大王看看您养的那些狗吧，有的睡，有的起，有的跑，有的停，没有互相争斗的；但只是扔给它们一根骨头，它们就会立刻跳起来相互撕咬。为什么呢？因为它们有争夺的意图啊。”

于是范雎派唐雎带上乐队，并给他五千金，住在武安，唐雎大摆宴席，与天下谋士一起饮酒作乐。唐雎问邯郸人：“谁愿意来取这些黄金？”就这样，那些策划合纵攻秦的人，虽然并非都拿到了赏金，但那些得到赏金的人都把秦国看作亲兄弟了。

唐雎回到秦国，范雎又对他说：“您是在为秦国谋事，不必考虑黄金都到哪里去了，只要把黄金花光了，您的功劳就大。现在叫人再带上五千金，随您前往。”

唐雎又出发了，到了武安，还没发完三千金，那些来主张合纵的天下谋士，便互相争斗起来了，合纵攻秦之事也随之烟消云散。

朱己劝阻魏王助秦攻韩

秦国是当时的超级大国，兵锋所向，无不攻克。秦国想让魏国协助攻韩，魏王准备参与，有个叫朱己[①]的魏臣对魏王说：

“秦国与戎狄的习俗相同，有虎狼之心，贪婪暴虐，追逐私利，而且不讲信用，不懂礼义德行。如果有利可图，就不顾父母兄弟，如同禽兽一般。这是天下人都知道的，它不是一个施惠积德的国家。宣太后是秦昭王的母亲，却忧愤而死；穰侯是秦昭王的舅父，功劳最大，竟然被驱逐；两个弟弟泾阳君、高陵君无罪，却两次夺去了他们的封地。秦昭王对父母兄弟尚且如此，更何况对敌国呢？ 现在大王与秦国攻打韩国，更加亲近秦国，我非常迷惑不解，而大王不知道这个道理，这就不够明智了。但群臣知道这个道理，却无人进行劝谏，这就是不忠了。”

“现在韩国以一个女子辅助一个幼主，国内发生大的动乱，对外怎么能抵抗强大的秦、魏联军，大王以为韩国不会灭亡吗？韩国灭亡了，秦国占有韩国的土地，就和大梁临近，大王认为魏国安全吗？大王想收复失地，如今却要遭受强秦的祸患，大王认为这样会有利吗？”

“秦国并不是一个安分守己的国家。韩国灭亡之后，秦国一定会再兴事端，

① 《战国策·魏策三》作朱己，《史记·魏世家》作无忌，《荀子·强国》杨倞注引《史记》作朱忌。朱与无形近而误，己与忌相通。据文中“臣愿以从（纵）事乎王”，可知该人是主张合纵攻秦的魏国策士，且《战国策·秦策三》又谓此时“天下之士合从（纵）相聚于赵而欲攻秦”，当以朱己为是。

一定会选择容易和有利的事去做，那它一定不会攻打楚国和赵国。这是为什么呢？秦国要越过高山，跨过黄河，穿越韩国的上党去进攻强大的赵国，这是重蹈阏与之战失败的覆辙，所以秦国一定不会这样做。如果取道河内，避开邺县和朝歌，横渡漳水和滏水，和赵国军队在邯郸郊外决一胜负，这就要遭受像智伯一样的灭国大祸，因此秦国又不敢。而若进攻楚国，经由涉谷，行军三千里，去攻打黾隘要塞，所走的路程太远，攻打起来又太难，秦国也不会这样做。如果取道河外，绕过大梁，从东边经过上蔡、召陵，和楚军在陈城郊外决战一场，秦国同样不敢。所以说秦国一定不会进攻楚国和赵国，也不会去攻打燕国和齐国。韩国灭亡之后，秦国出兵之日，除了魏国就没有进攻的目标了。"

"秦国本来就占有了魏国的怀、茅、邢丘，又在垝津（垝音同鬼）筑城，威逼河内，河内的共、汲都很危险了。秦国再占领了韩国的郑地，取得了垣雍，掘开荥泽之水淹灌大梁，大梁一定会被攻陷。同时，大王的使者犯了大错误，竟然在秦国诋毁魏的附属国安陵氏，秦国想得到许邑已经很久了。秦国的叶、昆阳与魏国的舞阳邻近，如果秦国听任使者的诋毁，就要毁坏安陵而灭亡它。秦军绕道舞阳以北，向东进逼许邑，那魏国的南部地区必定危险。即使魏国南部没有危险，难道魏国就安全了吗？再说，如果大王痛恨韩国，也不怜惜安陵氏，这样做是可以的；然而不防备秦国，不顾及魏国南部，这就不对了。"

"从前，秦国的疆域仅在西河之外，魏国的安邑距离大梁有千里之遥，中间有山河阻挡，还有周、韩隔断。从林中之战到现在，秦国七次攻打魏国，就有五次攻入大梁城边大王游乐的梁囿中，接着国都被包围。秦军长驱直入，进攻大梁以北，一直打到阚邑（阚音同看），东边达到陶、卫的郊外，丧失给秦国的土地，包括山南、山北，河外、河内，大县城几百座，大都邑几十座。秦国在黄河以西，魏国旧都安邑距大梁还有千里，而灾祸竟然如此之大，又何况让秦国灭了韩国，占有郑国故地，其间没有山、河阻挡，没有周、韩隔断，离大梁只有几百里了，魏国的灾祸必然超过从前一百倍。"

"以前合纵不成功，由于楚国和魏国相互猜疑，而韩国又不积极参加。现在韩国被秦国进攻了三年，秦国纠缠韩国要求讲和，韩国知道要被灭亡，不愿俯首听命，给赵国送去人质，请它带领天下备战，做攻打秦国的先锋。据我看来，楚国、赵国必定会和韩国一起进攻秦国。这是为什么呢？因为诸侯都知道秦国的贪欲没完没了，不消灭天下的军队，不征服海内之君民，绝不会罢休。因此，我愿意以合纵为大王效劳，请大王迅速接受楚、赵两国的盟约，挟持韩国的人质，以保存韩国为要务，再向韩国讨回旧日的失地，韩国一定会听从。这样，军民不必辛劳便收回了原来的土地，收获要多于与秦共谋伐韩，而且还可避免与强秦为邻的祸患。”

“保全韩国，安定魏国，天下皆受其利，这是大王的最好时机啊。开通韩国上党到共、宁二地的道路，直到安城的路上沿途设置关卡，征收出入人员的赋税，这无异于韩国以其上党给魏国献上的一份厚礼。两国共同享有赋税，足以富国，韩国必然感激魏国，爱戴魏国，尊重魏国，害怕魏国。这样，韩国一定不敢背叛魏国，它也就成了魏国的属地。魏国得到属地性质的韩国，就可保卫国都大梁，河外可保安宁。如果韩国灭亡，那么东、西二周必然危险，安陵也势必易手于秦国，秦国攻破楚、赵两国，燕国、齐国就非常害怕，天下诸侯向西屈服秦国，俯首称臣的日子就不远了。”

可能是魏王认为朱己言之有理，所以此后未见魏助秦攻韩。

秦军断绝上党通道，郡守冯亭率民降赵

公元前 262 年，秦派五大夫贲攻韩，取十城。白起进攻韩国野王（今河南沁阳）。野王降秦，上党（今山西长治）对外联系的通道断绝。

韩国很惊恐，派阳城君到秦国去谢罪，请求进献上党之地来讲和。

韩王又派韩阳告诉上党郡守靳黈说：“秦国两路出兵攻韩，韩国保不住了，现在大王有令，把上党割给秦国求和，派我把情况告诉郡守，您还是遵令而行吧。”

靳黈说：“人们常说‘即使只有用瓶子汲水那样一点聪明，也要把瓶子守住，不让它失去。’尽管大王有令，但我是郡守，就算是大王和您的命令，我也不能不有所怀疑。我请求出动全部兵力来抵抗秦军，如果守不住，我就战死在这里。”

韩阳迅速把这个情况报告给了韩王。韩王说：“我已经答应秦相应侯了，如果不献出上党，那就是欺骗他。”

于是，韩王便撤了靳黈的郡守之职，派冯亭接任上党郡守。

冯亭到了上党，跟百姓商量道："通往国都新郑的道路已断绝，韩国一定不再把我们看作臣民。秦军日益进逼，韩国招架不住，不如把上党献给赵国。赵国如果接受我们，秦国一恼火，必定进攻赵国。赵国遭受战祸，必定亲近韩国。韩、赵两国联成一体，就可以抵挡秦国。"于是冯亭派人向赵国通报。

赵孝成王梦见自己穿了一件背有中缝、两边颜色不同的衣服，乘坐飞龙上天，没到天宫就掉了下来，看到金玉堆积如山。第二天，赵王召见名叫敢的筮史（占卜官），让他占卜这个梦的吉凶。筮史敢说："梦见穿了一件背有中缝、两边颜色不同的衣服，意味着残缺不全。驾驭飞龙升天又中途坠落，意味着外强而中干。见到金玉堆积如山，表示有忧虑、灾祸啊！"

过了三天，韩国上党郡守冯亭的使者来了，说："韩国守不住上党，要把它割给秦国。可是上党当地官员和民众都不想做秦国臣民，愿意归附赵国。上党十七个城邑，都叩求大王归并于赵，如何赏赐全体吏民，悉听大王裁夺！"

赵孝成王十分高兴，召见平阳君赵豹，告诉他说："冯亭献纳上党十七城邑，接受它怎么样？"

平阳君赵豹回答说："圣人把无缘无故地得到好处看作祸害。"

赵王说："人家感怀我的恩德，怎能说是无缘无故地得到好处呢？"

赵豹说："秦国蚕食韩国土地，阻绝通往上党的道路，本来自认为可以稳坐而得到上党之地了。而韩国之所以不把上党送给秦国，是想嫁祸于赵国。秦国付出了代价而赵国却坐享其成，虽然是强大的国家也不能以这种方式占弱小国家的便宜，相对弱小的赵国又怎么能从强大的秦国那里贪图得到这种便宜呢？这难道还不是无缘无故地得到好处吗？何况秦攻上党，为了能够漕运粮草，把灌溉农田的水都引来了，以精良装备和强悍兵卒，来蚕食韩国，攻占土地，秦国一向说到做到，毫不含糊，不要与它作对，一定不能接受上党归降！"

赵王说："出动百万大军攻城略地，长年累月未必能得到一城，如今眼看着十七座城邑如同礼品一样送来，这是多大的好处啊！"

赵豹出宫后，赵孝成王又召见了平原君赵胜和赵禹，把上党之事告诉了他们。

两人说："发动百万大军去攻打，经年累月也打不下一座城邑。如今坐着不动就得到了十七座城邑，这是天大的好处，切不可失去机会。"

于是，赵王命令平原君赵胜去接受上党之地，告诉冯亭说："敝国国君命令赵胜为使者并宣布：以三万户城邑封太守，三千户城邑封县令，皆世世为侯；吏民一律加爵三级，相安无事，每人都赐六金。"

赵国封冯亭为华阳君。

冯亭痛哭流涕不肯见赵国使者，说："我不愿落到三不义的境地：为国君防守土地，不能以死殉国，这是一不义；韩王本想入地于秦，我不听命令，这是二不义；出卖国家土地而享受俸禄，这是三不义。"

于是赵国发兵占领上党。

而赵国的这一决策真可谓误国误民，"利令智昏"的典故遂由此出。

也正因如此，战争形势从此发生转折，本来是秦、韩之间的战争，由于赵国接受了韩之上党，引火烧身，秦国的矛头就转向了赵国，发动一场决定秦、赵命运的战役——长平大战。

【剧情释疑】

○范雎"远交近攻"之策是在秦攻韩之际才提出的吗？

《史记·范雎列传》《战国策·秦策三》第九章均记载秦王第一次见范雎时，对范雎说："寡人宜以身受命久矣，会义渠之事急，寡人旦暮自请太后。今义渠之事已，寡人乃得受命。"书中又记载此次会见过程中，范雎说："王不如远交而近攻，得寸则王之寸，得尺亦王之尺也。"

秦昭王先是说明了迟迟未接见范雎的原因："我早就应该亲自来聆听您的指教，正好遇上义渠的事情比较紧急，需要处理，我每天都要向太后请示。现在义渠的事情已经了结，我这才有机会来接受您的教导。"宣太后诱杀义渠王，秦灭义渠，是在公元前 272 年，范雎入秦是在公元前 271 年，在秦国等候一年多，秦王在公元前 270 年才接见范雎。可见范雎初见秦王献"远交近攻"之策不在秦攻韩之际，秦攻韩始于公元前 265 年，此时已是五年之后了。

○范雎提出"攻人"之策时，白起明确反对吗？

据《战国策·秦策三》第十二章记载："秦攻韩，围陉。范雎谓秦昭王曰：'有攻人者，有攻地者……今王将攻韩围陉，臣愿王之毋独攻其地而攻其人也。'"又据《史记》之《秦本纪》《韩世家》《白起列传》《范雎列传》《六国年表》记载，秦攻韩之陉城的时间是在公元前264年。

电视剧中，范雎提出"攻人"之策，是在魏齐走投无路自杀之后、秦国开始攻韩前夕，即公元前265年，而史书所载时间为公元前264年，时间大体吻合。但范雎提出"攻人"之策秦王是否交由廷议，白起是否在朝堂上对此提出强烈、坚决的反对意见，史书均没有记载。电视剧之所以这样安排，是为了对此后白起如何处理长平之战的赵国降卒进行铺垫，用以减轻白起的罪责。

○上党原太守叫"韩锺"？

不是。电视剧将上党原太守写作"韩锺"，这与史料不符。

《战国策·赵策一》第十一章记载："韩恐，使阳城君入谢于秦，请效上党之地以为和。令韩阳告上党之守靳黈曰：'秦起二军以临韩，韩不能有。今王令韩兴兵以上党入和于秦，使阳言之太守，太守其效之。'靳黈曰：'人有言：挈瓶之知，不能守器。王则有令，而臣太守，虽王与子亦有猜焉，臣请悉发守以应秦，若不能卒，则死之。'韩阳趋以报王。王曰：'吾始已诺于应侯矣，今不与，是欺之也。'乃使冯亭代靳黈。"（译文见本章正文。）

现代著名文史专家范祥雍先生在其名著《战国策笺证》一书中注释云："鲍彪改'黈'为'黈'，云：'字书无此字，下同。'黄丕烈云：'此字有误，但（鲍）所改未是。'金正炜云：'吕览去私篇：墨者有巨子腹䵚……疑当作䵚。'〔按〕鲍、金改字未安，此字从重声，与'黈'从主声、'䵚'从享声不同。古文字不见于后代字书者多矣，人地专名更难识，阙疑可也。"①

如果电视剧是因字典中没有"黈"字，也不知其读音，才将其改为"锺"字，妥当与否暂且不论，但为什么又将其姓由"靳"改为"韩"呢？这一点确实令人不解。

① 范祥雍《战国策笺证》（第三册）第991—992页，上海古籍出版社2011年10月版。

第二十章
长平大战，赵军覆灭[①]

秦军攻占上党，廉颇布防长平

公元前261年，秦攻陷韩国的缑氏（缑音同勾，缑氏在今河南登封西北）和蔺（今河南登封东南），以解除韩、魏的威胁。

赵国派老将廉颇率赵军驻守长平（今山西高平西北），以镇抚上党的百姓，抵御秦军攻占上党。

长平，是上党郡乃至赵都邯郸西、南两方的交通咽喉，只要廉颇率赵军固守长平不失，秦军则不能全部占领上党郡，更不能接近都城邯郸了。就长平本身而言，则是整个上党地区极为理想的军事战略要地。其地势东、西、北三面环山，状如箕形，由西北向东南倾斜，丹水与地势平行纵贯全境。山地有险可凭，特别是西面有高平关，北面有长平关、故关等群塞可固守；丘陵地带可隐蔽军队又对行军无大碍；河谷平川则适宜大部队调动和辎重运输。

廉颇进驻长平后，设置了以下三道防线：

第一道：空仓岭（老马岭）防线。以空仓岭为中心，长约40公里，南北走向，石质山体，岭高陡峭，俨然一道天然屏障。山岭中间有一个巨大陉口，东西长350米，南北宽1000米，称为“高平关”。关口左峭壁、右陡涧，只有中间一线以通东西。廉颇在空仓岭上设防后，还在关内浩山南麓马村河河床路口和北麓原村河河床路口构筑了两座鄣城，与光狼城形成犄角之势，以为空仓岭前哨的后援。空仓岭是战前赵军在上党地区所能控制的最西缘，所以称作“西垒壁”，是廉颇拒秦的第一道防线。

第二道：丹水防线。丹水（现丹河）发源于泫氏（今山西高平）丹朱岭，流向东南，纵贯高平全境，流经山西晋城，至河南注入黄河。河谷沿岸地形开阔，便于大部队运动。廉颇利用这道天然屏障，在丹水东岸沿山一线构筑

---

① 史书对长平之战的记载并不详实，为了让读者了解更多细节，如两军布防和进攻路线、两军决战布局等内容，除了《史记》的记述外，补充的内容摘编自靳生禾、谢鸿喜《长平之战——中国古代最大战役之研究》一书，山西人民出版社1998年3月版。

了第二道防线，为赵军的纵深主体防线，亦即主阵地。丹水东岸有座大粮山，是廉颇囤积赵军粮草的地方。从山顶上向东北可以看到故关，向西南可以看到空仓岭，与其北面的韩王山，就像赵军的两只眼睛，居高临下，可对整个战场敌我态势了如指掌。因此，廉颇把指挥作战的幕府帅帐设在大粮山。

第三道：丹朱岭防线，也叫百里石长城防线。西起丹朱岭的长平关，向东偏南方向，经中段的故关，沿山亘岭而构筑有简易的长达百里的石长城，直到最东端马鞍壑附近。时至今日，百里石长城仍然依稀可见。这条防线在最东北的位置，即最深入赵国后方的位置，关系着整个上党地区乃至赵都邯郸的安危，是最后一道大的防线。如果说空仓岭是赵国的防御前哨，丹水是主阵地，那么百里石长城就是赵国最后的屏障了。

秦军进攻路线及布防

公元前260年，秦国派左庶长王龁（音同何）开始进攻上党。听闻秦军来攻后，上党的百姓纷纷逃往赵国。

王龁率秦军过乌岭关（今山西翼城与沁水交界处）进入上党腹地，经马邑（今山西沁水东）抵达沁水西岸,然后以端氏城（今山西沁水东北）为中心，分兵南北沿着沁水西岸一线布防，形成与赵军空仓岭防线大体平行但位于其西边的防线，全长约40公里，可以伺机出击空仓岭。

端氏城，是沁水的重要渡口和河防重地，也是当时附近唯一的重要城邑。端氏左近的王城，为沁水河谷一线的高地中心，可谓“四面绝险”，这就是秦军主将王龁的大本营所在地。而这里恰与廉颇设幕府于丹水防线泫氏附近的制高点大粮山相似。

当年四月，秦将王龁以赵军进驻长平为借口，进攻赵国。由于赵军士兵侵犯了秦军的侦察兵，秦军斩杀赵军副将茄。六月，秦军攻进了赵军阵地，占领了两个要塞，杀死了四个都尉。

七月，赵军修建防御工事固守，秦军再次进攻赵军营垒，攻势锐不可当，打败了赵军，俘虏了都尉二人，夺取了廉颇构筑的离秦军最近的赵军西垒壁空仓岭防线。原赵军的第一道防线从此易手，被秦军所占据，成为秦军继沁水防线后的第二道防线。

秦军攻破空仓岭防线后，占领了呈掎角之势的二鄣城及光狼城，继续东进的障碍已被扫除殆尽。秦军长驱直入，步步进逼，一鼓作气地深入到丹水西岸。廉颇当初借助天然水道构建的这条主要防线，遂为秦、赵所共有，赵军据丹水东岸沿山一线，秦军据丹水西岸沿山一线，隔河对峙，互为屏障。也就是说，丹水既是赵军的第二道防线，同时也是秦军的第三道防线了。

赵国求和，秦国不允

与长途奔袭而来的秦军交手，赵军不仅没能占到便宜，取得胜利，相反，还丢失了阵地，牺牲了几名尉官。赵孝成王对此很不满意。

赵王召见楼昌和虞卿商议，说：“我军交战不胜，都尉又死了，寡人想让军队卷起铠甲，轻装上阵，袭击秦军，你们认为怎么样？”

楼昌说：“这没有用，还不如派人去和秦国讲和为好。”

虞卿说：“楼昌提出讲和，是他认为不讲和，赵军一定会被秦军击破。但讲和的主动权掌握在秦国手里。大王认为秦国想不想攻破赵军？”

赵王说：“秦国对此不遗余力了，肯定是想击破赵军。”

虞卿说：“大王姑且听从我的建议，派遣使臣带着珍宝去拉拢楚、魏，楚、魏想得到大王的珍宝，肯定会接待我们的使臣。赵国的使臣到了楚国和魏国，秦国必然怀疑各国在密谋合纵抗秦，心里一定恐慌。只有这样，讲和才可以成功。”

但赵王没有听从虞卿的意见，与平阳君赵豹一起决定与秦国讲和，并派遣使臣郑朱去秦国，秦国接纳了他。

赵王叫来虞卿，对他说：“寡人让平阳君主持与秦国讲和，秦国已经接纳使臣郑朱了，你认为结果如何？”

虞卿回答：“和谈一定不会成功，赵军必败无疑了。天下诸侯祝贺秦国胜利的人都已经去秦国了。”

赵王大惊：“何出此言？”

虞卿答道：“郑朱，是位显贵人物。他去了秦国，秦王和应侯必然会隆重接待，高调宣扬，以向天下各国显示。楚国、魏国认为赵国在与秦国讲和，必定不会来救援大王。秦国知道各国都不来救赵国，讲和就不可能成功。”

正如虞卿说的那样，应侯范雎果然隆重接待了郑朱，让天下诸侯都知道了这件事，最终没有同意与赵国讲和。

而赵孝成王也因不采纳虞卿的谋划，最终成为天下人的笑柄。

两军相持，战局胶着

赵军虽初战败退，但极富实战经验且足智多谋的廉颇，在两军遭遇中已经摸透了秦军战力，认为不可与之硬拼，而应保存自己的实力，把秦军拖垮后再伺机后发制敌，因此赵军没有组织抵抗就撤回丹水东岸一线，以丹水为依托，更有大粮山、韩王山两大制高点，坚守有利地形，加固营垒，严阵以待，以不变应万变，秦军多次挑战，赵军也坚守不出。战局从此呈现为一种不分胜负的胶着状态。

可在此期间，赵王却多次责备廉颇怯战。

秦军远道而来，虽初战取胜，亦伤亡惨重，辎重补给困难；又有好战嗜杀的所谓“虎狼之国”之名，此战可谓“失道寡助”。而赵军的后方很近，又有归附赵国的上党吏民的全力支持与合作，补给能够源源而来，则可以逸待劳。这就决定了秦军利于速战速决,赵军则利于持久之战,之所以“秦数挑战，赵兵不出”，正是老将廉颇持久战战略思想的客观反映。

这种难分难解的僵局倘若长久下去，显然将越来越朝着有利于赵而不利于秦的方向发展。正因为如此，秦军才在老马岭上置空粮仓①，向赵军展示他们粮草充足，诱使赵军迅速出战，但此计未成，“空仓岭”却因此而得名。

秦、赵在长平相持，齐、燕两国准备出兵援赵。秦昭王考虑后说：“齐、燕出兵救赵，如果他们协同一心，我们就退兵；否则，我们就继续进攻。”

当时赵军缺粮，于是便向齐国借粮，但齐王没有答应。

齐国谋臣周子对齐王说：“不如答应赵国的借粮请求，以迫使秦国撤兵，大王如果不答应，秦军就无法打退，这就正合秦国的心意，而齐、燕两国就失策了。何况赵国是燕、齐两国的屏障，就如牙齿和嘴唇一样，唇亡则齿寒。今天秦国灭了赵国，明天就轮到齐国和燕国了。而且，救赵之事非常急迫。救援赵国，这是大义之举；击退秦军，又可大显威名。这样，既有救赵国于

---

① 明万历三十四年（公元 1606 年）《空仓岭建城记》碑及清雍正《山西通志》卷二、卷三均有记载。

水火的义举，又有击退强秦、威震天下的名声，若不致力于此等军国大事，只知道一心爱惜那点粮食，这是为国家谋划者的过错啊！”

周子的道理讲得非常透彻，可是昏庸的齐襄王却无动于衷，坐观成败。

由此可见，齐、燕两国虽然都说要救赵，但都是只说空话，不见行动，不但没有出兵，连借粮食都没答应，使赵国陷于孤立。

赵中秦反间计以赵括代廉颇

这种相持局面，是秦国不能接受的。秦相范雎欲打破这种态势，以使战局出现转机，便派人带千金到赵国施行反间计。

秦国买通赵国人到处传言：“秦国最怕的是马服君的儿子赵括，廉颇好对付，快要投降了。”

赵王早就对廉颇几次战败、赵军伤亡而不满，加上廉颇坚守营垒拒不出战，如今又听到秦国反间者散布的谣言，于是就派赵括代替廉颇为将抗击秦军。

赵括虽然从小就学习兵法，谈论军事，但却自以为是，认为天下没有人能比得上他。曾经他与父亲赵奢论兵时，赵奢也难不倒他，可赵奢并不认为他就是对的。赵括的母亲问赵奢是什么缘故，赵奢说：“战争，是关系到生死存亡的大事，而赵括说起来竟然那么轻巧。将来赵国不以赵括为将就罢了，如果真让赵括当了将领，那么葬送赵军的一定是赵括。”

此时赵括父亲赵奢已死，蔺相如也病重。

但重病的蔺相如还是去求见赵王，说：“大王只凭赵括的虚名就起用他，就像把弦用胶粘起来弹奏一样，赵括只会念念他父亲留下的兵书，纸上谈兵而已，根本不懂得随机应变、灵活运用啊。”纸上谈兵的典故由此而来。

可是赵王不听，还是任命赵括为将。

到赵括即将出征的时候，赵括的母亲上书赵王，说：“赵括不可为将！”

赵王召见她，问道：“为什么呢？”

赵括母亲回答说：“当初我嫁给赵括父亲的时候，他正是赵军的将领。他亲自捧着饮食招待的部属有数十人，所交的朋友有上百人；大王及宗室给他的赏赐，他全部分给部下的军吏和幕僚；从接受出征命令的那天起，再不过问家事。如今赵括刚做将领，就大模大样朝东坐着，接受部下的朝见，没有一个敢抬头正眼看他。大王所赐的钱财，他都拿回家收藏起来，天天关注哪里有土地房产，合适的就买下来。大王看看，他怎么能和他的父亲相比呢？他们父子两人心思完全不同，希望大王不要派他去。”

赵王说：“老夫人，你就别说了，我已经决定了。”

赵括母亲说：“大王一定要派他去，如果他不称职，能免我受连坐之罪吗？”

赵王答应了她。

赵括之所以能够替代廉颇，一方面是因为赵王孝成王和平原君等重臣求胜心切，对廉颇坚守垒壁之策颇多不满；另一方面，赵括本身就是自命不凡、逞强好胜之人，故双方一拍即合。

从此，秦、赵两军僵持已久的平衡终于被打破，战局迅速朝着利于秦而不利于赵的方向急转直下。

赵军覆灭，赵括战死

秦国探听到赵国果真换赵括代廉颇为将的消息，便暗中派武安君白起为上将军，王龁为副将，下令全军：“有敢泄露武安君为将者，斩！”

白起到达前线，把幕府帅帐设在战略要冲光狼城（今山西省高平市马村镇康营村）一天然高岗。白起曾于二十年前攻占过光狼城，谙熟其地理形势和战略地位。

相传，赵括从壶口关（今山西黎城东）去故关途中，行进至上党山（今山西长治西南）余脉时，有将领八人对其误军战策提出诤谏，赵括拒谏，八将领预见到将要兵败国破，更不忍做败军之将，遂自刎山下。故此山称“八谏山”，山下则有“八谏水”。现在八谏山西麓、八谏水东岸有八义镇、八义村，村内有八义士就义遗址，清代所立“八义士谏赵处”石碑犹存。

赵括一来到前线军营，不仅全盘废弃了廉颇的战略战术，还更换了支持廉颇谋划部署的将领，任用拥护其速战速决的将校。

赵军原来设置的第三道防线，即百里石长城防线或丹朱岭防线，从西北至东南直到丹水东岸马鞍壑一带。丹水支流小东仓河，从这道防线的山岭南面流向西南方向，流至泫氏（今山西高平）后注入丹水，与丹水的流向大概呈垂直角度。小东仓河东南面有大粮山等重要驻防区和屯粮区，西北面有韩王山、长平等重要驻防区。赵括到前线后，将其幕府帅帐设在韩王山西麓，即《高平县志》记载的“赵三军指挥部驻地”。近年在此附近出土了大量尸骨，证明这里就是当年赵军的重兵防守之地。

赵括刚愎自用，立功心切，无视战局主客观条件，下令赵军西渡丹水，率兵发动总攻，全线出击秦军。而隐藏的秦军主将白起针对赵括的秉性和行径，则一反王龁以前一味进攻的战法，偏偏运用兵法所谓的“能而示之不能”策略，反其道而行之，秦军假装战败逃跑，引诱赵军进入丹水西岸的秦军布控区域。

果然赵军乘胜追击，直至秦军营垒。但秦军壁垒坚固，难以攻破。

白起一方面佯败后撤，把赵括吸引到丹水西岸，使其放松对丹水东岸的防备；加固秦军营垒，以保万无一失。另一方面，派遣两支奇兵共计两万五千人，由战略枢纽端氏城沿秦川水（今端氏河，流向西南注入沁水）河谷向东北而上，直达丹朱岭长平关，从背后绕过赵军防守已经空虚的百里石长城，迂回包抄直至故关，以切断赵军的退路和后援；又派出一支五千轻骑兵，强渡丹水进入东岸，突破泫氏赵略要点，再向东北直插小东仓河河谷一线，直至赵军丹朱岭最后一道防线的故关，与绕道百里石长城背后到达故关的那支奇兵会合，从而将赵军一分为二，使位于小东仓河西北、驻扎在韩王山的由赵括所率的大部分赵军失去大粮山的军粮和辎重补给，使小东仓河东南的大粮山赵军失去与主将赵括的联系。

正当突破丹水西岸秦军防线的赵军长驱直入，而大部队正云集丹水东岸陆续强度丹水时，赵军才发现前方先锋已深入秦军营垒的部队突击受挫，而自己的后路反被包抄，丹水两岸之间、大粮山与韩王山之间都失去联系，粮道和退路也都被断绝。战局发生惊天逆转，对赵军极为不利，赵军被迫放弃进攻，仓促筑垒坚守，等待救兵。

当秦王听说赵军粮道被断后，亲自前往河内前线督战，赏赐百姓各晋爵一级，征发年满十五岁以上的男子从军，全部开赴长平作战。这支临时组织的河内援军径直向东北行进，经过赵军丹水防线南端，沿着丹水支流蒲水河谷，直至赵军百里石长城防线东端，迂回到防守赵军的背后，与先期到达这里的白起派遣的奇兵会师，以隔绝来自邯郸的赵军援军对其粮食供应。

至此，赵军已经陷入这样一种境地：由泫氏至长平关一线，丹水西岸秦军纵深壁垒森严，以两万五千奇兵为先导的秦军，已绕到百里石长城敌后封锁了长平关至故关一线；以五千骑兵为先导的秦军，则牢牢控制了由泫氏至故关的小东仓河一线。也就是说，赵军主力已被秦军包围在以韩王山为中心的泫氏—长平关—故关—泫氏的周长约为五六十公里范围的三角形地带；赵军东南线部队被秦骑兵及河内部队包围于大粮山地区。小东仓河西北的赵军主力部队兵多将广而无粮草供应，小东仓河东南的赵军囤积的粮草辎重无法输送给主力部队，而兵力甚少且无主将，无论西北线、东南线的赵军都不能有所作为，又被秦军牢牢包围断绝了来自邯郸的一切后援。

赵军没有粮食，先是杀掉战马充饥，后来暗中互相残杀，靠吃人肉保命。到公元前 260 年九月，赵军已经断粮四十六天，实在是撑不下去了，赵括便下令突围，赵军分成四队，进攻秦军营垒，轮番冲锋四五次，终不能冲杀出去。

赵括也亲率精锐部队与秦军搏杀，秦军射死了赵括。就这样，赵军大败，所部四十万人全部投降武安君白起。

白起杀死四十万赵国降卒

这么庞大的四十万赵军投降了，白起心想：上党老百姓不愿归顺秦国而投奔赵国；赵国士兵反复无常，如果不全部杀掉，恐怕会造反作乱。于是使用欺骗手段安抚其心，随即把已投降的四十万赵国士兵全部杀掉了，只留下二百四十个年幼的童子兵，让他们回邯郸，这一举动令赵全国上下都感到震惊和恐惧。

因为赵括的母亲曾经有言在先，而且赵王也答应了，所以赵王没有加罪于她。

据《水经·沁水注》引《上党记》载：“长平城在上党郡的南边，秦的营地在西边，两国军队都一起喝这条河的水，相距不过五里。秦军杀死了赵军俘虏以后，又把他们的头颅收集起来，在营地中筑起高台，高台利用山势而建，拔地而起，现在还叫它白起台。城的左右两边，沿着山边，横过低地，南北五十来里，东西二十余里的一带地方，全是秦、赵的旧营垒，壁垒的遗址至今还在。”

在今山西省高平市西五里已发现尸骨坑多个。有人研究认为，以韩王山麓为中心的三角地带，是当时秦国出动奇兵以分断赵军，两军最后决战，以及白起大规模杀害赵国战俘的地方。

1996年，考古工作者在高平市永录村对永录1号尸骨坑进行了发掘，发现坑内埋有尸骨个体大约有130多个，均为男性，年龄大多在20 ~ 45岁。骨骼上有箭痕、砸痕、刀痕、骨折等印迹，伴有出土铜镞、铜带钩、铁带钩、铁簪、刀币等物品，且人骨排列杂乱无章、纵横相叠。由骨骼排列和创伤观察，死者为被杀后乱葬的。这些尸骨就是赵军亡卒。

长平之战至此结束，这也是中国古代规模最大、最为惨烈的一场战争。赵军先后阵亡和被坑杀的共计四十五万人。赵国人闻讯，举国震骇。而此战也使赵国受到毁灭性打击，从此秦国国力大幅度超越各国，这也加速了秦国的统一进程。

长平古战场尸骨坑

（今山西省高平市永录乡）

史家对长平之战的评论

擅长政论和史论的“唐宋八大家”之一苏辙在《古史》中说:“赵于战国，强国也，非大失计未遽亡也。孝成王贪上党之利，不听赵豹而听赵胜，以致秦怒，一失矣；使廉颇拒秦长平，听秦间而使赵括代颇，再失矣；赵括既败，邯郸被围，虞卿请以重宝附楚魏，以援国示秦，则秦媾可合，王不能用，而听赵豹使郑朱入秦求媾，诸侯由此莫肯救赵，三失矣。由此观之，非秦独能败赵，而赵所以自取败者多矣。”①

明代学者王世贞在《宛委余篇》中说：赵国长平之败，“冯亭始之，而成之者平原君、马服君子耳。”②

司马迁在《史记·平原君列传》的结尾评论道：“平原君，是一位混乱时代的翩翩公子，然而不识大体。俗话说‘利令智昏’，平原君偏听冯亭的邪说，使赵军在长平之战中损失四十多万。”

明代学者陈懿典评论道：“人言长平之败，不独冯亭诅诈之罪，平原君实为之。愚则曰：长平之败不在平原君之听冯亭，而在赵王之用赵括。”宋元之际史学家、《资治通鉴》注解者胡三省亦认为：“秦有吞天下之心，使赵不受上党而秦得之，亦必据上党而攻赵。故赵之祸不在受上党，而在用赵括。”③

当代学者吴如嵩、沈长云等认为：

首先，赵国在外交上的孤立无援是其失败的重要原因。上党地区的战略位置对于赵国的存亡关系重大，赵孝成王接受韩国上党十七城，并派经验丰富的老将廉颇提重兵驻守长平，抵御秦军，这些决策都是正确的。但从实力对比上看，秦强赵弱是客观事实，赵国应该通过外交手段，实施联盟战略。一方面，韩国连年遭秦进攻，赵可与韩联合抗秦；另一方面，赵可分给楚、魏一些利益，争取两国的支持。这样，借各国合纵的力量，赵国才能改变其处于劣势的地位，以与强秦抗衡。

但在战前和战争过程中，赵国在外交上可以说是屡屡失策，没有争取到任何盟国。虞卿先联络楚、魏，然后再与秦媾和的外交策略是明智的，但赵孝成王没有采纳此良策，却采纳了楼昌的媾和方式，结果不仅使秦国更坚定了攻赵的决心，还使赵国失去了楚、魏可能给予的支持，让自己处于孤立无援、独立抗秦的不利境地。

其次，战略指导上的失误直接导致了赵国的失败。处于劣势的赵国，在

① 引自张大可、丁德科《史记通解》（第五册）第 1934 页，商务印书馆 2015 年 8 月版

② 引自张大可、丁德科《史记通解》（第六册）第 2691 页，商务印书馆 2015 年 8 月版。

③ 引自韩兆琦《史记笺证》（第六册）第 3004 页，江西人民出版社 2015 年 12 月修订版。

没有外来力量帮助的情况下，要想战胜强大的秦军，其战略方针首先只能是防御，而非进攻，其作战方式只能是持久战，而非速决战。只有在战争初期采取持久防御的战略方针，才能谋求挫败秦军的锐气，并逐步促成实力强弱的转换。

老将廉颇在初战受挫之后，采取坚壁疲敌的方针，是完全正确的。然而赵孝成王对敌强我弱的基本形势缺乏清醒的认识，“不知三军之事而同三军之政”“不知三军之权而同三军之任”（《孙子·谋攻》语），屡次责怪廉颇，干扰其正确的作战方针，盲目主张“束甲而趋之”，急于寻求与秦军决战。同时，又临阵易帅，任用名气很大但实际上只会纸上谈兵的赵括担任主帅，以实施其错误的战略方针，这是导致赵军惨败的直接原因。

在作战指挥上，赵括先是轻率地发起全面进攻，陷入敌军包围后又一筹莫展，最后铤而走险，被秦军射杀，致使几十万赵军失去主帅，集体投降。这也充分反映出赵括在指挥上的无知和无能。

与赵国临阵易帅形成鲜明对照的是秦昭王密派名将白起担任秦军主帅，王龁改任副帅，这大大加强了前敌指挥，而且产生了出其不意，使敌措手不及的效果，进一步增大了秦军优势。当赵军被围后，秦王亲赴河内征发士卒开赴长平战场，并切断敌人的粮道，这是很有战略眼光的行为。秦王的这一行动也有力地支持了白起尽早歼敌，从而加快了战争进程。

在外交上，秦厚待赵孋和使者郑朱，制造了秦、赵已经议和的假象，又许愿割地以收买楚、魏，从而争取了楚、魏等国的中立，这都为秦全力削弱赵国赢得了有利的国际环境。

在指挥方面，白起不愧为一代名将，为了利用赵括骄狂轻躁的心理，先是秘密抵达长平前线，以免赵括闻其盛名而谨慎对待；继则后退诱敌，使赵军脱离既设阵地，兵力分散；然后大胆实施分割包围，将赵军割裂开来，聚而歼之。白起因长平之胜而闻名，但他坑降卒四十万，也因此臭名昭著。[1]

战争是政治的继续，赵国长平之战失败的根本原因在于赵国政治的腐朽。赵孝成王则是赵国腐朽政治的代表。开战之初，其抗秦决心并不坚定，稍遇

① 吴如嵩、黄朴民等著《中国军事通史》（第三卷·战国军事史）第 280–282 页，军事科学出版社 1998 年 10 月版。

挫折便寻求妥协，他的妥协使赵国失去了合纵抗秦的机会。战争进入相持阶段，他又听信间言，任命赵括为将。

战争是指挥员智慧的较量。长平之战中，赵括指挥之无能与失误，成为赵军长平失败的直接原因。战争也是经济实力的较量，后勤保障是战争取胜的基础，赵国的粮食生产远远落后于秦国，战争进入相持阶段，赵国的军粮不济，使赵国在持久战中陷于不利地位，赵孝成王责备廉颇守而不战，就是因为战国军粮缺乏之故。军粮的缺乏促使赵国急于决战，这使赵国又失去了久劳秦师最终取胜的机会。

长平之战是赵国由盛向衰的转折点。长平之败后，在强大秦国的进攻面前，赵国变得奄奄一息。东方足以和秦国抗衡的最后一个强国，遭到了彻底的削弱。[①]

【剧情释疑】

○两军在长平相持期间，赵王派平原君赵胜赴秦与范雎讲和吗？

《史记·虞卿列传》记载："赵王不听，与平原君为媾，发郑朱入秦……应侯果显郑朱，以示天下贺战胜者，终不肯媾。"《新序·善谋》和《战国策·赵策三》第十二章也有相同记载。

此处的"赵王……与平原君为媾"到底应作何理解，作者参考了六个译本，大致有两种译法：一是赵王与平原君一起商议、确定与秦国媾和的办法；二是派平原君主持、办理与秦国媾和的事宜。无论作哪种理解，加上后一句"发郑朱入秦"，也就是派郑朱去秦国，怎么也不能理解为平原君也去了秦国与范雎谈判媾和事宜。

所以，电视剧说赵国派平原君去秦国宜阳离宫与范雎和谈，与史实不符。至于在和谈期间，平原君让上党两任郡守靳黈和冯亭作证，证明上党归赵是顺应上党民意，而范雎则拿出韩国把上党郡割给秦国的盟书，并请出韩桓惠王作证，证明上党归赵是两名郡守违抗王命，这一情节就更是子虚乌有了。

○在此期间，秦昭王命白起去巴蜀找郡守李冰买粮、开道运粮？

在前文的"剧情释疑"中，已说明李冰的活动时期应该在秦昭襄王末年，

① 沈长云等著《赵国史稿》第 207–208 页，中华书局 2000 年 11 月版。

或者兼及秦孝文王初年。李冰建都江堰，在秦昭襄王晚年，约为公元前 256 年至公元前 251 年。也就是说，长平之战时，李冰尚未出任蜀郡太守，因此电视剧所谓秦王找李冰买粮之事不应成立。但该年长平前线粮食吃紧，秦国又遇饥荒，去蜀郡买粮也好，征粮也罢，都有可能是事实。但是否为白起去蜀郡办理此事，史书并没有相关记载。

〇秦、赵两军在长平对峙的时间长达三年？

电视剧说秦将王龁与赵军廉颇在丹水两岸相持长达整整三年时间，有的学者著作也持此说。这个问题有点复杂，请先看相互矛盾的史料：

秦简《编年记》："[秦昭襄王] 四十七年，攻长平。" 秦昭襄王四十七年，即公元前 260 年。

《史记 · 秦本纪》："[秦昭襄王] 四十七年，秦攻韩上党，上党降赵，秦因攻赵，赵发兵击秦，相距。秦使武安君白起击，大破赵于长平，四十余万尽杀之。"

《史记 · 白起列传》："[秦昭襄王] 四十七年，秦使左庶长王龁攻韩，取上党。上党民走赵。赵军长平，以按拒上党民。四月，龁因攻赵……至九月……括军败，卒四十万人降武安君。"

《史记 · 赵世家》："[赵孝成王] 四年……乃令赵胜受地……赵遂发兵取上党，廉颇将军军长平。七年，廉颇免而赵括代将。" 赵孝成王四年，即公元前 262 年。

《史记 · 廉颇列传》："[赵孝成王] 七年，秦与赵兵相距长平……赵王因以括为将，代廉颇。" 赵孝成王七年为公元前 259 年。

《史记 · 六国年表》：赵孝成王五年（公元前 261 年）"使廉颇拒秦于长平"；赵孝成王六年（公元前 260 年）"使赵括代廉颇将，白起破括四十五万"；秦昭襄王四十七年（公元前 260 年），"白起破赵长平，杀卒四十五万。"

《吕氏春秋 · 应言》："秦虽大胜于长平，三年然后决，士民倦，粮食□。"

可以看出，关于秦军进攻赵军的时间，可以确定为公元前 260 年；关于秦军打败赵军、战争结束的时间，尽管《赵世家》记为公元前 259 年，但其余三处均记为公元前 260 年，基本上也可确定为与秦攻上党的同一年；而赵军进驻长平的时间，年份并不统一，有公元前260年、公元前261年、公元前262年三种说法，但综合分析，廉颇进驻长平防守秦军的时间为公元前261年比较可信。因为上党降赵的时间为公元前262年，赵国接收上党后随即出兵驻守，一是镇抚上党百姓，二是能够预料秦军要来夺取上党，故不会等到秦军来攻后才出兵长平。

如果从两军交战开始计算，根据《史记·白起列传》的记载，到战争结束只有约半年时间；从公元前261年廉颇进驻长平开始计算，由于不清楚具体月份，到公元前260年九月战争结束，最长也只有一年多时间；如果从上党降赵开始计算，最长仍然只有两年多时间。《吕氏春秋》所谓“三年然后决”，估计是从上党降赵开始计算的，而且是以虚年而不是周年，前后跨越了三个年头。

○是范雎让秦昭王逼迫白起杀掉赵军降卒?

电视剧对白起杀赵军降卒一事，编排了大量情节，但均未见史书记载。作者揣测，编剧之所以如此铺排，一方面为了说明白起乃至包括昭王、范雎在内的秦国最高决策层，对于杀掉赵军降卒，实属无奈之举；另一方面则是为了激发白起与范雎以及与秦王之间的矛盾和怨恨，为白起后来之死埋下伏笔，以及赵蔓因国仇亲情无法调和而与白起之间的剧烈冲突。

○白起真的活埋了赵军降卒吗？到底是四十万还是二十万?

两千多年来，一直相传长平之战时，秦国战神白起活埋了赵军降卒四十余万，这是源自史书的记载。现将史料罗列如下：

《史记·白起列传》:“括军败，卒四十万人降武安君……乃挟诈而尽坑杀之，遗其小者二百四十人归赵。前后斩首虏四十五万人。”

《史记·秦本纪》:“秦使武安君白起击，大破赵于长平，四十余万尽杀之。”

《史记·赵世家》:“秦人围赵括，赵括以军降，卒四十余万皆阬之。”

《史记·廉颇列传》:“括军败，数十万之众遂降秦，秦悉阬之。赵前后所亡凡四十五万。”

《史记·六国年表》记载：公元前260年，“白起破赵长平，杀卒四十五万”。

《战国策·秦策三》第十八章，蔡泽谓范雎曰："又越韩、魏，攻强赵，北阬马服，诛屠四十余万之众，流血成川，沸声若雷，使秦业帝。"

《水经·沁水注》："《上党记》曰：长平城在郡南山中，丹水出长平北山，南流，秦坑赵众，流血丹川，由是俗为丹水，斯为不经矣。"

其中涉及两个问题：一是处决的人数，二是处死的方式。

第一，关于处决人数。史料多记载为四十五万或四十余万；而《史记·白起列传》记载为四十万人，"前后斩首虏四十五万人"；只有《史记·廉颇列传》记载的是一个不确定的"数十万"，即"赵前后所亡凡四十五万"。到底是多少，恐怕连司马迁也不能确定，但根据其记载，人们仍有理由相信是四十万，这也一直是两千多年来的主流观点。虽然有人对此提出了质疑，但却没有充分的依据撼动《史记》的记载。

司马迁记载长平之役赵国投入兵力四十五万，几乎全部死亡，或战死，或饿死，或被活埋，或被俘后杀死。然而，太史公却忽略了一个事实，赵军因历来在边地作战，向以顽强善战而著称，在决战阶段，尤其是最后生死关头的强行突围中，经过惨烈血战，无疑会有大批士卒战死沙场，或者被围困后饿死，也就是说，还活着投降的必然不足四十万了。究竟还剩多少活着投降的，谁也无法确知，但可进行大致推算。

《史记·白起列传》又载："今秦虽破长平军，而秦卒死者过半，国内空。"赵军的死亡比例不比秦军低，因为秦军没有饿死的，秦军死者过半，赵军战死的绝不止五万。按此秦军死亡比例推算，赵军参战的四十五万人，战死、饿死的也该有二十多万，剩下的就只有二十来万了，而不是司马迁所说的四十万。

从这个角度看，电视剧所谓的秦国活埋赵军的人数只有二十万，除了减轻白起罪责的用意外，也符合上述推测，有一定的道理，至少可作一家之言。

第二，关于处决方式。上列史料中用"坑"或"阬"的有四处，用"坑杀"的一处，用"杀"的有两处。《说文解字》曰："坑"本作"阬"。"坑""阬"与"坑杀"，都是活埋的意思。在"坑""阬"之前还用了"尽""皆""悉"等词，均表示"全部活埋"。

难道真的都是活埋的？这个观点恐怕也站不住脚。

第一，在高平市永录村永录1号尸骨坑，考古工作者发现坑内骨骼上有箭痕、砸痕、刃痕、骨折等印迹，伴有出土铜镞、铜带钩、铁带钩、铁簪、刀币等物品，且人骨排列杂乱无章、纵横相叠。据统计，在这130具骸骨中，有60具有头无身，其余大部分都是被击伤致死，真正能确认是因活埋而死的尸骨只有一具。由骨骼排列和创伤观察，死者为被杀后乱葬的。

第二，如果是活埋，怎么会有《战国策》记载的“流血成川”、《上党记》所谓的“流血丹川，由是俗为丹水”呢？血流成河，把河水都染红了，丹水由此得名，虽然这有些夸张，但可证明秦军杀赵国降卒的事实。

第三，在活埋过程中，被埋者必然垂死挣扎和反抗。试想，要一起活埋四十万人，哪怕就只活埋二十万人，该有多大的工作量？此时也已经筋疲力尽的秦军能够快速完成吗？

第四，秦国是以斩首数量论功行赏的国家，如果不先把降卒杀死，又怎么凭首级记功晋爵呢？

所以，我们似乎更应倾向于这种观点：秦军不是活埋赵军降卒，而是对赵卒用箭射以及其他武器攻击方式，先大规模杀死后，再挖坑草草掩埋了事。

第二十一章
秦围邯郸，赵联楚魏

韩、赵调唆，范雎与白起结怨

秦国在长平大胜赵军后，韩、赵恐惧，派遣苏代带着厚礼，游说秦相范雎。

苏代说："武安君已擒杀马服君儿子了么？"

范雎答："是的。"

问："马上就要攻邯郸了么？"

答："是的。"

苏代说："赵国灭亡，则秦王将称王于天下，武安君将位列三公。武安君为秦国攻城略地，下七十余城，向南平定了鄢、郢和汉中，向北消灭赵括的军队，周公、召公、姜太公的功勋，也不过如此。武安君位列秦国三公，阁下能居于其下么？到那时，即便不想居于其下，也已经由不得您自己了！以前秦国进攻韩国，围魏邢丘，困赵上党，上党老百姓纷纷归附赵国，天下的百姓早就不想当秦国的子民了。如果灭赵，它北方的疆土将落入燕国，东方的疆土将落入齐国，南方的疆土将落入韩、魏两国，那么，归顺秦国的子民，就为数不多了。不如借此机会，秦国割占其土地，不要再给武安君加功晋爵的机会了！"

当时，白起想乘势进攻邯郸，一举消灭赵国。派卫先生去说服秦昭王，请求增加兵力和粮草。范雎则向秦王进言："秦军久战，已经疲劳，让韩、赵两国割地求和，使士卒得以休整。"秦王听信了范雎，致使白起继续进攻邯郸的计划未能实行，也让秦国错失了攻灭赵国的大好时机。

对于赵、韩两国来讲，为了避免亡国或再遭战祸，派人离间范雎与白起，是无可指责的。但对于秦国来说，范雎是为了个人私利，白起则是为了国家大计，两者高下立判。大局之谋却被小人之计所阻止，让人唏嘘不已。

据东汉思想家王充所著《论衡》一书记载：白起精诚所至，感动上天，出现了金星侵蚀昴宿的天象，即所谓"太白蚀昴"。《邹阳列传·索隐》曰："太白主西方，秦在西，败赵之兆也。”《邹阳列传·集解》云：“昴，赵地分野，将有兵，故太白蚀昴。”另据日本学者齐藤国治、小泽贤二《中国古代天文记录检证》一书，公元前260年前后，为太白与昴接近的时期，确有“太白蚀昴”的天变。

当白起了解到范雎为什么向秦昭王建言罢兵不进的原委后，从此便与应侯范雎结下梁子，有了嫌隙。

公元前259年十月[①]，秦军再次平定了上党郡。秦王召武安君白起回秦国。秦军兵分二路：一路由王龁领军伐赵武安[②]、皮劳，皆被攻克；另一路由司马梗领军向北进击，平定了太原。

韩、赵恐惧，请求割地求和。秦昭王又采纳范雎的意见，割取韩国的垣雍以讲和。正月停战，秦军驻守上党。秦国要求赵国割让六县。

虞卿阻止赵王割六县予秦

长平之战后[③]，作为战败国之国君，赵孝成王曾入秦朝见，一度被秦国所扣留。赵国派赵郝与秦国谈判，同意割让六县与秦讲和，秦国这才释放了赵孝成王。

赵王回国后，赵相虞卿反对割让六县给秦国。

虞卿对赵王说：“秦军攻打赵国，是因为兵卒疲惫了才撤回的呢，还是仍有进攻的力量，因为爱护大王才不再进攻的呢？”

赵王说：“秦军攻我，已经不遗余力了，肯定是因为疲惫了才撤回的。”

虞卿说：“秦军拼尽全力进攻仍不能攻下赵国，疲惫而归，而大王又将秦军全力进攻仍不能取得的土地送给秦国，这是在帮助秦国进攻自己啊！若来年秦军再来攻赵，大王就无药可救了。”

---

① 据杨宽教授考证，自公元前265年起，秦国用颛顼历，以每年十月为岁首，九月为岁尾，即同一年的九月在十月之后，所以前文所述九月赵军断粮兵败在公元前260年，此处所述十月秦军平定上党郡在公元前259年，下文所述九月秦军攻邯郸在十月平定上党郡之后。至公元前258年，秦国恢复以正月为岁首。

② 此“武安”并非白起的封地，“武安君”仅为白起的封号，并无封地。

③《史记·虞卿列传》此句原文为“秦既解邯郸围”，若下文所述之事发生在“既解邯郸围”之后，则赵国完全没有割让六县给秦国的必要，现依杨宽教授的观点将此句改为“既破赵长平”。详见杨宽《战国史料编年辑证》第931页、第980-981页，上海人民出版社2001年11月版。

赵王把虞卿这番话告诉给了赵郝。

赵郝说："虞卿真的能断定秦军拼尽全力了吗？如果秦军真的不能再进攻了，连这区区六县也可不给秦国，就会迫使秦军来年再次攻赵，大王岂不是要割让比这边境六县更靠近腹地的内地城邑才能讲和吗？"

赵王说："若依你的意见割让六县，你能保证秦国来年不再来攻赵了吗？"

赵郝答："这不是我敢担保的。当年三晋和秦结交，关系友好；而今秦国和韩、魏交好而进攻赵国，这说明大工对待秦国一定不如韩、魏两国。现在我为大王解除因为您背离秦国而招致的进攻，开放边关，恢复贸易，使赵和秦的关系与韩、魏两国一样，到来年如果秦国唯独进攻赵国，这必定是大王侍奉秦国又落在韩、魏的后面了。这就是我不敢担保的原因。"

赵王又把赵郝这番话告诉给了虞卿。

虞卿说："赵郝说'现在不割地讲和，就会迫使秦军来年再次攻赵，大王岂不是要割让比这边境六县更靠近腹地的内地城邑才能讲和吗'，现在割地讲和了，赵郝又不能肯定秦国今后不再来攻赵。这样，即使现在割了六县，又有什么好处呢？来年再次攻赵，又要割让即使秦军进攻也不能取得的内地城邑去讲和，这是自取灭亡的做法，不如不讲和。秦军虽然善于进攻，也不能夺取这六县；赵军虽然不善防守，但最终也没有丢掉这六县。秦军不能进攻了才回去，必然疲惫。如果用这六县拉拢各国去进攻疲惫的秦军，我们虽然失去六县于各国，但可以从秦国那里得到补偿。这样，赵国还能得利，与无所作为地割让土地、削弱自己以增强秦国相比，哪个好呢？"

"现在赵郝说'秦国和韩、魏交好而进攻赵国，这说明大王对待秦国一定不如韩、魏两国'，这是让大王每年都献六县给秦国，很快就会断送全部国土。倘若来年秦国再要求割地，大王准备给他吗？不给吧，则前功尽弃，并将引来更大的祸患；给吧，却发现已经没有土地可给了。常言道：'强者善攻，弱者不能守。'现在无所作为地听命于秦，秦军不受任何损失而不断地得到土地，秦国越来越强而赵国越来越弱，越来越强的秦国不断地割取越来越弱的赵国的土地，秦国的胃口就会越来越大。何况大王的土地是有限的，而秦国的贪欲是没有穷尽的，用有限的土地去满足无尽的贪欲，最后势必导致赵国的灭亡。"

赵王举棋不定，这时楼缓从秦国回来了。

对于楼缓此人，我们并不陌生，本书曾经说过，他是赵武灵王时期的赵国重臣，因其亲善秦国，曾被赵国派去秦国做过丞相。楼缓此时当已年老。

赵王和楼缓商议此事，说："是割让土地给秦国呢还是不割，到底哪个为好？"

楼缓推辞说："这个不是臣下所能判断的。"

赵王说："虽然如此，不妨谈谈您个人的想法。"

楼缓回答道："大王听说过公甫文伯[①]母亲的事吗？公甫文伯在鲁国做官，生病死了，有两个女人在他的房中为他自杀。他的母亲听说此事，并不哭泣。他家的总管说：'哪有儿子死了而母亲不哭的呢？'他母亲说：'孔子是位大贤人，被逼离开鲁国，这个人不跟孔子走。现在他死了，却有两个妇人肯为他自杀。这表明，一定是他薄待贤人长者而厚待这些妇人啊。'从母亲的角度来说，她是位贤良的母亲；若是从妻子的角度来说，她肯定是个妒忌的妻子。所以，同样的一句话，说的人不同，那它表明的心迹也就不一样了。如今我刚从秦国回来而说不给秦国土地，不是负责任的说法；说给吧，又怕大王以为我是为了秦国的利益。所以，我不敢回答。如果让我站在大王的角度考虑，我认为不如割让土地为好。"

赵王说："哦。"

虞卿听说后，进宫拜见赵王，说："楼先生所说的只是表面上动听，大王要慎重割地给秦国。"

楼缓听说后，又去面见赵王。赵王也把虞卿所说告诉了楼缓。

楼缓说："不是这样的。虞卿只知其一，不知其二。现在秦、赵结怨相斗，天下各国都很高兴，这是为什么呢？因为各国都在心里盘算说'这下我可以乘强欺弱了'。如今赵军输给秦国，各国祝贺战争胜利的人肯定都到秦国去了。所以不如赶快割地与秦国讲和，以使各国产生疑惑而让秦国得到安慰。否则，各国将趁秦国憎恨赵国，而赵国又疲弱的机会，把赵国瓜分掉。赵国都要灭亡了，还谈什么图谋秦国呢？所以我说虞卿只知其一，不知其二。请大王按此意见作出决断，不要再作其他考虑了。"

---

① 公甫文伯，春秋末期鲁国的大贵族，季康子之堂兄弟。

虞卿听说后，再去见赵王，说：“楼先生这种为秦国打算的言论太危险了！这样做会使各国更加疑惑，又怎么能让秦国得到安慰呢？他为什么唯独不说这样做是在向天下各国暴露赵国的软弱呢？再者，我说不给秦国六县，并不仅仅是不给秦国就完了。秦国向大王索要六县，而大王可以把这六县送给齐国。齐国，是与秦国结下深仇的国家。齐国得到大王的六县后，我们可以要求它和赵国合力向西击秦，也许不等您把话说完，齐王就会听从。这样大王在齐国失去的可以从秦国得到补偿，而齐、赵两国的深仇也就可以报了，还能向天下各国显示赵国是有能力、敢作为的。大王将此事稍加声张，齐、赵的军队还没到达秦国边境，我们就会见到秦国的贵重财物已经送到赵国，反而来向大王求和了。此时，大王同意与秦讲和，韩、魏两国听说后，必然都敬重大王；他们敬重大王，两国必然争先向大王献上重礼。如此一来，大王一举便可和三个国家结为友好，在与秦国和谈的过程中，两国的地位便完全颠倒过来了，大王由被动变为主动。”

赵王最终采纳了虞卿的意见，没有割让六县给秦国。

而赵国的出尔反尔，令秦王大怒。公元前 259 年九月，即长平之战结束刚刚一年，秦国发兵，派五大夫王陵进攻赵国都城邯郸。

平原君使楚，毛遂自荐

秦军围困邯郸不久，赵国就派平原君赵胜出使楚国求救，想与楚国合纵抗秦。

平原君说：“如果用文的方式能够取胜，那就好了。否则，便在华美的宫殿下歃血为盟，一定要订下合纵盟约才回来。随行的士人不用在外边物色，从我的门客中挑选就足够了。”

平原君从他的门客中挑选有勇有谋、文武兼备的二十人同行。可选了十九个人后，剩下的都不可取，凑不够二十人。

这时，门客中有位名叫毛遂的走上前来，向平原君自我推荐，说：“我听说您将和楚国合纵，要带门客二十人同行，不向外物色人员。如今还缺少一人，希望您能用我毛遂凑足名额后就出发吧。”

平原君问：“先生在我门下有几年了？”

毛遂答："迄今三年了。"

平原君说："一个贤士生活在世上，就像一把锥子装在袋子里，锥尖立刻就会显露出来。而先生在我门下已经三年了，我身边的人从来没有称赞过您，我也没有听说过您，可见先生并没有什么可说的。先生不能胜任，还是留下吧。"

毛遂说："所以我今天才请求您把我装进袋子里啊，如果我毛遂能早些被装进袋子中，整个锥体早就露出来了，而不是只露出锥尖而已。"

平原君最终还是决定把毛遂带去。其他十九个人相互交换眼神，讥笑毛遂，只是没有说出口来。

可是毛遂并未在意他们的神色，在一起去楚国的途中，还与其余十九人交谈议论，不说则已，一说这十九人都服了。

到了楚国后，平原君和楚国君臣商议合纵之事，分析、陈述其利害，从太阳出山说到太阳当头，还是决定不了。

十九人对毛遂说："请先生上去说。"

毛遂手按剑柄，从台阶走上殿，对平原君说："合纵的利与弊，两句话就能说清楚。今天从早晨说到中午，为什么呢？"

楚考烈王问平原君："这位客人是做什么的？"

平原君答："是我的门客。"

楚王呵斥道："为何还不退下！我是在与你的主人谈话，你来干什么！"

毛遂按着剑柄挺身向前，说："大王之所以大声呵斥我，无非依仗楚国人多。现在你我相距不过十步，大王无法依靠楚国人多了，大王的性命就在我手里。我的主人就在面前，你呵斥什么？我听说商汤以七十里之地最终做天下之王，周文王以百里土地而使诸侯称臣，难道是他们士卒众多吗？这乃是他们能顺应形势，树立威望。现在楚国方圆五千里，军队上百万，这是称霸争王的资本啊。以楚国的强大，天下无法阻挡。白起这个竖子，带了几万人，兴兵来和楚国交战，一战而攻下鄢郢，再战而烧了夷陵，三战而羞辱了大王的祖先。这是百世的仇恨，连我们赵国都感到羞愧，而大王却不知耻辱。合纵是为了楚国，不是为了赵国。我的主人就在面前，你呵斥什么？"

楚王连声说："对，对，确实像先生所说的，我是为了国家社稷而与赵国合纵抗秦。”

毛遂说：“合纵之盟定了吗？”

楚王说：“定了。”

毛遂对楚王身边的人说：“快拿鸡、狗、马的血来。”

毛遂手捧铜盘，跪着进献给楚王，说：“大王应当首先歃血而确定合纵之盟，其次是我的主人，再次是我毛遂。”

于是，赵、楚两国便在殿上定下了合纵之盟。

毛遂左手端起装着血的铜盘，右手招呼随行的十九人，说：“你们也一起在堂下歃血。你们庸庸碌碌，依靠别人才能办成事情。”

平原君回到赵国，说：“我赵胜再不敢看人识人了。我观察评价过的人，多说已经上千，少说也有数百人了，自认为不会漏掉一个天下有识之士，如今却有眼不识毛先生。毛先生一到楚国，便使赵国的地位重于九鼎、大吕，毛先生以三寸之舌，胜过百万大军。我赵胜再不敢看人识人了。”

从此以后，平原君便把毛遂尊为上宾。

魏被秦骗，与赵合纵

在长平之战双方相持阶段，赵国就曾派平都君去联合魏国。平都君就是原齐相田单，公元前 264 年为赵相，封平都君。

平都君游说魏安釐王，说：“大王为什么不组织合纵联盟呢？”

魏王说：“秦国答应把垣雍（今河南原阳西）归还给我。”

平都君说：“我认为归还垣雍只是一句空话。”

魏王问：“为什么？”

平都君答：“秦、赵两国在长平城下长期相持，不分胜负，诸侯与秦国联合，赵国就会灭亡，与赵国联合，秦国则会灭亡，秦国担心大王改变主意，所以用垣雍来引诱大王。如果秦国战胜了赵国，大王敢向秦国要求割让垣雍吗？我说：‘不敢。’如果秦国不能战胜赵国，大王能让韩国交出垣雍吗？我说：‘不能。’所以我说归还垣雍只是一句空话。”

可见，垣雍当时属韩地，在魏长城以南，与魏长城以北魏国的卷地相对，是韩、魏交界地带的交通要道。此地有济水，南会于荥泽。可决荥泽水直灌魏国都城大梁，与魏国的安危关系重大，所以秦国以此地为诱饵，诱骗魏国在长平之战期间投向秦国，不敢变心。

秦破长平后，韩国被迫献出垣雍给秦国，正如平都君田单所预料的，秦国不仅没有兑现许诺，不把垣雍归还魏国，反而以此随时威胁着魏国。

秦国的背信弃义，出尔反尔，让魏国主动请求与赵国合纵。

赵孝成王叫来虞卿商议。

虞卿顺路拜访平原君赵胜，赵胜说："希望您赞成合纵。"

虞卿晋见赵王，赵王说："魏国请求合纵。"

虞卿回答说："魏国错了。"

赵王说："寡人暂时没有答应。"

虞卿回答说："大王错了。"

赵王说："魏国请求合纵，您说魏国错了；寡人还没答应，您又说寡人错了。那么，合纵最终不可行吗？"

虞卿回答说："我听说小国与大国联合，成功则大国得其福，失败则小国受其祸。现在，魏国以小国的身份请受其祸，大王以大国的身份推辞其福，所以我说大王错了，魏国也错了。而且我个人认为合纵是有利的。"

赵国于是和魏国合纵。

【剧情释疑】

○本章中的苏代和赵郝，在电视剧中怎么变成了楼缓？

关于韩、赵两国派苏代赴秦离间范雎与白起，出自《史记·白起列传》，原文是："韩、赵恐，使苏代厚币说秦相范雎。"另《战国策·秦策三》第十五章也对游说范雎的内容有记载，但开篇仅作"谓应侯曰"，既未载明游说者是谁，也未载明其所代表的国家。

杨宽教授认为："苏代"二字有误，此时苏代当已去世。但《史记》的各种版本，包括中华书局点校本二十四史之《史记》修订本亦然，作者只好依从。

关于与虞卿辩论是否割让六县给秦国者，《史记·虞卿列传》和《新序·善谋》对此事之记载就是本章"虞卿阻止赵王割六县予秦"一节的主体内容，即先是赵郝，再是楼缓。而《战国策·赵策三》第十章与《史记·虞卿列传》《新序·善谋》的辩论言辞内容相同,但通篇与虞卿辩论者皆作“楼缓”,并无“赵郝”,为一事之两传。本书采《史记·虞卿列传》和《新序·善谋》,故与《战国策·赵策三》不同。

综上，电视剧把这两件事都归于楼缓，是为了避免人物角色过多，可以理解。何况，离间范雎与白起者到底是谁尚存疑问，而与虞卿辩论者前后都作楼缓，亦有《战国策》作为依据，并不错误。笔者倒是觉得，既然剧中已经设置了楼缓这一角色，不如将其戏份提前，在电视剧开篇不久就让他以赵国派往秦国做丞相的身份出镜，这样既符合历史真实，也使他后来亲秦的观点有所依凭。

○长平之战相持期间，赵国派虞卿赴大梁与魏、楚合纵攻秦？

本章正文已述，在公元前260年秦、赵两军对峙长平时，赵国曾派平都君田单赴魏国欲求合纵，而不是虞卿。但因当时魏安釐王轻信秦国战后把韩地垣雍归还给魏国的许诺，不同意与赵合纵攻秦。此即《战国策·魏策四》所载的“长平之役，平都君说魏王”章。

然而，正如平都君田单所预料，长平之战后韩国被迫把垣雍献给秦国，秦国不仅没有兑现许诺把垣雍归还魏国，反而以此随时威胁着魏国。这时，魏王的希望彻底破灭，才与赵国合纵，但仍然惧怕秦国。

○在长平战局僵持之时，秦王派白起赴魏大梁恐吓魏王，阻止赵、魏、楚三国合纵？

关于这件事情，史书均无记载，当属电视剧虚构。

而且，电视剧还说当时楚国令尹春申君黄歇也在魏国，与赵国虞卿、魏国信陵君密谋合纵攻秦。如本章正文所述，在长平之战期间，楚、魏均未与赵合纵，否则赵就不会如此惨败。直到秦围邯郸之后，赵王为了存国，派平原君出使楚国求救，合纵于楚，楚王都还不答应，毛遂闯进殿以杀楚王相逼，并讲了一番道理后，楚王才与平原君歃血为盟，合纵攻秦。平原君、毛遂出使楚国的时间，史书记载不确，综合推定为公元前258年，楚军于次年抵达邯郸救赵。可证，在长平之战期间，楚国根本没有与赵合纵的意思，春申君黄歇更不可能为合纵之事主动出现在魏国大梁。至于电视剧中所说的春申君派人背着信陵君刺杀正在魏国的白起，当然也是子虚乌有了。

〇是白起说服韩、秦两王，韩国将垣雍借给秦国五年，期满后韩国还给魏国吗？

这种说法与史实不符。

据《史记·秦本纪》载："[秦昭襄王]四十八年十月，韩献垣雍。"也就是在长平之战刚刚结束之时，韩国害怕秦国又来打它，就主动把垣雍割给了秦国。所以，不存在电视剧所谓的韩国把垣雍先借给秦国，五年再还给魏国之说。

再者，史书并未记载长平之战期间赵、魏、楚三国合纵，白起阻止合纵之事，此情节应属虚构。

第二十二章
窃符救赵，邯郸解围

信陵君不掌国事，魏王首鼠两端

战国四公子之一，魏公子魏无忌，是魏昭王的小儿子，魏安釐王同父异母的弟弟。魏昭王去世，安釐王继位，封信陵（今河南宁陵西）给魏无忌，号为信陵君。

魏无忌为人心地仁慈，能与地位比自己低的人交往，不论才能高低，他都能够谦虚地以礼相待，绝不因为自己富贵而对人傲慢。因此，周围数千里以内的士人都争先恐后地归附于他，他门下的宾客多达三千人。

有一次，魏安釐王与信陵君正在下棋，北方国境传来了烽火警报，说是赵国出兵来犯，即将进入国境。魏王放下棋子，准备召集大臣们来商议对策。

信陵君劝阻魏王，说："那是赵王在打猎，不是来侵犯我国。"

他若无其事地继续下棋。魏王有些害怕，心思不在下棋上。

过了一会儿，又从北方传来消息说："是赵王在打猎，不是来侵犯我国。"

魏王大吃一惊，说："公子是怎么知道的？"

信陵君说："我的门客中有能探听到赵王秘密事情的人，赵王的所作所为，门客都要向我报告，所以我能够知道。"

从此以后，魏王惧怕信陵君的贤能，不敢把国家大事委任给他。

信陵君的姐姐是平原君的夫人，平原君多次派人给魏安釐王和信陵君送信，向魏国请求救兵。魏王派将军晋鄙率领十万军队去救赵。

秦王知道后，派使者警告魏王说："我攻打赵国，早晚会将其攻下，如果有敢去救援赵国的诸侯，等灭了赵国后必调转军队先去攻灭它。"

魏王害怕，于是派人通知晋鄙停止进军，把部队驻扎在荡阴（今河南汤阴），名义上是去救赵，实际上是首鼠两端持观望态度。

秦军久围邯郸不克，为防止魏军北上袭击其后路，便先发制人。秦派将军张唐攻打魏国。魏国的守将蔡尉因弃城逃跑，被魏王斩杀。

之后，魏王又派客将军[①]辛垣衍悄悄潜入邯郸，通过平原君对赵王说："秦国之所以加紧围攻邯郸，是因为以前秦昭王与齐湣王争强称帝，由于齐湣王首先取消了帝号而使秦昭王不久也取消了帝号。现在齐国已经越发衰弱，只有秦国称雄天下，秦王不一定是贪图邯郸，他的意图是想再次称帝。只要赵国派遣使臣尊秦昭王为帝，秦王一定很高兴，必然会撤军回国。"

听闻此消息后，平原君还在犹豫，没有作出决定。

鲁仲连义不帝秦

正在这时，才华出众而又不肯为官的齐国人鲁仲连游历到了赵国，正碰上秦军围攻邯郸。

鲁仲连听说魏国打算让赵国尊秦王为帝，就去见平原君，说："这件事情怎么处理呢？"

平原君说："我赵胜还怎么敢谈论国事！前不久在长平损失四十多万赵军，现在秦军又包围邯郸而无退敌之策。魏王派客将军辛垣衍让赵国尊秦王为帝，现在此人就在这里，我还能说什么呢！"

鲁仲连说："开始我以为您是天下最贤明的公子，现在我才知道并非如此。魏国客将军辛垣衍在哪里？我愿意为您责备他，并把他打发回去。"

平原君说："让我请他来见先生吧。"

平原君就去对辛垣衍说："东方的齐国有位鲁仲连先生，现在他来赵国了，我想介绍先生和他见面。"

辛垣衍说："我听说鲁仲连先生是齐国的高人，而我只是一个使臣，职事在身，我不愿见鲁仲连先生。"

平原君说："我已经把先生在这里的事透露给他了。"

辛垣衍只好答应见面。

鲁仲连见到辛垣衍后一言不发。

辛垣衍说："我看留在这座被包围的城中之人，都是有求于平原君的。如今我看先生的神采，好像不是有求于平原君的人，为什么老是留在这座围城中而不走呢？"

---

① 客将军：其他国家的人在魏国任将军，犹如"客卿"。

鲁仲连说：“世人都认为鲍焦[1]是由于心胸狭隘而绝食自杀，其实完全不是这样。由于大家不明白他的内心，便认为他是为了个人的一己私利。那秦国是个不讲礼制道义，只崇尚斩敌之功的国家，用权谋欺诈的手段驱使士人，像对待俘虏一样奴役百姓，秦王如果肆无忌惮地称帝，甚至进一步统治天下，那我鲁仲连就跳东海而死，也绝不会做他的子民。我之所以见将军，是想援助赵国。”

辛垣衍问：“先生将怎样援助赵国呢？”

鲁仲连答：“我准备请魏国和燕国来援助，因为齐国、楚国已经在援助赵国了。”

辛垣衍说：“燕国么，我可以相信先生说的；至于魏国，我本人就是魏国的使臣，先生怎么能使魏国来援助赵国呢？”

鲁仲连说：“魏王只是没有看到秦王称帝后的祸害，假如看到了，魏国就一定会救援赵国了。”

辛垣衍问：“秦王称帝后的祸害是什么呢？”

鲁仲连答：“从前齐威王讲仁义，率领天下的诸侯去朝拜周天子。周王室贫弱，其他诸侯都没有去朝见，只有齐威王去了。过了一年多，周烈王（一说周显王）死了，各诸侯前去吊丧，齐威王去晚了，周天子很生气，在发给齐国的讣告里说：‘天子去世如天崩地裂，继位的天子也离开宫室去守丧，而东方的藩国之臣却最后到来，当处斩刑。’齐威王勃然大怒，骂道：‘呸！你妈是个贱婢。’结果被天下人讥笑。周天子活着的时候，齐王去朝见，死了又骂他，这是因为实在忍受不了周天子的苛求。但做天子的本来就是这样，这也没什么奇怪的。”

辛垣衍说：“先生没见过那些仆人吗？十个仆人服侍一个主人，难道是体力和智力不如主人吗？不是，是因为他们畏惧主人而已。”

鲁仲连说：“这么说来，相对于秦国来说魏国就像仆人吗？”

辛垣衍说：“正是。”

鲁仲连说：“既然这样，我就叫秦王把魏王煮成肉酱。”

① 鲍焦：周代的隐士，因不满当时社会，抱树绝食而死。鲁仲连引鲍焦自喻，意在表明鲍焦之死不是由于心胸狭隘，乃是为了坚守大义，坚持原则。

辛垣衍听了很不高兴地说："嗨！先生的话也太过分了！先生又怎么能让秦王把魏王煮成肉酱呢？"

鲁仲连说："当然能啊，听我说吧。从前，鬼侯、鄂侯、文王，是商纣王的三个诸侯。鬼侯有个女儿长得漂亮，就把她献给了纣王，可是纣王仍嫌她丑，就把鬼侯杀了剁成肉酱。鄂侯急忙为鬼侯争辩，因为语言激烈了些，纣王就把鄂侯杀了晒成肉干。文王听说后，不由得叹了口气，纣王就把文王关在监狱里一百多天，还想置他于死地。为什么有些人与别人同样称王，却处于被人宰割的境地呢？"

"当年，邹国、鲁国的臣子，在他们国君活着的时候没能奉养，死后也没有送给祭品，然而当齐国被乐毅攻破，齐湣王在逃亡途中打算在邹国、鲁国行天子之礼，他们都不肯接受。现在秦国是拥有万乘战车的大国，魏国也是万乘之国，各自都有称王的名号，看到他打了一次胜仗，就想归顺他并尊他为帝，这样看来，魏国的大臣还不如邹国、鲁国的臣子了。"

"再说，秦王的贪欲没有止境，一旦称帝，他就会撤换诸侯的大臣，将撤掉他们认为无才之人，而任命他们认为贤能之人，撤掉他们所憎恨的人，而任命他们所喜欢的人。还会把秦国王室的女子和搬弄是非的女人，嫁给诸侯做嫔妃姬妾，住进魏国的宫殿里，魏王哪能太平无事呢？而将军您又怎么能得到像过去那样的宠信呢？"

于是，辛垣衍起身，拜了两拜，感激地说："起初我以为先生是个平庸之人，到今天才知道先生是天下的贤士。请让我告辞，我再也不敢说尊秦为帝的话了。"

秦军将领听说后，也为此退兵五十里。

平原君打算请赵王分封鲁仲连，鲁仲连再三推辞，始终不肯接受。平原君就设宴款待，把酒喝得酣畅淋漓的时候，平原君起身向前，用千金重礼向鲁仲连表达谢意。鲁仲连笑着说："天下贤士的可贵之处，就在于为别人排除祸患、消除危难、平息纷争而不取得报酬。如果有所索取，就是做交易的商贾之人，我是不会这样做的。"

之后，鲁仲连辞别平原君而去，两人再没有见面。

信陵君礼贤下士，结交侯嬴、朱亥

魏国有个隐士名叫侯嬴，七十岁了，家境贫寒，是大梁城夷门的守门小官。

信陵君魏无忌听说后，就亲自去拜访，并带上厚礼想送给他。

侯嬴不肯接受，说：“我洁身自好几十年，绝不会因为监守城门而家庭贫困的缘故就接受公子的财物。”

于是信陵君置办了酒席，大会宾客。等大家坐定后，信陵君带着随从车马，空着车上左边的座位，亲自去迎接守城门的侯嬴。

侯嬴整理了一下他的破旧衣帽，径直上车，坐在车子左边留着的尊贵座位，毫不谦让，借此来观察信陵君的反应。

信陵君则亲自驾车，更加恭敬。

侯嬴又对信陵君说：“我有个朋友在市场屠宰坊，希望借您的车马路过那里，我去看他一下。”

于是信陵君驾车进入市场，侯嬴下车去见他的朋友朱亥，故意长时间地与朱亥谈话，并暗中观察信陵君，见他更加和颜悦色。

就在这时，前来参加信陵君宴会的魏国将相、宗室等宾客已经坐满了厅堂，只等信陵君回来举杯开宴。

市场上的人们都来看魏国公子为这个侯老头儿驾车，信陵君的随从们却在心里骂侯嬴。侯嬴见信陵君的脸色始终没变，才向朱亥告辞上车。

到了信陵君家中，他领着侯嬴坐到上席，向宾客一一介绍了侯嬴，客人们都很惊讶。酒喝得正畅快时，信陵君站起来到侯嬴面前，为他敬酒祝寿。

侯嬴这才对信陵君说：“今天我侯嬴真是太难为公子了。我只是个监守城门的人，而公子却亲自驾车于大庭广众之中来接我，这样待我做得太过了，但公子却这样做了。而我侯嬴为了成就公子的美名，故意让公子的车马在市场中等我很久，来往的人们都在观看公子的举动，公子却显得更加恭敬。市场中的人都认为我是个卑微的小人，而认为公子是礼贤下士的长者。”

侯嬴从此被信陵君待为上宾。

侯嬴对信陵君说：“我去看望的屠夫朱亥，是个贤明的人，只是世人不知道，他是故意隐身于屠宰坊之中。”

之后，信陵君又多次去拜访朱亥，朱亥却从不回访拜谢，信陵君觉得很奇怪。

侯嬴为信陵君献计

邯郸告急。

平原君的使者络绎不绝地来到魏国，责怪信陵君说："我赵胜之所以主动高攀，与魏结为婚姻，是因为仰慕公子的崇高道义，能急人所难。如今邯郸即将投降秦国，而魏国的救兵却迟迟不到，怎么能说公子急人所难呢！即使公子轻看我赵胜，抛弃赵国使其降秦，难道你就不怜惜你的姐姐吗？"

信陵君深感忧虑，多次去请求魏王，又让门客谋士百般劝说魏王救赵，终因魏王惧怕秦国而没有听从信陵君。信陵君自认为始终不能得到魏王的允许，决计不愿一人苟活而让赵国灭亡，于是让他的门客凑了一百多辆车马，准备率领他们去和秦军决一死战，与赵国共存亡。

出城门时，遇到了侯嬴，信陵君把事情的来龙去脉，以及自己带领门客去与秦军死战的事情，都原原本本地告诉了侯嬴，说完了就告辞继续走，侯嬴说："公子尽力而为吧，臣已老了，不能跟您去了。"

信陵君走了几里路，心里很不痛快，说："我对待侯先生礼数周备，天下人没有不知道的，如今我就要去送死了，而侯先生却没有一言半语送给我，难道我做错了什么吗？"于是又带着车马返回去，向侯嬴问个明白。

侯嬴笑着说："我知道公子一定会回来的。"接着又说："公子喜欢结交士人，名闻天下。如今公子有难，没有别的办法才准备去与秦军决一死战，这就像把肉投给饿虎，有什么益处呢？还养门客做什么呢？公子待老臣不薄，公子去赴死而臣竟然不去送行，因此我知道公子会恨我，而且还要回来问个明白。"

信陵君向侯嬴拜了两拜，并向他请教，于是侯嬴支开旁边的人，悄悄对信陵君说："我听说调动晋鄙军队的虎符经常放在大王的寝宫里，而侍妾如姬最受大王宠爱，经常出入于大王的寝宫，她能够偷到兵符。我还听说如姬的父亲被人杀害，如姬悬赏三年，寻求一个能为她报杀父之仇的人，没有找到。如姬曾向公子哭诉此事，公子派人去斩下了她仇人的头献给她，有这样的恩情在，如姬一定愿为公子效死而不会推辞，只是没有机会报答公子罢了。公子如果真的开口请如姬帮忙，她一定会答应，您就可以得到虎符去调走晋鄙的十万兵马，可以向北去救赵国，可以向西打退秦军，此举如同春秋五霸一般的功业。”

信陵君窃符救赵

信陵君听从了侯嬴的计谋，去请如姬帮忙，如姬果然偷到了调动晋鄙军队的兵符，交给了信陵君。

信陵君出发时，侯嬴对他说：“为了国家利益，将在外，君命有所不受。即便公子合了兵符，如果晋鄙不把兵权交给公子，却要重新请示魏王，那就危险了。我的朋友屠夫朱亥可跟您一起去，他是个大力士。晋鄙听从了当然最好，如果晋鄙不听从，可让朱亥打死他。”

信陵君听了，泪流满面。

侯嬴说：“公子为什么哭了？是怕死吗？”

信陵君说：“晋鄙是勇武的老将，我去了恐怕他不会听从，就必须要把他杀了，想到此我才流下了眼泪，哪里是因为我怕死呢？”

于是信陵君请朱亥同行。

朱亥笑着说：“我是市场上操刀宰杀的屠夫，而公子多次来看我，我之所以没回拜，是认为这些小礼节没什么用处，现在公子有急难之事，这正是我以性命来报答的时候了。”

朱亥与信陵君一同前往。

信陵君向侯嬴告别，侯嬴说：“本来我应该与公子一同前往，但因年老不能去了，我将计算公子的行程和日期，在你们到达晋鄙军队的那天，我就面向北方自刎，以此来为公子送行。”

信陵君一行到了邺县①，就假传魏王的命令来代替晋鄙统兵。虽然兵符相合，但晋鄙仍然心存疑虑，举手看了看信陵君，说：“我率领十万大军驻扎在

① 《史记·魏公子列传》谓“魏王恐，使人止晋鄙，留军壁邺”；《战国策·赵策三》第十三章、《史记·鲁仲连列传》均谓“魏安釐王使将军晋鄙救赵，畏秦，止于荡阴不进”。魏军停留地不符。荡阴在今河南省汤阴县，壁邺即邺县，在今河北临漳西南，壁邺在荡阴以北八十里，临近赵国边境，北距赵都邯郸亦为八十里。疑为魏国派辛垣衍出使邯郸时，晋鄙军正停留于荡阴，而当信陵君击杀晋鄙时，晋鄙军已行进至壁邺。

魏、赵边境，身负国家重任，现在你单身匹马来接替我，这是怎么回事呢？”晋鄙不想听从。

朱亥立即用那藏在袖子中重达四十斤的铁锤击杀了晋鄙，于是信陵君夺取了晋鄙军队的指挥权。

而在信陵君与侯嬴诀别之后，赶到晋鄙军中的那天，侯嬴果然面向北方自刎而死。

信陵君将军队进行整顿，下令说：“父子都在军中服役的，父亲回去；兄弟都在军中服役的，哥哥回去；没有兄弟的独子，也回去奉养父母。”

经过挑选，信陵君留下八万精兵，向邯郸进发。

平原君散财救国，妻妾充军

秦军加紧围攻邯郸，这时魏国、楚国的救兵都还没赶到，邯郸危急，即将投降。平原君赵胜心急如焚。

邯郸传舍吏之子李同对平原君说：“您不担心赵国灭亡吗？”

平原君说：“赵国灭亡，我赵胜就要当俘虏，怎能不忧虑呢？”

李同说：“邯郸的老百姓用死人的骨头当柴烧，交换儿子杀来吃，可谓危急到了极点。但您的后宫人员数以百计，宫女穿着高档丝织衣服，粮和肉多得吃不完，然而老百姓连粗布短衣都穿不上，连糟糠都吃不到。百姓困苦，武器耗尽，有的已在削尖木头当矛和箭，可是您家所用的各种东西都依然如常。一旦秦国攻破赵国，您还能拥有这些东西吗？如果赵国得以保全，难道您还害怕缺少这些东西吗？现在您如果能把夫人以下的家人都编入士兵之中，分配事情给她们做，散尽所有家中财物，分发给兵卒，犒劳他们，此时正当他们危难困苦之际，很容易感恩戴德的。”

于是平原君听从了他，得到了敢死之士三千人。李同便和这三千人向秦军冲去，秦军因此后退三十里。

李同战死，赵国封他的父亲为李侯。

信陵君救邯郸，拒受赵封

正当秦军后退之际，恰好遇到信陵君魏无忌率魏军来救援赵国，魏军乘势攻打秦军，秦军就撤退了，就这样解除了邯郸之围，保全了赵国。

赵王和平原君亲自去城墙边迎接信陵君，平原君背着箭囊在前面为信陵君引路。赵王再次拜谢，说：“自古以来的贤者，没有人比得上公子啊！”

这时，平原君也自愧不如，不敢与信陵君相比了。

赵孝成王很感激信陵君假传王命夺取兵权保全了赵国，于是和平原君商量，打算把五个城邑封给信陵君。

信陵君听说后，便有了居功自傲的心态和神色。门客中有人劝他说：“事情有不能忘记的，也有不能不忘记的。别人有恩于公子，公子不能忘记；公子有恩于别人，希望公子把它忘记。况且假传魏王的命令，夺取晋鄙的军队以救援赵国，对赵国来说是有功，而对于魏国来说却不能说是忠臣。如今公子自以为有功而骄傲，我私下认为这是不可取的。”

听了此番话语后，信陵君立刻责备自己，感到无地自容。

当赵王亲自打扫庭前台阶迎接信陵君，按照主人迎接贵宾的礼节，引导信陵君从西面的台阶上去时，信陵君却侧身行走，以示谦让，从东面的台阶上去。信陵君自称有罪，既有负于魏国，对赵国来讲也算不上什么功劳。赵王陪信陵君饮酒直到天黑，也不好意思开口说出封赠给信陵君五个城邑的事，因为信陵君一直在谦让。于是赵王便把鄗（音同号，在今河北高邑东）作为信陵君的汤沐邑[1]。

信陵君最终留在赵国。

《荀子·臣道》载：“同君主力争然后才能向善，违背君主然后才能建功，出生入死而没有私心，极其忠诚公正，这就叫推行忠诚而达到顺从，信陵君就类似这种人。”

公孙龙劝平原君辞赵王加封

虞卿想借信陵君保住了邯郸之事，为平原君请求增加封地。

他对赵王说：“您不费一个兵卒，不损一件武器，就消除了两国的祸患，这是平原君的功劳啊。得到了人家的帮助，却忘记了人家的功劳，这是不可取的。”

---

① 汤沐邑：本来是因诸侯要按时朝见天子，故天子在其京郊附近赐给诸侯一块领地，以供他们“斋戒沐浴”的开销之用。后来，王后、公子、公主等也都有汤沐邑，它的意义就变成了供给其生活所需，或者就纯粹是以此为名目另占一块地盘。

赵王说："好。"于是，便准备给平原君增加封地。

公孙龙听说后，连夜驾车去见平原君，说："我听说虞卿想借信陵君保住了邯郸一事为您请封，有这回事吗？"

平原君说："是这样的。"

公孙龙说："这样做万万不可。赵王推举、任用您为赵国的相国，并不是认为您的才智能力是赵国没有人可以替代的。赵王把东武城封给您，并不是认为您有功而一般人无功，而是因为您是他亲属的缘故。您接受了相印，并不以自己才能不足而推辞，您接受了封地，也不以自己没有立功而拒绝，这也是您认为自己是大王亲属的缘故。现在借信陵君保住了邯郸这件事，有人为您请求加封，这是以大王亲属的身份接受了封邑，而又以普通国民的身份再接受奖赏。这样做万万不可！"

"再说，虞卿借此掌握了进退两方面的主动权：事情成了，他会像债主那样向您索取报答；事情办不成，他也可以用曾经为您请封的虚名让您感激。您一定不要听他的。"

于是，平原君拒绝了虞卿的建议，没有接受赵王的加封。

《荀子·臣道》又云："有人能够联合有智慧的人齐心协力，率领群臣百官共同来逼迫君主，纠正君主，君主虽然感到不安，但不能不听，于是解除了国家的大祸患，消除了国家的大灾难，使君主尊贵，国家安全，这叫作辅佐。平原君对于赵国，可称为辅佐了。有人能违抗君主的命令，窃取君主的大权，反对君主的行为，使国家转危为安，洗刷了君主的耻辱，功劳足以给国家带来很大好处，这叫作矫正。信陵君对于魏国，可称为矫正了。"

楚春申君黄歇率楚军救邯郸

赵国平原君出使楚国后，与楚考烈王订立了合纵攻秦的盟约。楚国派春申君领兵、临武君为将赴赵救援。

大家知道，黄歇以前陪楚国太子在秦国做人质。他是什么时候回楚国的呢？

六年以前（公元前 263 年），楚顷襄王病了，楚太子完还在秦国做人质，不能回去。而楚太子完与秦相应侯范雎的关系不错，于是在秦国侍奉太子完的楚臣黄歇就劝说应侯：“相国真是对楚太子好吗？”

应侯说：“当然！”

黄歇说：“如今楚王恐怕是一病不起了，秦国不如让太子回国。太子如果能立为王，那他一定会厚待秦国，并对您感恩戴德，这样，既亲近了盟国，又扶植了一位大国的储君。如果不让他回国，那他只是咸阳城里的一个普通的平民而已；楚国将另立太子，新太子肯定不会侍奉秦国。秦国失去一个盟国，又与一个大国断绝友好关系，这不是一个明智的办法。希望您仔细考虑这件事。”

之后，应侯将黄歇说的这番话转告给了秦王。

秦王说：“让楚太子的老师先回楚国去探望一下楚王的病情，等他回来后再做计议。”

黄歇为楚太子谋划说：“秦国所以不放太子，是想借此取得好处。如今太子的力量还不能给秦国多大的利益，我黄歇为此十分忧虑。而阳文君的两个儿子现在国内，大王如果不幸寿终，太子又不在国内，阳文君的儿子必被立为楚王，您就不能继承大统了。不如逃出秦国，与楚国使臣一起走；而让臣留下，以我的性命来担当责任。”

于是楚太子完更换了衣服，扮成楚国使臣的车夫蒙混出关。黄歇留守在馆舍里，总是假托太子有病而拒绝来访的宾客。

估计太子已经走远，秦国追不上了，黄歇才主动向秦昭王说：“楚太子已经回去，走得很远了。我罪该当死，请大王赐我一死。”

秦昭王大怒，想让黄歇自杀。

应侯说：“黄歇作为臣子，愿意献出他的生命来效忠他的主人。太子立为楚王，必然重用黄歇。所以不如赦免其罪让他回国，以表示秦国对楚国的亲善。”

秦昭王听从了应候的意见，遣送黄歇回楚国。

黄歇回到楚国三个月后，楚顷襄王就去世了，太子完被立为王，即楚考烈王。

第二年，考烈王任命左徒黄歇为令尹（相国），封为春申君，赐给他淮北地区的十二个县作为封地。

公元前257年，楚王派春申君黄歇、将军临武君率楚军救援赵国，比信陵君魏无忌稍后赶到邯郸，合力打败了秦军，解除了邯郸之围。

老将廉颇的归宿

邯郸之围已解，赵国总算没有灭亡。此时，我们不禁想起了廉颇老将军，如果长平之战赵国不换将，还会有邯郸之围吗？当然，历史是不容假设的。那么，廉颇的结局又如何呢？

廉颇从长平免职而归。众人见他已无职无权，家里的门客便四散而去。

邯郸解围后的第五年，燕国的相国栗腹对燕王说："赵国的壮年男子都死在长平了，他们留下的孤儿还没长大，可以乘机出兵讨伐。"

燕王召见昌国君乐间征求意见。昌国君说："赵国是四面受敌的国家，老百姓娴习军事，不可用兵讨伐。"

燕王说："我们以多攻少，两个人对付一个人，可以吗？"

乐间回答说："不可。"

燕王又说："我们五个人对付一个人，总该可以了吧！"

乐间仍然回答："不可！"

燕王大怒，没有追问乐间原因，只是采纳了群臣都认为可以出兵的意见。于是燕国派遣两支部队、战车两千乘，出兵攻赵。由栗腹率领一支部队攻打赵国的鄗邑，由卿秦率领一支部队攻打赵国的代郡。

赵国派廉颇为将，迎击燕军，把燕军打得大败，杀死了栗腹，俘虏了卿秦和乐间，并包围了燕国的国都。燕国愿意割让城邑求和，赵国才答应退兵。

廉颇又立战功。赵王封廉颇于尉文，号为信平君，并任其为荣誉相国。

这时，已经走了的那些门客又都回来了。

见此，廉颇说："诸位请回吧！"

这批门客倒振振有词地说："唉，您怎么还没看透呢？天下之人的交往之道，就像市场上做买卖的一样，您有权势，我们就跟随你，您没了权势，我们就会离去。本来就是这个道理，您又何必怨恨呢？"

过了六年，赵国派廉颇攻打魏国的繁阳，并占领了此城。

赵孝成王死后，儿子悼襄王继位，让乐乘接替廉颇。廉颇不服从，要杀掉乐乘。后来，乐乘逃跑，廉颇也出奔到魏国的大梁。

廉颇在大梁居住了很长一段时间，魏国不信任也不留用他。而赵国这时屡屡受挫于秦军，赵王想再次起用廉颇，廉颇也希望再次为赵国效力。

赵王派遣使者去探望廉颇，看他还是否可用。但廉颇的仇人郭开用重金贿赂使者，让他说廉颇的坏话。赵国使者与廉颇见了面，廉颇特地一顿饭吃了一斗米、十斤肉，还披甲上马，以示自己身体健壮。

使者回国后向赵王报告说："廉将军虽然老了，但是饭量还是很不错，可是陪我坐了一会儿，却上了三次厕所。"赵王觉得廉颇已经老而无用了，便不再召他回国。

这个典故被南宋豪放派词人、将领辛弃疾写入其著名词作《永遇乐·京口北固亭怀古》[①]，其中"廉颇老矣，尚能饭否"更为人们所熟知。

楚国听说廉颇在魏国，暗中派人把他接走了。廉颇做了楚国的将军，但没有为楚国立下什么功劳。他说："我真希望还能指挥赵国的将士啊。"

最后廉颇老死在楚国的寿春。

【剧情释疑】

○楚国救赵邯郸，除了派令尹春申君，还派了将军临武君吗？

可能性大。这是一个在史学界存在争议的问题。

《战国策·楚策四》第十章记载："天下合从（纵），赵使魏加见楚春申君曰：'君有将乎？'曰：'有矣。仆欲将临武君。'"该章还贡献了一个成语"惊弓之鸟"。对此章的争议问题有两个：

第一，这是哪年发生的事？史学界有两种观点：一是公元前 257 年（秦昭王五十年），即楚、魏合纵救赵邯郸这年；二是公元前 241 年（秦王政六年），这年楚、燕与三晋五国合纵攻秦。

第二，临武君是谁？学界有三种观点：一是楚将景阳，二是赵将庞煖，甚至《战国策》的辑录者刘向还认为他就是大名鼎鼎的孙膑。

---

① 辛弃疾词《永遇乐·京口北固亭怀古》全文：千古江山，英雄无觅，孙仲谋处。舞榭歌台，风流总被雨打风吹去。斜阳草树，寻常巷陌，人道寄奴曾住。想当年，金戈铁马，气吞万里如虎。元嘉草草，封狼居胥，赢得仓皇北顾。四十三年，望中犹记，烽火扬州路。可堪回首，佛狸祠下，一片神鸦社鼓。凭谁问：廉颇老矣，尚能饭否？

另外，《荀子·议兵》《新序·杂事》《韩诗外传》均记载“临武君与孙卿子议兵于赵孝成王前”，而赵孝成王赵丹卒于公元前245年应无争议，临武君为楚将合纵攻秦在公元前241年的观点，则不能成立。

当然，问题并没有这么简单，专家学者们写了多少篇论文都没有定论，并不是这样三言两语就能解决的。问题的焦点在于临武君与孙卿子议兵于赵孝成王前是不是在邯郸解围之时。电视剧没有涉及临武君，不管是从历史角度还是从艺术角度，都是可取的。

第二十三章
赐死白起，处决范雎

秦王一请白起攻邯郸，被拒绝

秦国开始攻打邯郸时，武安君白起生病了，行动不方便，没有去带兵。

次年正月，王陵攻打邯郸不顺利，秦国又增兵支援王陵。但王陵的部队却被赵军消灭了五个营。

这时，武安君白起的病好了，秦王就想派他代替王陵统兵。

武安君白起却说：“不行。”

秦王说：“前年国库已空虚，百姓遭饥荒，您不考虑老百姓有没有这个实力，都要求增调军粮，想一举消灭赵国。现在寡人已经休整百姓，安养士卒，蓄积粮食，军需物资的供应超过以前的一倍，而您却说‘不行’，为什么要这样说呢？”

白起说：“长平之战，秦军大胜，赵军惨败。秦国人欢喜，赵国人畏惧。秦国战死的人得到厚葬，受伤的人得到疗养，出力的人得到慰劳，吃饱喝足并得到奖赏，消耗了国家财力。赵国战死的人得不到收殓，受伤的人得不到治疗，全国军民哭泣哀号，同心协力共度危难，加紧勤奋劳作，增加了国家财富。如今大王的军需供应虽然比以前增加了一倍，但臣下料想赵国用于防守的军需供应却超过了原来的十倍。赵国自从长平之战以来，君臣忧虑恐惧，早上朝，晚退朝，用谦卑的言辞、厚重的礼物，派出使者去与四方诸侯交好。结好燕、魏，联合齐、楚，处心积虑，一切都以防范秦国为当务之急。现在的赵国国内国力充实，国外邦交成功。这个时候，我们是不能攻打赵国的。”

秦王说：“可寡人已经出兵了。”

白起说：“邯郸实在是不容易攻取。况且诸侯救兵马上就要到了，那些诸侯怨恨秦国已经很久了。眼下秦国虽然在长平消灭了赵军四十多万，但秦军也已死亡过半，国内空虚。长途跋涉而去夺取别国的都城，赵军固守接应，各路诸侯从城外进攻，秦军必败无疑，秦国不能攻取邯郸。”

白起的一番言词没有打消秦王攻打邯郸的决心，甚至亲自下令，命令他统帅出兵，但武安君白起说什么也不愿奉命启程。

秦王再派范雎请白起出战，又遭拒绝

见白起不为所动，秦王又派应侯范雎去催促，责备他说："楚国土地方圆五千里，军队百万，您以前率领几万军队攻入楚国，攻克鄢、郢，焚烧宗庙，东边攻到竟陵，楚国人震惊恐惧，只好向东迁徙，而不敢向西抵抗。韩、魏两国联合发兵，出动的军队很多，您所率领的秦军人数还不到韩、魏联军的一半，而您却在伊阙大战中大胜两国军队，战死者的血都能漂起作战用的大盾，斩敌首级二十四万，韩、魏两国因此至今向秦国称臣。这是您的功劳，天下无人不知。"

"现在赵国士兵在长平之战中已经死去了十之七八，他们的国家虚弱，因此寡人大举发兵，人数超过赵国军队的几倍，希望您率军出战，一定要消灭赵国。您曾经以寡击众，如神一般取得胜利，何况现在是以强击弱、以多攻少呢？"

武安君说："当时楚王依仗其国家强大，不顾念国政，而群臣因为争功而互相嫉妒，阿谀奉承者受到重用，贤良忠臣被排斥疏远，百姓离心离德，城墙和护城河不加修治，既无良臣，又无守备，所以我才能够率兵深入楚国，占领很多城邑，拆毁桥梁，烧掉船只，使士兵专心作战，在城外掠得粮食补充军粮。在那个时候，秦国的士兵把军队当成自己的家，把将帅当作自己的父母，不用结拜自然就是兄弟，不用商量自然都很信任，一心想着同获战功，勇往直前死不退却。相反，楚国人在自己的国家作战，都顾念自己的家，人人都想离开战场，没有斗志，所以我才能建立战功。"

"伊阙之战，韩国势力孤单依靠魏国救援，不想首先动用自己的军队。魏国则想利用韩国的精锐部队，想让韩国军队打先锋。韩、魏两军互相争利，不能同心协力，因此臣下才设疑兵与韩军对阵，另派精锐部队乘魏军不备而下令攻击。魏军已经失败，韩军就不战自溃了，因此我军才乘胜追击败北的敌军。因为这个缘故，臣下才立下战功。这都是考虑了地形是否有利，双方的形势如何，一切都是顺理成章，哪是什么神啊！"

“秦国在长平打败赵军时，没有顺势而为，趁着赵军震惊恐惧的时候灭亡赵国，竟然由于赵国的畏惧屈服而放过了他们，使赵国人能够抓紧耕种，增加储备，抚养遗孤，带大小孩，赵国人口得以增长，修缮兵甲以增强兵力，加高城墙，深挖护城河，城邑更加坚固。就连国君都降低身份，亲近文武大臣；各级将领也推心置腹，亲近效死的士兵。以至于平原君那样的人，都让自己的妻妾到军队去为将士们缝补衣服。臣民一心，上下协力。赵王就像当初越王勾践被困于会稽山之时卧薪尝胆那样。假如现在去攻打赵国，赵军一定会拼死坚守，如果向赵军挑战，他们肯定不会出战。围困赵国国都，一定不能攻克；攻打其他城邑，未必能够攻下；在城外抢掠，也必定一无所获。出动军队不能取得成功，天下诸侯必生异心，各国的救兵必定会赶来。臣下只想到攻赵的害处，没看到攻赵的好处，何况我又病了，不能出征。”

应侯范雎惭愧地退了出去，并把武安君白起的这番话转告给了秦王。

秦王说：“难道没有白起，我就不能灭掉赵国了吗？”

无奈之下，秦昭王只好改派王龁取代王陵为将。可秦军围攻邯郸已有八九个月了，死伤众多，却仍然没有攻下邯郸。

而赵孝成王则派出精锐部队袭击秦军的后路，秦军更是连连失利。

闻此，武安君说：“不听我的劝谏，现在结果如何呢？”

秦王三请白起仍不从，心生怨恨

秦王听说后大怒，于是亲自去见武安君，强迫他起床，说：“您虽然有病，也要强撑着睡在担架上为寡人指挥打仗。如果您能建立战功，这是寡人的愿望，那我将更加敬重您；如果您仍不出征，寡人就会怨恨您。”

武安君叩头至地，说：“臣下知道，若不奉命出战，即便无罪，也难免一死。只要白起出战，就算不能得胜，但也可免罪。然而臣下只是希望大王能够接受臣的愚见，放弃攻打赵国，让百姓休养生息，以静观诸侯之间局势的变化。安抚恐惧的国家，攻打骄傲的国家，诛灭无道的国家，依此来号令诸侯，天下就可以平定，何必一定要先灭赵国呢？这就是所谓的被一个臣子折服，却战胜天下的做法。”

“大王如果不明察臣下的愚见，一定要先灭亡赵国才感到心满意足，以至于降罪于臣下，这也就是所谓的压服一个臣子，却被天下人屈服的做法。压服一个臣子所得到的威严，哪里能比得上战胜天下所获得的威严？臣下听说圣明的君王爱惜他的国家，忠诚的臣子爱惜他的名声，破亡的国家不能复存，死去的士兵不能复生，臣下宁愿受极刑而死，也不忍心做失败受辱军队的将领。希望大王明察！”

秦昭王听完没有回答，转身就走了。

范雎进谗言，秦王令白起自裁

正如武安君白起所料，此时秦国不宜攻打邯郸。

久攻不克，武安君白起说：“秦国不听我的计策，现在怎么样呢！”

秦王听说后，大怒，强行任命武安君为将，武安君称病情恶化。应侯范雎去请他，也不肯应命。

由于范雎与白起有了仇怨，范雎就向秦昭王进谗言，要秦王杀了白起。于是秦王免去了武安君的官爵，把他降为普通士兵，发配到阴密（今甘肃灵台西南）监管。但武安君因为有病，未能上路。

过了三个月，诸侯联军加紧进攻秦军，秦军节节败退，每天都有前方告急的信使来报告这些坏消息。

秦王派人驱逐白起，不让他继续留在咸阳。白起只好抱病离开咸阳，出咸阳西门十里，到达杜邮亭。

秦昭王与应侯及群臣商量道：“发配白起，他的内心还很不服气，说了一些不该说的话。”于是秦王派使者送给白起一把剑，让他自裁。

白起拿起剑行将自杀时，说：“我什么事得罪了老天啊，以至于落到这步田地！”举剑良久，又说：“我本来就该死。长平那一仗，赵卒投降的几十万人，被我使用诈术全部杀掉了，就凭这一条我就该死。”于是，白起自刎而亡。

白起死于公元前 257 年（秦昭王五十年）十一月。白起死非其罪，秦国人都怜惜他，乡里都祭祀他。

秦史学者马非百评论说：“白起虽于长平之役愤其中辍，坚不应伐赵之命，然其论楚、赵之形，胜负之数，深得事理之实，与策士之饰辞以惘疑其君者，不可同年而语。观其宁伏剑而死，不忍为辱军之将，其执志之坚，信非虚言。

始皇思其功，封其子，而秦人乡邑亦皆怜而祭祀之，有以哉！”[①]

《三国志·吴书·钟离牧传》记钟离牧云：“武安君谓秦王曰：‘非成业难，得贤难。非得贤难，用之难。非用之难，任之难。’”若其说可信，则白起早有先见之明。

《中国战争史》作者、军事专家武国卿、慕中岳写道：“一代叱咤风云的名将，每每驰骋于百万敌军之中，敌人无奈他何，然而却常常被一句流言蜚语毁于一旦，或被逼而死，使铮铮忠骨含恨于九泉之下。长平大战后，廉颇老死楚乡，白起被赐剑自刎，再度重现了这种不公平的历史结局。在掩卷之余，不能不诱发人们无限的感慨。”[②]

白起墓

白起墓在今陕西省咸阳市渭城区，渭河北岸任家咀。1970 年，中国人民解放军 3530 工厂在施工时，曾发现墓道，出土兵器、佩剑等文物数件，现存咸阳博物馆。白起墓呈圆形，底部直径 19 米，墓高 8 米。1982 年，白起墓被陕西省人民政府列为重点文物保护单位。

① 马非百《秦集史》（上册）第 240-241 页，中华书局 1982 年 8 月版。
② 武国卿、慕中岳《中国战争史》（第一卷）第 334-335 页，人民出版社 2016 年 1 月版。

联军夹击秦军，郑安平降赵

秦攻邯郸，范雎任用郑安平为将军，以便取得拔邯郸而灭赵国之大功。

信陵君魏无忌率领魏军的进军路线是由荡阴至宁新中至邺县，再由邺县越漳水北上，进攻邯郸外围之秦军。

秦将张唐又攻打并占领了邺县，企图包抄魏军的后路而制服魏军，同时抵御北上救赵的楚军，但没有成功。

魏、楚救赵的联军，与赵军内外夹击秦军，大胜秦军于邯郸。郑安平被包围，势态非常紧急，就带着两万士兵投降了赵国。

郑安平是范雎为了报恩而向秦王举荐的。按照秦律，被推荐的人如果犯罪，则推荐人与被推荐人同罪处罚。所以，范雎也应当被灭三族。

范雎跪在草席上向秦王请罪。

秦昭王害怕伤了范雎的心，便下令全国："有敢提郑安平一案的人，就与郑安平所犯罪行同样处罚。"

秦王不但没有治范雎的罪，反而给范雎一天天增加赏赐，来安抚范雎。

赵国封郑安平为武阳君，封地武阳（今河北易县东南）。两年后郑安平郁郁而死，赵国便收回了他的封地。

王稽丢失河东汾城

王龁所部秦军溃退后，小部分跟随张唐从邺县南下，共同攻取了魏国的宁新中（今河南安阳西南），宁新中后来更名为安阳。

魏王派人对秦王说："如果大王归还宁新中，我将首先与秦国讲和。"

有人对秦王说："大王不要听他的。魏王见诸侯不能依靠，所以想首先讲和。失掉宁新中的国家，应该割让两个宁新中的地盘来求和；得到宁新中的国家，怎么能够轻易归还呢？"

虞卿唯恐魏王与秦讲和，就去对魏王说："秦国为什么进攻魏国，大王知道原因吗？诸侯都认为魏国离秦国近，其实大王的国土与秦国并不近，但却受到秦国的威胁。诸侯都认为魏国弱，其实魏国并不比二周弱。秦军撤离邯郸后，越过二周来进攻大王，是认为大王容易被制服。大王知道示弱会招来秦国的攻击吗？"

春申君黄歇所率楚军，先是在邯郸救赵，继而一部分在宁新中救魏。

韩国也参加了此次合纵攻秦，出兵与魏、楚联军共击宁新中的秦军，秦军败退，解除了魏国的危急。

范雎的另一位恩人王稽为河东郡守，坐镇汾城（即临汾古城，在今山西侯马西北）而支援前线作战。汾城是秦国河东郡的郡治所在地，是当时秦军进攻邯郸的主要基地之一。

撤退的大部分秦军回师汾城，想与驻屯在汾城旁的大军会合，以抵御乘胜追击的魏、楚联军。魏、楚联军追击至河东，进攻屯驻在汾城的秦军，秦军又大败，在从汾水东岸渡河而退守汾城之际，再遭魏、楚联军的袭击，秦军死于汾水之中的士兵达两万人。于是，魏、楚联军得以渡过汾水而攻汾城，彻底打败秦军。

魏国夺回了河东郡的一些城邑。

当魏军援赵结束后，信陵君心里很清楚，魏王对其盗取兵符，假传王命杀死晋鄙很生气。于是，信陵君便派了一名将军率领军队回了魏国，而他本人及其门客则暂时留在赵国。

秦昭王再次宽容范雎

河东郡守王稽在汾城大败之后，曾与赵、魏议过投降之事，被秦军的基层军官告发了。

得报王稽私通诸侯，秦王大怒，不但要杀掉王稽，还想连范雎也一起杀掉。

范雎说：“我是东方边远地区的一个卑贱之人，得罪了魏国，逃奔到秦国。我没有诸侯做后援，也没有亲友在秦国朝中，大王提拔我这个异乡人，让我主管国家大事，天下人都知道我的身份和大王对我的重用。现在我为人所惑，似乎与罪人王稽同心，如果大王公开处死我，这样大王破格提拔我的过失就要公之于世，也会遭到诸侯的非议。我请求服毒自杀，并请大王赐以相国之礼来安葬我，这样，大王既没有放过我的罪过，也没有用人错误的名声。”

秦昭王说：“有道理。”于是没有杀范雎，反而优待他。

第二年，韩与魏、楚合纵攻秦后，不仅救援了魏国的宁新中，韩国还夺回了原属韩国、被秦攻取后作为范雎封地的应（今河南宝丰西南）。应侯范雎失去了位于韩国汝南的封地。

秦昭王问应侯："您失去了汝南的封地，不难过吗？"

应侯答："我并不难过。"

秦王问："为什么？"

应侯答："魏国有个叫东门吴的人，他的儿子死了却不难过，他的管家说：'您疼爱孩子天下无比，现在儿子死了您却不难过，为什么呢？'东门吴说：'我本来没有儿子，没有儿子的时候不难过，现在儿子死了，就和以前没有儿子的时候一样，我为什么要难过呢？'我曾经是个庶民，没有封地，没有封地时不难过；现在失去了汝南的封地，就和以前没有封地的时候一样，我为什么要难过呢？"

秦昭王认为范雎所言不实，告诉蒙骜说："现在我如果有一座城被围攻，我就会饭也吃不香，觉也睡不安。如今应侯失去了封地，他却说不难过，这是真的吗？"

蒙骜说："我愿为大王打探到真情。"

蒙骜就去见应侯，说："我想一死了之。"

应侯问："怎么回事？"

蒙骜说："大王把您当作老师，天下人都知道，何况是秦国呢！现在我有幸当上了大王的将领，带兵打仗，而小小的韩国竟敢公然倒行逆施，夺走您的封地，我还有什么脸面活下去呢？不如拼死去夺回您的封地。"

应侯拜谢蒙骜说："那就拜托您了。"

蒙骜将此情况报告给昭王。

从此以后，应侯每说到韩国的事，秦王总是不听他的，以为他又在为汝南的封地打算盘。

秦昭王终处死范雎

公元前 255 年，王稽被以"与诸侯通"的罪名处以弃市[①]，范雎因郑安平、王稽之罪连坐，也被处死。至于范雎是否喝毒药而死，史书没有记载，不得而知。

---

① 弃市，是在人群聚集的闹市，对犯人执行死刑，以示为大众所弃的刑罚。弃市为死刑的一种，自商周时即有。湖北云梦睡虎地秦墓出土的竹简显示，秦时死刑种类众多，如车裂、腰斩、枭首等，其中亦有弃市。

郑安平与王稽，最大贡献是造就了范雎这样一位政治家。没有郑安平的鼎力相助，范雎恐怕早已不在人世；没有王稽冒着风险把他带回秦国，范雎也就不会成为秦相，不会成为帮助秦国统一天下的历史名人。也正因为如此，范雎一生的命运也与郑安平、王稽息息相关。郑安平的相救、王稽的举荐成就了范雎，而郑安平降赵、王稽私通诸侯则连累了范雎，正所谓后人说的“成也萧何，败也萧何”。但郑安平、王稽与范雎事出萧何、韩信之前，应该是“成也郑、王，败也郑、王”。

后来，秦朝丞相李斯在其著名的《谏逐客书》中写道：“昭王得到范雎，废掉了穰侯，驱逐了华阳君，增强了王室的权力，堵塞了权贵垄断政治的局面，蚕食诸侯领土，使秦国成就了帝王大业。”

当代著名《史记》学者韩兆琦说：“《史记》突出地表现了范雎作为‘口辩之士’由一界布衣轻易取代宰相的惊人才智。范雎利用间隙，分化挑拨，近于阴险，其目标是推倒前人，取其荣名爵禄而代之。司马迁对这种人原无好感，只是告诉大家世界上还有这样一些凭着口辩才智，竟能如此耸人听闻地颠倒造化的事情。而我们则应该透过作者的主观爱憎，透过《战国策》原文的那些夸张描写，而看到范雎在秦国发展史上的实际贡献。”

范雎毫无疑问应该进入商鞅、张仪、魏冉、吕不韦、李斯等这些为秦国富强做出了重大贡献的杰出政治家的行列。范雎与魏冉、白起的矛盾，有公念，也有私心；有罪孽，也有时势之必然。《范雎列传》中所引的范雎上书和诸段说辞，都见于《战国策》，而范雎最初的倒霉受罪，和他得志后的酣畅淋漓的复仇，都不见于《战国策》，应是司马迁的发挥居多。而“太史公曰”最后连带感慨的灾难困厄激发人、鼓舞人创造伟业的思想，在《史记》中也是经常显现的重要主题之一。[①]

《资治通鉴》作者司马光评论说：“穰侯援立昭王，除其灾害，荐白起为将，南取鄢郢，东属地于齐，使天下诸侯稽首而事秦，秦益强大者，穰侯之功也。虽其专恣骄贪足以贾祸，亦未尽如范雎之言。范雎者，亦非能为秦忠谋，直欲得穰侯之处，故扼其吭而夺之耳。遂使秦王绝母子之义，失生舅之恩，要之，

① 韩兆琦《史记笺证》（第七册）第 4392–4393 页，江西人民出版社 2015 年 12 月修订版。

雎真倾危之士哉！”[①]

对邯郸之役的评价

邯郸之战中，秦军的失败，首先是秦昭王在外交和战略上的失策造成的。秦国没有继续贯彻“远交近攻”的战略，充分开展连横活动，以外交配合军事行动。在关东形势对秦十分不利的情况下，秦王只单纯看到楚、赵两国的兵力对比，而未能估计到赵国举国上下坚决抗秦所凝聚的巨大合力，以及诸侯合纵抗秦所形成的集团力量，固执地不听白起的谏阻，坚决进行灭赵的战争。在屡遭挫折的情况下，秦王仍不顾现实，一味增兵换将，犯了“怒而兴师”“愠而致战”的大忌，导致最终的惨败。

在作战指挥上，秦国没有派出有力的部队阻击魏、楚援兵，而是一再的集中兵力强攻邯郸，以致顿兵坚城，虽三次增兵终不能得逞，反使自己师劳兵疲，在各国军队的联合打击下大败而归。

而赵国则在这次战争中吸取长平战败的教训，利用秦坑杀赵卒的残暴行为，激励军民团结抗秦，举国一致，积极备战；又成功地运用合纵政策，做到“其国内实，其外交成”，形成了联合反秦的力量优势。

赵国，在军事上采取坚守疲敌，以待援军的方针，挫败了秦国速战速决的企图。在坚守邯郸的同时，能时常地组织精锐主动出击，袭扰秦军，以达确保都城，争取时间，取得外援的目的。在援军到达时，又能适时地配合出击，里应外合，内外夹攻，击败秦军于邯郸城下，取得了邯郸保卫战的胜利。

秦国在长平之战中的辉煌胜利及其坑杀赵卒四十万的残暴行为，使关东各国的君主感到震惊和恐惧，深切感受到了秦国的威胁，形势逼迫他们不得不走向合纵抗秦的道路以求自保。加上赵国积极的外交活动以及各国合纵人士的努力，在邯郸之战以前一个合纵抗秦的局势已经形成；在邯郸之战中赵国的坚决抵抗，魏、楚两国的救援，使合纵的力量显示出威力，令秦国损兵失地，遭受了战国后期以来最严重的挫折。由此可见，秦国在与关东各国整体力量的对比上，并不占绝对优势。

然而也应该看到，战国晚期各国的合纵抗秦是一种消极的防御战略，不

---

① 司马光《资治通鉴》(卷五·臣光曰)(点校整理本第一册)第一六三页，中华书局2011年8月第2版。

具备积极主动的进攻精神，因而无法给秦国致命的打击，改变当时的战略格局。此次各国合纵抗秦只是迫于一时的形势，各国的合纵态度并不十分坚决，魏、楚两国援军慑于秦国的威势一度观望不前，其目的也只限于救赵以自保；各国军队在取得邯郸之战的胜利后，并未组成联军进攻秦国本土，予以更沉重的打击，而是各自忙于收复以前被秦军侵占的土地，丧失了进一步削弱秦国实力的良机。

因此，邯郸之战虽然延缓了秦国统一天下的进程，使关东各国获得了喘息的机会；但秦国的雄厚实力尚存，秦国独强的战略格局并未改变，当时机成熟之际，秦国便以摧枯拉朽之势发动了不可抵挡的统一战争。[①]

【剧情释疑】

○赵国封秦国降将郑安平为武阳君，有没有封地？

有。

据《史记·赵世家》记载："[赵孝成王]十一年（公元前255年）……武阳君郑安平死，收其地。"如果没有封地，怎么"收其地"呢？所以，电视剧所说赵封郑安平为武阳君，只有封号、没有封地与史实不符。另外，郑安平与王稽、范雎死于同一年。

○王稽也投降赵、魏、楚联军，并且要求与郑安平一样封君？郑安平是被秦国抓获后杀死的吗？

据《史记·范雎列传》记载："王稽为河东守，与诸侯通，坐法诛"。《战国策·秦策三》第十七章亦称河东郡之军吏"告王稽、杜挚以反"。可见，王稽于汾城大败之后，也曾有投降联军的想法并且与联军首领接触过，即"与诸侯通"，但最终并未投降，更未要求与先前已投降的郑安平一样为其封君，电视剧的情节不实。

电视剧还有个情节：郑安平与王稽一起被行刑处死。但《史记·赵世家》记载："[赵孝成王]十一年（公元前255年）……武阳君郑安平死，收其地。"由此可见，郑安平应不是被秦国处死的。

① 吴如嵩、黄朴民等著《中国军事通史》（第三卷·战国军事史）第282–284页，军事科学出版社1998年10月版。

第二十四章
秦灭西周，建都江堰

秦灭西周，昭王谢幕

公元前 256 年，秦国派将军摎攻打韩国，占领阳城（今河南登封东南）、负黍（今河南登封西南），斩首四万。攻打赵国，占领二十多个县，斩首、俘虏赵军九万。

西周君背叛秦国，与诸侯合纵，率领天下精兵出伊阙（今河南洛阳南）攻秦，使秦军不能通往阳城。秦昭王大怒，命将军摎攻打西周。

西周君慌忙主动跑到咸阳投降，叩头认罪，并献出他全部的城邑三十六座，人口三万。就此西周灭亡。秦王接受其所献城邑和人口，释放了西周君，让他迁居𢠸狐（今河南汝州西北）。

在秦灭西周的同一年，周赧王驾崩。周朝历经 800 多年，共传 34 王，周赧王是最后一位国君，也是周代在位时间最长的君主，共在位 59 年。

从次年（公元前 255 年）起，到秦王政二十五年（公元前 222 年），史家以秦王纪年。我们常用的工具书如《新华字典》或《现代汉语词典》附录中的《我国历代纪元表》，在周朝灭亡到嬴政完成统一前，均以秦王年号纪年。

第二年，西周人民逃往东周，周的九鼎归于秦国。关于九鼎的下落，《史记·秦本纪》记载“九鼎入秦”，而《史记·周本纪》记载的却是“秦取九鼎宝器”。“秦取九鼎宝器”，当然可以理解为秦国把九鼎迁入咸阳；但司马迁又在《史记·封禅书》中写道：有人说宋国的太丘社坛被摧毁后，周鼎沉没在彭城以下的泗水中了。《史记·秦始皇本纪》又记载：始皇帝二十八年（公元前 219 年），始皇帝从琅琊返回的时候，路过彭城，斋戒祈祷，想要从泗水打捞周鼎。让上千人潜入水中寻找，没有找到。可见，秦昭王灭西周后，实际上并没有把九鼎搬进咸阳。

秦灭西周时，秦昭王已经七十岁，在当时已属高寿了。直到他去世，秦国都没有大的举动，天下相对太平。在此期间，各诸侯国之间发生了以下大事：

公元前 255 年，楚国攻灭鲁国，迁封鲁君于莒城。楚令尹春申君任命荀卿（荀子）为兰陵县令。

公元前 254 年，魏军向东攻取了秦国在破齐时占领的原宋国的陶邑，此时陶邑陷入孤立无援的境地，成为便于魏国攻取的目标。魏军还趁势进攻位于陶邑西北的卫国，占领了卫国方圆六百里的土地，卫国虽保留有国君，实际上已经灭亡。

同一年，各国君主都来秦国朝拜，以示臣服，魏王却没有按时到达。于是秦国就派将军摎伐魏，取得吴城，吴城即虞城（今山西平陆北），就是晋献公“假虞灭虢”之虞城。虞城是魏国在河东重要防守之地，秦攻取之，迫使魏交出整个国家，一切听命于秦国。

继公元前 256 年燕攻拔赵之昌城后，公元前 251 年，燕国再发六十万大军攻赵。赵派廉颇、乐乘大胜燕军，围其国都，燕国割地以和。

秦昭王时日无多，秦国的王位将由谁来继承呢？

在秦昭襄王四十年（公元前 267 年）、嬴稷 59 岁时，其长子、出质到魏国的太子死了，谥号为悼太子。

两年之后，也就是宣太后去世的那年，秦昭王立次子嬴柱为太子。嬴柱是唐八子所生，他在此前被封为安国君。

公元前 251 年闰九月，秦昭襄王去世。他在位时间长达 56 年，享年 75 岁。太子安国君嬴柱继位为秦王，是为秦孝文王。嬴柱继位时已经 53 岁。新王尊其母唐八子为唐太后，唐八子已先死，秦昭王与其合葬于芷阳（今陕西省西安市临潼区秦东陵）；孝文王以华阳夫人为王后，子楚为太子。

公元前 249 年，秦国以东周君与诸侯图谋攻秦为由，灭了东周，清除了周王朝的残余势力，周朝彻底灭亡。

史家对秦昭襄王的评价

现代学者马非百先生从秦国内部政权的角度进行了评论：

“夫昭王以质子自燕入王，大臣诸侯公子不服，国内大乱。赖魏冉之力，得以平定。然自是遂又为魏冉一派之贵族所包围。且拥太后训政，昭王之一举一动，皆不得自由。观范雎云：‘今太后擅行不顾，穰侯出使不报，华阳、泾阳击断无讳，高陵进退不请……穰侯使者操王之重，决制于诸侯，剖符于天下。征伐敌国，莫敢不听。战胜攻取，利尽归于陶，国币御于诸侯。战败，则结怨于百姓，而祸归于社稷……今自有秩以上，至诸大吏，下及王左右，无非相国之人者也。'《国策》下文所载雎语与此稍异……《史记·范雎传》则谓四贵'以太后故，私家富贵于王室'。《穰侯传》亦谓'穰侯之富，富于王室'；又谓'穰侯出国，辎重千车有余'。权势之隆，殆与清之慈禧训政时无以异矣。"

"当此之时，昭王之于穰侯，外虽信之甚笃，而内心未始不极忌之，而欲收回政权，自亲万机。但自度势孤，犹豫未决耳。夫穰侯恶纳诸侯客，天下莫不闻。而既立语王稽，诋恶游士，复使大索车中而后已。及范雎进见，左右多窃听者。其防范之严，实可想见。乃王稽以谒者末秩，独敢因出使之便，访贤载归。诈欺穰侯，荐之昭王者。盖谒者郎中令之属，实国王近侍，内道觐谒，外使他邦。则其去魏之前，必曾受有昭王之密令，如后世之所谓衣带诏者，实属大有可能。"

"范雎至，秦昭王佯为弗信，使舍食草具。待命岁余，然后得见。及拜为客卿，仍先令参谋兵事，不预内政者达数年之久。交既益亲，权亦益重。穰侯之猜忌亦益疏。乃始由外及内，夺太后之权，削四贵之势。举数十年根深蒂固之恶势力，一扫而清之……故备论之如此，以见事之成功与失败，实全由人事之有臧否而与天命无关云。"①

当代学者杨宽先生则回顾了昭襄王时期秦国的对外关系，说明秦国实现统一是大势所趋，也是对本书主要内容的总结：

秦国从秦孝公任用商鞅变法，国力逐渐富强，开始收复河西失地。战国中期出现合纵、连横运动。齐、秦两大强国在对峙的局面下，是合纵、连横兼施的。随着合纵、连横形势的变化，战争的规模就越来越大，次数也越来越多了。历经惠文王、武王和昭襄王，秦国通过兼并战争取得了一片又一片的土地。

在秦襄昭王时期，秦国实际上已经开始进行统一战争，既取得了东方各

① 马非百《秦集史》(上册)第79-81页，中华书局1982年8月版。

国的大片土地，又杀伤了各国的大量人力，奠定了此后秦国取得统一战争胜利的基础。

秦昭王初期，由于齐相孟尝君合纵的成功，齐、魏、韩联军攻入函谷关，迫使秦归还了魏、韩的一些侵地，使秦的兼并策略暂时受挫。等到孟尝君从齐出走，秦将白起大胜韩、魏联军于伊阙之后，秦就迫使魏献给河东之地四百里，迫使韩献给从武遂到平阳通道两旁之地二百里。自从赵武灵王推行“胡服骑射”而攻取中山及北地之后，形成秦、齐、赵三强鼎立而斗争的形势。秦相魏冉设计齐、秦并称东、西帝而连横，约五国共伐赵国而三分赵地，但因苏秦发动合纵而没有成功。当苏秦合纵五国攻秦失败之后，秦国君臣组织五国合纵攻齐，并推举乐毅为燕、赵两国“共相”而兼五国联军统帅，终于攻破齐国，从此秦就成为最强之国。其后秦向南攻取了楚的黔中，向东南攻取了楚的国都郢，并迫使韩、魏献出南阳，同时又向西北彻底灭亡了义渠。秦国大大扩展了领地，先后设置了河东、南阳、南郡、黔中、上郡、北地、陇西等郡。

在削弱他国人力方面，公元前 293 年伊阙之战，白起大胜韩、魏联军，斩首 24 万；公元前 279 年鄢之战，白起引水灌城，淹死楚国军民数十万；公元前 273 年华阳之战，白起又大胜魏、赵联军，消灭 15 万；公元前 260 年长平大战，白起尽杀赵军主力 45 万。其他较小规模的战争不计，只就这四次白起指挥的大战而言，秦国杀死的三晋和楚国的人口已在 100 万以上。这就严重削弱了这些国家的战斗力，奠定了此后秦国取得统一战争胜利的基础。只是由于秦国采用残暴的杀降办法，激起了赵国广大人民的义愤，因而导致秦围攻邯郸三年不能取胜，再加上秦相范雎用人不当，魏、楚两国又合纵救赵，秦军反而被包围，结果失败了，魏、楚联军乘胜追击，攻到了秦国的河东。魏、楚等国虽然一时取得胜利，在东方有所扩展，但还是没有能够削弱秦国的力量。

秦国在稍事整顿后，就继续进行统一战争，进攻韩国取得二城，并迫使西周君献出城邑和人口。同时周赧王也去世了，从此名义上的周天子已不复存在，秦国进行统一战争就名正言顺了。此后，秦国完成统一已经是大势所趋，到了“水到渠成”的境地。[①]

李冰任蜀郡太守，修建都江堰

在秦昭襄王时期，蜀郡太守修建了都江堰水利工程。但《史记·河渠书》只记载了“蜀守冰凿离堆，辟沫水之害，穿二江成都之中”这十八个字，并未载明“蜀守冰”的姓氏，到底是谁都还存在疑问。幸好《汉书·沟洫志》补充了一个“李”字，才知道他叫“李冰”。1974年在都江堰出土了东汉所塑李冰石像，其胸前铭文有“故蜀郡李府君讳冰”，算是找到了物证。

既然史料这么匮乏，作者为什么还要在本书中写李冰修建都江堰呢？

原因有四：一是都江堰工程的技术含量较高，其科学原理至今仍是水利工程的基础，这是都江堰的关键价值之所在；二是都江堰水利工程两千多年一直持续不断地发挥其效用，始终滋养着成都平原的土地和人民，四川由此成为“天府之国”；三是虽然历史资料较少，但有都江堰工程的现存实物摆在这里，就工程本身而言比文字资料更为可靠；四是秦国历来被称作虎狼之国，但秦昭王任命李冰为蜀郡太守大举治水，却是泽被后世的莫大善举，值得称颂。

接着，我们立即又会遇到另外两个问题。

第一个问题，李冰到底是哪里人？

主要有三种观点：其一为“蜀人说”，认为李冰是蜀王后裔，居蜀地，有可能是氐族[②]或羌族人；其二为“陇西人说”，认为李冰是秦陇西人，可能是祖籍在楚的秦人，此说一直居主流地位。其三为“中原人说”，认为李冰是今山西省运城市盐湖区解州镇郊斜村人，在当时河东地区魏国的永泽，系战国时代魏国著名改革家李悝的后裔，此说由郊斜村农民李保生于1994年发现并提出。目前学界倾向于认为，后者的可信度较大，但尚未成为定论。

第二个问题，都江堰从哪年开始修建？

主要有两种观点：一是公元前256年或稍后。主要依据是《华阳国志》

---

① 摘编自杨宽《战国史》第422-424页，上海人民出版社2003年4月版。

② 氐族，是我国历史上一个重要的民族。从先秦至南北朝，氐族分布在今甘肃、陕西、四川等省的交界处，大部分集中于陇南。十六国时期，先后建立过仇池、前秦、后凉、成汉等政权，对当时的历史有重大的影响。

有“周灭后，秦孝文王以李冰为蜀守”的记载，而《史记·秦本纪》记载“孝文王除丧，十月己亥即位，三日辛丑卒”，以及秦简《编年纪》又记载“后九月，昭死。孝文王立，即死”，证明不可能由孝文王任命李冰为蜀守。“周灭”如果是指东周灭亡，则在公元前249年，那时孝文王已经死了，更不可能由孝文王任命。所以“周灭”应理解为周赧王去世，即公元前256年。二是公元前276年或稍后。理由是公元前277年原蜀守张若带兵伐楚，攻取楚国黔中地区后，秦国设置黔中郡，由张若据守，秦国有必要任命新蜀守李冰。

《华阳国志》是东晋常璩（音同渠）编撰的一部专门记述古代中国西南地区历史、地理、人物等的地方志著作，其中《蜀志》记载的李冰事迹是最为详细的历史资料。东汉应劭（音同邵）写过一部《风俗通》，其中有一段提到秦昭王任命李冰为蜀守的事，但今本《风俗通》这段话恰巧亡佚，幸好唐朝虞世南的《北堂书钞》里录有此段佚文：“秦昭王得田广之议，伐蜀郡；平之后，命李冰为守。开成都两江，兴迪溉田万顷以上。”因此，李冰应是秦昭王所任命。加上《华阳国志·蜀志》“周灭”的时间记载，可定为秦昭王于公元前256年任命李冰为蜀守，都江堰即在此年或稍后兴建。这个结论也得到了当地政府和水利部门的认同，以此计算都江堰建造至今的时间。

关于李冰在蜀治水、建造都江堰的事，在现有文字资料中，充满了明显不实的传说甚至荒诞不经的神话，无外乎像小学课文《西门豹治邺》中“河伯娶妻”之类的故事，更有传说协助治水的李冰次子李二郎，在民间被奉为“二郎神”。

当然，可以肯定的是，李冰任蜀守时，蜀地水灾严重。尤其是岷江，自成都西北高山奔流而下，流到灌县（今都江堰市）区域，地势突然平坦，泥沙淤积河床，而城外的玉垒山挡住东去之路，每逢涨水季节，西岸洪水泛滥，东岸则多干旱，形成旱涝灾害并存的奇特景象。李冰意图扭转这一局面。

因为岷江水由急变缓后，冲刷浸漫而使河床变宽，在河道中间形成了一条长约千米的不规则浅滩。在河水涨高时，此滩被淹入水中；每当枯水季节，便显露出来。浅滩将岷江分为内、外二江，内江在东北、外江在西南。内江水被玉垒山挡住去路，又汇入外江而下，一旦江水暴涨，便会越过堤岸，冲毁岸外房舍农田。

李冰受江中浅滩将岷江一分为二的启发，利用自然形成的基础条件和地势山川等客观环境，开始修建都江堰，治理岷江水。

都江堰水利工程的结构、功能和运行原理①

都江堰，秦汉时名为“湔堰”，亦称“湔堋”“北江堋”。三国时称为“都安大堰”。“都江堰”这个名字源自宋代，延续至今。

都江堰枢纽工程，坐落在今都江堰市城区西北面的岷江之中，是以前面提到的江心浅滩为基础构筑的分水堤，把岷江河道分为内江和外江。

整个分水堤可分为四段：都江鱼嘴、金刚堤、飞沙堰和人字堤。都江鱼嘴是一个前锐后宽的分水头部，很像一个鱼头，功能是辟分岷江水流。金刚堤是分水头部向下的延续，用以隔挡内外二江，因此堤身宽度逐渐增大，成为内江和外江的界障。飞沙堰在 30 米长的鱼嘴和 700 多米长的金刚堤之后，它是一道凹陷下去的侧向溢洪道。其顶部比分水鱼头那里的河底低一米以上，但高出内江的河底约两米，顺水流方向的长度有 200 多米。它的功能是将汛期内江的超量洪水和泥沙卵石同时甩出，泄入外江，控制内江水量的稳定性。人字堤在飞沙堰后面，约 90 米宽，平面上形如“人”字，紧靠着岷江东岸称为“离堆”的那座孤丘。它是第二道侧向溢洪道。

在离堆的东侧，有个内江的进水口门，名叫“宝瓶口”。宝瓶口未凿开之前，岷江东岸是一道砂砾岩山岗，李冰在离这山岗尾端近 50 米处凿开一道进水口门宝瓶口，进宽 20 米，进深 36 米。

辟江分流的这道鱼嘴分水堤，在岷江江心的延伸长度共有 1070 米。在这条分水堤和离堆的制约之下，内江水流必然进入宝瓶口，向东流向成都城区及周边地带，分别汇入沱江和岷江。外江水则向南流去，在彭山江口与内江水部分支系汇合，流经四川多个市县，在宜宾汇入长江上游。

鱼嘴、飞沙堰、宝瓶口，被称为都江堰枢纽工程的“三大件”，各具独特的功能，它们之间相互依存，相互制约，且紧密配合，组成了一个有机结合的整体，共同发挥着分流分沙、泄洪排沙、引水输沙的重要作用。

经过鱼嘴对外江、内江水量的分配，在枯水季节，内江与外江的分水比

---

① 本节主体内容摘编自冯广宏《都江堰创建史》引言第 2-6 页，巴蜀书社 2014 年 12 月版。

例约为 6:4，将大部分水量引入内江、宝瓶口，以满足成都平原春灌的需要；然而一到洪水期，分水比例则颠倒过来，约 60% 的洪水则排入外江，而且内江洪水到了飞沙堰前，还要进行第二次分洪，使 70% 以上的内江水泄入外江，不让成都平原遭受洪灾。这是因为：鱼嘴处于岷江弯道上，内江在弯道的外侧，即凹岸一侧，河口宽 130 米；外江在弯道的内侧，即凸岸一侧，河口宽 96 米，且正对其上游的河道。枯水期江水缓流，水量是按河口宽窄比例分流；而洪水期江水流向取直，于是洪水直趋外江。这正符合特定的自然地理条件和“凹岸引水，凸岸排沙”的河流动力学原理，确能起到二王庙碑刻《治水三字经》所说的“分四六，平潦旱”的巧妙功能。

由于内江主流正对着离堆而不是宝瓶口，汛期到来时，内江洪水直冲坚硬的离堆，随即向东折转，使宝瓶口西侧形成一个立轴漩涡，天长日久就把江底冲出一个深潭，名为“伏龙潭”，从而阻止洪流涌进宝瓶口。洪流在门前受阻，水位迅速抬高，迫使大量洪水挟带沙石从飞沙堰顶翻出。奇妙的是，洪水中挟带的沙石，几乎都能翻过飞沙堰，并不进入宝瓶口，而且洪水越大，这种功能越强，所以才叫“飞沙堰”。监测到的翻越飞沙堰的最大的一块上游冲下来的石堤，长 1.3 米，宽 1.1 米，厚 0.6 米，重达 2 吨。由此可见，“三大件”的相互配合，能够发挥多么神奇的功效。

虽然飞沙堰对内江泄洪排沙功不可没，但飞沙堰顶却要遭受不小的损害；同时横向环流又使飞沙堰的对岸底部“凤栖窝”淤积大量的泥沙。如果不在每年冬季水枯农闲时进行修复，任其一边冲损，一边淤高，自动分水分沙的水流动力学条件就会逐渐改变，最终将导致这种良性循环的运行机制慢慢丧失，危及古堰的安全。所以，每年都要对都江堰进行“岁修”，修补破损的堰堤，但又不能抬高堰顶高度，以免影响“飞沙”的效果；还要彻底掏挖凤栖窝一带淤积的沙石，且必须挖到一定的深度，以保持有利的环流形势。历史上曾留下岁修六字诀“深淘滩，低作堰”，作为每年岁修的要领，至今千百年来也一直在坚持这样做。

不仅如此，“深淘滩，低作堰”的六字真诀，还被任正非作为华为公司的战略哲学之一，其意义在于：只有坚持在研发、市场、信息技术和干部培训上的高投入，同时自觉控制垄断产品低价格及合理利润率的机制，才有可能实现企业的永续经营、长盛不衰。

李冰蜀郡治水，造就“天府之国”

都江堰是现今世界上最长的无坝引水工程。世界上众多的古老水利工程大都早已绝迹，只有中国的都江堰历经两千余年不仅永葆青春，而且效益倍增，被誉为世界奇迹之一。因此，2000 年 11 月 29 日，联合国将都江堰列入《世界文化遗产名录》，同时成为世界自然遗产。

都江堰创建时的基本目标是将岷江航道人工延往成都，以解决水路交通问题；建成后不但能兼收通航、漂木、防洪之利，而且为成都平原农田灌溉提供了可靠水源，促进了稻田的大片开垦和沟洫的大幅扩延，从而取得汉代“灌田万顷”（约 100 万亩）的农田水利效益。

《华阳国志·蜀志》记载：于是蜀郡沃野千里，被誉为“陆海”（指土地出产之富饶像海产珍奇一样丰盛）。干旱时就引水灌溉，下雨时就关闭水门，因此古书记载说：“水旱从人，不知饥馑”；“时无荒年，天下谓之天府”。四川被称为“天府之国”，由此而来。

由于有“岁修”制度的更新保证，历朝历代都受到古堰的恩泽。到了宋代，灌区面积达到王安石所谓的“灌田为顷，万有七千”（170 万亩）；20 世纪前半叶，灌区面积已至 200 万亩；新中国成立后，加大了对都江堰工程的投入，开始向成都平原以外的四川盆地丘陵地区提供灌溉水源，1994 年实灌面积已突破 1000 万亩，四川共 7 个市 32 个县（市、区）受益，创造了历史上未曾有过的新纪录。

两千多年来，这一与国计民生息息相关的伟大工程，立天地而不衰，持续发挥着水资源为农业、城市生活、交通运输、环保、旅游等多功能的综合效益。凡是参观了都江堰的人们，无不惊叹其结构功能的巧妙神奇，运行原理的科学合理，并为这一凝聚着中国古代人民智慧、科学精髓和文化内涵的杰作所折服，从而不禁对李冰产生景仰和崇敬之情。

历代蜀人受其泽被，尊李冰为“川主”，建庙祭祀，遍及全川。四川现存 300 多座“川主庙”和李二郎的庙宇，依然香火不断。

每年清明节，都江堰市都要举办一年一度的“都江堰放水节”，以纪念率众修建都江堰水利工程、造福成都平原的李冰父子，从而表达后人感恩之心。届时，当地主要官员要亲自主持放水仪式，举行盛大的祭祀活动。“放水节”在历史上被称为“汜水”，于公元978年正式确立，距今已有1000余年历史。灌区人民逐步把“汜水”演变为祭祀李冰父子，祈求五谷丰登、国泰民安的一项传统文化活动。

李冰做蜀守期间，除了兴建都江堰外，还在蜀地多处治水。

《华阳国志·蜀志》记载：当时青衣县（今芦山县）有沫水（今灵关河①），流经蒙山（在今芦山县境内），在山谷中潜伏而行。江水冲击溷崖（溷音同混，溷崖在今四川乐山市区大渡河与岷江交汇处的凌云山下的大佛崖②）山腰的岩石，形成漩涡乱流，水势汹涌，破坏舟船，历代都以此为患。李冰派人开凿溷崖，疏通水道，可以行舟、灌溉。

僰道（僰音同博，今宜宾市区西北）山崖险峻，不能开凿，李冰便堆积柴火焚烧山崖，使之崩裂，以通水道。

李冰又导引文井江（在今崇州市）与白木江（在今邛崃市）汇合，以增加灌溉面积，在武阳天社山（今新津县城南宝资山）下流入岷江。这些水道都可行舟。

李冰还疏导了洛通山（在今什邡市西北高景关）的洛水（今石亭江），从洛水分出一条支流出瀑口，流经什邡，与郫别江（今毗河）汇合于新都的大渡（在今金堂县境内）。

又有绵水（今四川德阳绵远河），冲出紫岩山，经过绵竹县汇入洛水。洛、绵二水注入沱江后，经过资中，到江阳县（今泸州市）汇入岷江。这些都可以灌溉稻田，滋润庄稼。

因此，蜀郡人称郫县（今成都市郫都区）、繁县（今成都市青白江区）与

---

① 刘琳《华阳国志新校注》第114-115页，四川大学出版社2015年7月版。一般都认为古沫水是指现在大渡河。结合《华阳国志》后文内容以及现今四川的河流状况，此处的沫水实为流经宝兴县、芦山县的灵关河，与另一条流经邛崃市、芦山县的沫河（也叫芦山河），在芦山县城以南汇合后名为青衣江，青衣江在乐山市区西流入大渡河后随即注入岷江。故《华阳国志》中的沫水就是大渡河的观点有误。

② 此为任乃强教授考证后得出的结论，见《华阳国志校补图注》第138页及下页附图，上海古籍出版社1987年7月版。杨宽教授认为溷崖在今四川省夹江县境内。

绵县（今绵竹市）、雒县（今广汉市）为肥沃丰美之地。

李冰还能识别地下盐水所在地，在广都（今成都双流区籍田镇）开凿盐井，盐水汲完、盐井废弃后，则作为池塘用来养鱼。

蜀郡于是兴盛，逐渐丰饶富足起来。

【剧情释疑】

○将军摎是秦昭王赐国姓，破格提拔为将军，作为秦昭王副将率军去收复河东汾城吗？

电视剧中，秦军士兵摎一家男子都战死长平，秦昭王为培植年轻将领和亲信，赐其国姓叫嬴摎，并超擢（破格提拔）嬴摎为将军，担任其副将，率秦军去收复河东汾城。

史书中第一次出现摎是在《史记·周本纪》："[周赧王]五十九年秦取韩阳城、负黍，西周恐，倍秦，与诸侯约从，将天下锐师出伊阙攻秦，令秦无得通阳城。秦昭王怒，使将军摎攻西周。"《史记·秦本纪》亦记载："[秦昭襄王]五十一年将军摎攻韩，取阳城、负黍，斩首四万。攻赵取二十余县，首虏九万。西周君背秦，与诸侯约从，将天下锐兵出伊阙攻秦，令秦毋得通阳城，于是秦使将军摎攻西周。"

由此可知，摎的确是秦昭王任命的将军，但上引《史记》表明，将军摎是先攻韩国，再攻西周，并非如电视剧中说的那样是去收复河东汾城。至于秦昭王是否赐摎国姓，临时破格提拔，因史书无记载，不得而知。

○周赧王赐天子胙[①]，支持六国攻秦？

根据上引《史记》之《周本纪》《秦本纪》的记载，"与诸侯曰从（纵）"的其实是西周君，而不是周赧王。史书也没有记载周赧王赐天子胙（音同坐），支持六国攻秦之事，何况那时周天子已经病入膏肓，马上就要归天了，他何必行此冒险之举呢？"诸侯"到底指的几国，也没有详细说明。所以，电视剧所谓赵、魏、楚三国君王奉天子胙，邀集韩、齐、燕到周王畿会盟合纵，与《史记》的记载不符。

---

① 胙，祭祀用的肉，祭后分给参与祭祀的人。天子赐胙，就是天子表示祝贺、肯定、奖赏之意；奉天子胙，就是遵照天子的旨意。

《太平御览》八十五引《帝王世纪》云："赧王五十九年秦攻韩、赵、魏，大破之，王惧，乃背秦，与诸侯合从（纵），将天下锐师出伊阙攻秦，秦昭襄王大怒，使将军摎攻周王，王恐乃秦顿首受罪，尽献其邑。秦尽纳其献，使赧王归于周，降为庶人，以寿终。"此以西周君之事改为周赧王所为，大误。《资治通鉴》沿用《帝王世纪》之误谬，而不采《史记》所载，殊非。[1]

〇秦昭王要求天子禅位给他？周赧王去世后，秦王举行登基大典，自称天子了吗？

电视剧有这样的情节：秦昭王在宜阳密会西周公，直言不讳地要求周赧王把天子之位禅让给他，不然他就要夺位。并许诺在秦灭周后，西周的城邑和子民仍然归西周公管辖。西周公带秦王到周王畿，准备说服周天子禅位时，周天子已经驾崩了。

但《史记·秦本纪》记载："秦使将军摎攻西周。西周君走来自归，顿首受罪，尽献其邑三十六城，口三万。秦王受献，归其君于周。"《史记·周本纪》亦载："秦昭王怒，使将军摎攻西周。西周君奔秦，顿首受罪，尽献其邑三十六，口三万。秦受其献，归其君于周。"

由此可见，秦攻西周后，无论是"西周君走来自归"，还是"西周君奔秦"，都是西周君主动去秦国，而且"顿首受罪，尽献其邑三十六城，口三万"。并非电视剧所说的秦昭王主动约西周君到宜阳密会，如果西周君帮助说服周天子禅位，就许诺西周的城邑和子民仍归西周君管辖。

至于电视剧所说的秦昭王举行大典、自称天子，可能是源自《史记·秦本纪》中记载的"[秦昭襄王]五十四年王郊见上帝于雍"。意思是在秦昭王五十四年（公元前253年），秦王在秦国旧都雍城（今陕西凤翔）的南郊举行祭天（上帝）典礼。祭天典礼是古代帝王才能举行的大典，诸侯是不能这样做的。秦昭王公然举行祭天大典，显然属于僭越的行为。

史书记载与电视剧演绎的有所不同：一是秦昭王"郊见上帝"，并不是明确自称天子，也未记载各诸侯国君参加，而电视剧说的是六国君王参加了秦昭王的天子登基大典；二是《史记》记载的举行地点在秦国旧都雍城，并

[1] 杨宽《战国史料编年辑证》第1017页，上海人民出版社，2001年11月版。

非电视剧所谓的在周王畿；三是举行时间不同，《史记》记载的是公元前 253 年，即周赧王去世三年之后，而电视剧说的是周赧王刚去世之时。因此，电视剧所谓的秦昭王在周王畿举行天子登基大典，并不可信。

附录
秦昭襄王时期战国大事记

前 307 年（秦武王四年）：秦拔韩宜阳，斩首六万，向寿驻守宜阳；北上渡河在武遂筑城。秦武王与孟说举鼎，绝膑而死。族孟说。秦昭襄王立。秦开始设置将军，以魏冉为将军。赵武灵王开始实行“胡服骑射”。赵初略中山地，攻至房子。楚第二次围韩雍氏，秦救韩，楚退兵。

前 306 年（秦昭王元年）：秦使樗里子、甘茂伐魏皮氏，未拔。严君疾为相，甘茂出亡奔齐。秦复归韩以武遂。赵攻中山到宁葭，攻略北地到榆中，林胡王献马归附。楚灭越，设江东郡。

前 305 年（秦昭王二年）：秦庶长壮与大臣、诸公子为逆，魏冉杀公子壮、公子雍、武王母惠文后及大臣，持续三年的季君之乱结束。逐武王后之魏。昭王少，宣太后自治，任魏冉为政。秦楚联姻，秦昭王迎妇于楚。屈原因反对楚与秦亲善合婚被放逐汉北云梦。赵攻中山，取丹邱、华阳、鸱之塞、鄗、石邑、封龙、东垣，中山献四邑请和。

前 304 年（秦昭王三年）：秦昭王加冠。秦、楚伐韩，围纶氏。楚怀王入秦与秦昭王盟，约于黄棘，秦归还楚上庸。

前 303 年（秦昭王四年）：秦攻取韩之武遂。秦攻取魏之蒲阪、晋阳、封陵。齐、魏、韩攻楚，楚派太子入质于秦，秦救楚，三国引去。孟尝君田文为齐宣王相。

前 302 年（秦昭王五年）：魏襄王、韩太子婴入秦朝见。秦复与魏蒲阪。楚太子私杀秦大夫而亡归。赵攻取河宗氏、休溷诸貉之地，设九原、云中二郡。赵迁吏大夫奴于九原。

前 301 年（秦昭王六年）：秦与齐、韩、魏共攻楚。秦庶长奂伐楚，取重丘。秦攻楚新城。齐派匡章，魏派公孙喜，韩派暴鸢，共攻楚方城，杀楚将唐昧，韩、魏取得宛、叶以北地。楚庄蹻起义，攻至郢都，分楚地而为三四，吏不能禁。秦攻取韩之穰。蜀侯恽反，司马错定蜀。赵伐中山，中山君奔齐。秦泾阳君质于齐。齐宣王卒，子湣王立。

前 300 年（秦昭王七年）：秦复伐楚，取八城，拔楚新城（襄城），杀楚将景缺。楚以太子横质于齐。樗里疾卒。魏冉为秦相。赵再攻中山，北破林胡、楼烦，筑长城。孟尝君至魏与魏襄王会于釜丘。楚第三次围韩雍氏。苏秦第一次由燕赴齐。韩太子婴死。屈原被楚怀王召回。

前 299 年（秦昭王八年）：楚怀王受骗入秦，被秦王扣留。太子横由齐回楚，立为王，是为楚顷襄王。泾阳君复归秦，孟尝君田文入秦为相。赵武灵王传君位给王子何（赵惠文王），自号主父。赵破中山，其君亡，竟死齐。齐、魏王会于韩，韩立公子咎为太子。楚败于韩雍氏。

前 298 年（秦昭王九年）：秦攻取楚析等十余城，斩首五万。孟尝君被秦免相，"鸡鸣狗盗"助力自秦亡归，复为齐相。孟尝君合纵齐、韩、魏三国攻秦。赵派楼缓入秦为相，派仇郝入宋为相。赵封公子胜为平原君。

前 297 年（秦昭王十年）：齐、韩、魏联军继续攻秦。楚怀王从秦逃走。赵武灵王出代，西遇楼烦王于西河而收编其兵。

前 296 年（秦昭王十四年）：齐、韩、魏联军攻入秦函谷关，赵、宋亦起兵与三国进攻河东，至盐氏，秦求和，归还韩河外及武遂，归还魏河外及封陵。齐伐燕，覆三军，获二将，燕国惨败。齐、燕战，苏秦由齐返燕。赵灭中山，迁其王于肤施。赵封公子章为安阳君。楚怀王逃至赵，赵不受，欲走之魏，秦追至，还之秦，即死，归葬。秦、楚绝。屈原再遭谗而被流放江南。魏襄王卒，子昭王立。韩襄王卒，子釐王立。

前 295 年（秦昭王十二年）：秦楼缓免相，魏冉为相。秦使司马错攻取魏襄城。赵公子章争夺君位，失败后逃入沙丘主父宫，公子成、李兑包围主父宫，持续百天，主父饿死。乐毅在沙丘之乱后离赵经魏而至燕。

前 294 年（秦昭王十三年）：秦派向寿伐韩，取武始；左庶长白起击韩之新城。秦败魏师。秦臣吕礼奔齐，后为齐相。齐田甲劫王，孟尝君奔魏。苏秦说燕昭王，定以燕敌齐之计；苏秦使齐，说齐湣王伐宋。

前 293 年（秦昭王十四年）：秦魏冉举左更白起，大胜韩、魏、东周联军于伊阙，斩首二十四万，拔五城，虏魏将公孙喜。白起升为国尉，进兵而攻周，涉河取安邑以东之韩地至乾河，秦初置河东郡。秦王遗楚王书：楚背秦，秦将率诸侯与楚决战。

前 292 年（秦昭王十五年）：秦大良造白起攻魏，取垣，复予之。魏冉谢病免相，以客卿寿烛为相。楚迎妇于秦，秦、楚复平。

前 291 年（秦昭王十六年）：秦白起攻韩取宛。秦左更司马错攻韩取邓。寿烛免相，魏冉复相。秦封公子市于宛，公子悝于邓。孟尝君相魏。

前 290 年（秦昭王十七年）：秦司马错攻垣，至轵，取魏大小六十一城。魏献河东地方四百里予秦。韩献武遂地方二百里予秦。韩城阳君朝秦，东周君来朝。韩珉相齐。苏秦与韩珉约劫赵。

前 289 年（秦昭王十八年）：秦白起攻魏取蒲阪。苏秦隆重赴齐，为齐国重臣。

前 288 年（秦昭王十九年）：魏昭王入赵朝见，并献阴成、葛孽。魏昭王将河阳、姑密封给赵李兑之子。赵、魏伐宋；秦乘机攻赵，拔梗阳。十月，秦魏冉约齐并称帝，齐为东帝，秦为西帝。十二月，齐用苏秦计，取消帝号，齐、燕、三晋五国合纵摈秦。秦亦去帝号。齐、赵会于阿，商定合纵伐秦，赵同意齐攻宋。苏秦相齐，赵封苏秦为武安君。

前 287 年（秦昭王二十年）：苏秦由燕赴魏，由魏赴赵，被赵拘留。苏秦约赵、齐、燕、魏、韩五国攻秦，罢于成皋。秦返温、轵、高平于魏，返王公、符逾于赵。秦攻取魏的新垣、曲阳。

前 286 年（秦昭王二十一年）：秦攻魏之河内，魏献安邑予秦。秦败韩于夏山。赵将韩徐为攻齐。苏秦由赵返齐。齐灭宋，宋王偃死于魏之温。

前 285 年（秦昭王二十二年）：秦昭王和楚顷襄王在宛相会，和赵惠文王在中阳相会。秦主谋合纵攻齐。秦将蒙骜攻齐之河东，夺得九城。乐毅为燕、赵共相及联军主帅。

前 284 年（秦昭王二十三年）：秦昭王和魏昭王在宜阳相会，和韩釐王在新城相会。燕昭王入赵见赵惠文王。五国合纵攻齐，破齐于济西。乐毅率燕军攻入齐都临淄，被燕封为昌国君。苏秦为燕反间暴露，被齐车裂殉于市。魏攻取旧宋地，楚收复淮北。

前 283 年（秦昭王二十四年）：秦昭襄王与楚顷襄王先后在鄢、穰相会。秦攻魏，至大梁，燕、赵救魏，秦军去。魏冉免相。赵惠文王与燕昭王相会。廉颇率赵军攻取齐之阳晋，拜为上卿。齐襄王法章立于莒。蔺相如完璧归赵。

前282年（秦昭王二十五年）：秦昭王和韩釐王在新城相会，和魏昭王在新明邑相会。秦怨赵不与己击齐，派白起攻赵，取兹氏、祁二城。赵攻魏之伯阳。

前281年（秦昭王二十六年）：秦白起攻赵，拔离石。秦将攻齐所得的陶邑封给魏冉，魏冉复相。赵决河水，伐魏。

前280年（秦昭王二十七年）：秦派白起攻赵，取代、光狼城，斩首二万。秦派司马错由蜀攻取楚之黔中，楚献上庸、汉北地予秦。赵将赵奢攻取齐之麦丘。赵以伯阳还魏。

前279年（秦昭王二十八年）：秦昭襄王和与赵惠文王在渑池相会，蔺相如使赵王不辱，得封上卿。秦派白起大举伐楚，攻取鄢、邓、西陵。楚将庄蹻越过黔中部，连克且兰、夜郎，一直攻到滇池。燕昭王卒，燕惠王立，改用骑劫代乐毅。乐毅奔赵，赵封乐毅于观津，号望诸君。齐田单反攻，杀骑劫，一举收复齐国失地七十余城；迎襄王入临淄，齐乃复国；齐襄王任田单为相国，封安平君。赵将廉颇攻齐。燕破东胡。孟尝君卒，诸子争立，齐、魏共灭薛，孟尝君绝嗣。

前278年（秦昭王二十九年）：秦白起攻克楚都郢、夷陵，焚烧楚先王之墓，攻到竟陵、安陆，秦置南郡；向南又攻取洞庭五渚、江南。秦封白起为武安君。楚迁都陈城，楚遂削弱。屈原自投汨罗江而卒。秦王与楚王会襄陵。周君朝秦。燕惠王以书让乐毅，乐毅以书报。

前277年（秦昭王三十年）：秦以白起为统帅，蜀守张若再度攻取楚之巫、黔中及江南地，初置黔中郡。庄辛以“亡羊补牢”谏楚顷襄王。魏昭王卒，子安釐王立。

前276年（秦昭王三十一年）：秦攻取魏二城。楚收复江旁十五邑，重新建郡抗秦。庄蹻在滇称庄王。十二月，赵派廉颇攻取魏的幾。魏安釐王封其弟、公子无忌为信陵君。

前275年（秦昭王三十二年）：秦穰侯魏冉攻魏到大梁，韩派暴鸢往救，被秦大败，退走启封，秦追击之。魏献温予秦求和。赵派廉颇攻取魏之防陵、安阳。

前274年（秦昭王三十三年）：秦攻取魏之卷、蔡、中阳、长社等四城，斩首四万。赵派燕周攻取齐之昌城、高唐。

前 273 年（秦昭王三十四年）：赵、魏联合攻韩之华阳，秦派白起、胡阳救韩，大胜于华阳，斩首十三万，魏将孟卯败逃；又战败赵将贾偃，赵卒二万沉于河中。秦又围攻魏之大梁，魏献南阳予秦求和。楚遣黄歇使秦。赵攻取东胡欧代地。韩釐王卒，子桓惠王立。

前 272 年（秦昭王三十五年）：秦宣太后诱杀义渠王于甘泉宫，秦灭义渠，始置陇西、北地、上郡。初置南阳郡。燕相成安君公孙操杀燕惠王，拥立武成王。秦、楚助韩、魏攻燕。楚使左徒黄歇侍太子完为质于秦。赵王封其弟赵豹为平阳君。

前 271 年（秦昭王三十六年）：秦筑长城。范雎遭魏相魏齐毒打、侮辱，被郑安平救，随秦使王稽入秦。赵派蔺相如攻齐至平邑。赵使赵奢治国赋。

前 270 年（秦昭王三十七年）：秦使客卿造（或作灶）越韩、魏攻取齐之刚、寿，予穰侯，以广其陶邑。范雎向秦王献远交近攻之策，为秦客卿。西周君之秦。

前 269 年（秦昭王三十八年）：秦派胡阳越过韩之上党攻赵之阏与，赵将赵奢往救之，大破秦军。赵奢因功被封为马服君。秦军转攻幾，廉颇率军大败之。齐田单与赵奢论兵。秦上郡大饥荒。

前 268 年（秦昭王三十九年）：秦派五大夫绾攻取魏之怀。

前 267 年（秦昭王四十年）：秦太子质于魏者死，归葬芷阳。

前 266 年（秦昭王四十一年）：秦攻魏之邢丘，邢丘拔而魏请附。秦起用范雎为相，封应侯。范雎荐，秦任王稽为河东守，任郑安平为将军。赵惠文王卒，太子丹立，是为孝成王。

前 265 年（秦昭王四十二年）：十月，秦宣太后薨，葬于芷阳郦山。穰侯回封地陶邑，辎重千乘余，宝器多于王室。秦王立次子柱安国君为太子。赵王新立，太后用事。秦攻取赵三城。触龙说赵太后，赵长安君为质于齐，齐出师，秦军乃退。范雎报仇，魏齐自尽。秦攻取韩之少曲、高平。齐安平君田单将赵师攻燕中阳，又攻韩注人，皆拔之。齐襄王卒，子建立；建年少，国事皆决于君王后。

前 264 年（秦昭王四十三年）：秦派白起攻取韩之陉，拔九城（一说五城），斩首五万。范雎献策秦昭王“毋独攻其地而攻其人”。田单为赵相。

前 263 年（秦昭王四十四年）：秦白起伐韩，取太行山南之南阳；攻太行道，绝之。楚顷襄王病，太子完自秦逃归，黄歇亦归楚。楚顷襄王卒，太子完立，是为考烈王。

前 262 年（秦昭王四十五年）：秦攻取韩之野王等十城，切断上党通韩都新郑的道路。韩上党郡守冯亭率吏民归赵。秦取楚夏州，楚益弱。楚以黄歇为令尹，封淮北十二县，号春申君。

前 261 年(秦昭王四十六年)：赵将廉颇拒秦于长平。秦攻取韩之缑氏、蔺。秦王到南郑。楚攻取鲁之徐州。

前 260 年（秦昭王四十七年）：秦左庶长王龁攻上党，与廉颇相持于长平。赵中秦反间计，用赵括代廉颇为将。秦密派白起为上将军，围困赵军四十六天，赵括战死，赵军投降，白起坑杀赵战俘四十万。

前 259 年（秦昭王四十八年）：秦派王龁攻取赵之武安、皮劳，司马梗攻取赵之太原，秦尽有韩上党。秦派五大夫王陵进攻赵都邯郸。韩献垣雍予秦。赵政（嬴政）生于邯郸。

前 258 年（秦昭王四十九年）：白起论秦伐赵必败，拒绝为将。秦派王龁代王陵继续攻邯郸。赵平原君使楚求救，门客毛遂自荐，与楚订立合纵抗秦盟约。燕武成王卒，子孝王立。

前 257 年（秦昭王五十年）：魏信陵君魏无忌窃符救赵，楚春申君黄歇亦率兵救赵。秦将郑安平降赵。秦又在河东大败。秦王赐死白起，令其自裁。秦军攻拔魏之宁新中。吕不韦助秦质子异人自赵归秦，更名“子楚”。

前 256 年（秦昭王五十一年）：秦攻韩取阳城、负黍，斩首四万。又攻赵，取二十余县，首虏九万。韩、魏、楚救魏宁新中，秦兵罢。秦灭西周，周赧王卒。燕拔赵之昌城。秦以李冰为蜀守，李冰此后修建都江堰。

前 255 年（秦昭王五十二年）：范雎荐蔡泽为秦相。秦河东守王稽与诸侯通被杀，范雎亦死。楚灭鲁，迁封鲁君于莒。楚春申君以荀卿为兰陵令。

前 254 年（秦昭王五十三年）：秦向魏河东反攻，取吴城。魏向东攻取孤立在东方的秦之陶邑和卫国。韩桓惠王入秦朝见，魏亦委国听命于秦。

前 253 年（秦昭王五十四年）：秦王在秦国旧都雍城南郊举办天子祭天大典。楚国临时迁都到巨阳。

前 252 年（秦昭王五十五年）：卫怀君朝魏，魏人杀之；更立其弟，是为卫元君。

前 251 年（秦昭王五十六年）：燕国派栗腹、庆秦率军六十万攻赵，赵将廉颇、乐乘大败燕军，栗腹被杀。赵军进围燕都，燕国割地以请和。廉颇败燕军有功，任假相国，封于尉文，号信平君。赵平原君卒。秋闰九月，秦昭襄王嬴稷卒，子嬴柱立，是为孝文王。新王以华阳夫人为后，子楚为太子。赵奉子楚夫人及其子政归秦。韩王及各国将相入秦吊祭。

参考文献

一、编年类

[1] 杨宽 . 战国史料编年辑证 [M]. 上海：上海人民出版社，2001.

[2] 缪文远 . 战国史系年辑证 [M]. 成都：巴蜀书社 , 1997.

[3] 张习礼 , 田珏 . 中国历史大事编年 [M]. 2 版 . 北京：北京出版社 , 1997.

[4] 王云度 . 秦汉史编年 [M]. 南京：凤凰出版社 , 2011.

[5] 詹子庆 , 曲晓范 . 新编中国历史大事年表 [M]. 北京：作家出版社 , 2010.

[6] 刘垣 . 史记纪年考 [M]. 北京：商务印书馆 , 2017.

[7] 郭人民 . 战国策校注系年 [M]. 郑州：中州古籍出版社 , 1988.

[8] 柯镇昌 . 战国策文系年注析 [M]. 桂林：广西师范大学出版社 , 2014.

[9] 钱穆 . 先秦诸子系年 [M]. 北京：商务印书馆 , 2015.

[10] 司马光 . 资治通鉴 [M]. 胡三省 , 注 . 2 版 . 北京：中华书局 , 2011.

[11] 叶志衡 . 战国学术文化编年 [M]. 杭州：浙江大学出版社 , 2007.

[12] 陈年福 , 叶志衡 . 中国学术编年：先秦卷 [M]. 上海：华东师范大学出版社 , 2013.

[13] 郑昌琳 . 楚国史编年辑注 [M]. 武汉：湖北人民出版社 , 1999.

[14] 黄式三 . 周季编略 [M]. 南京：凤凰出版社 , 2008.

二、古籍注译类

[1] 史记 [M]. 点校本二十四史修订本 . 北京：中华书局 , 2013.

[2] 韩兆琦 . 史记笺证 [M]. 南昌：江西人民出版社 , 2015.

[3] 韩兆琦 . 史记 [M]. 北京：中华书局 , 2010.

[4] 吴树平 , 李零 , 等 . 文白对照全译史记 [M]. 北京：新世界出版社 , 2009.

[5] 张大可 , 丁德科 . 史记通解 [M]. 北京：商务印书馆 , 2015.

[6] 钱穆 . 史记地名考 [M]. 北京：商务印书馆 , 2015.

[7] 藤田胜久 . < 史记 > 战国史料研究 [M]. 上海：上海古籍出版社 , 2008.

[8] 刘向 . 战国策 [M]. 2 版 . 上海：上海古籍出版社 , 1998.

[9] 缪文远 . 战国策新校注 [M]. 3 版 . 成都：巴蜀书社 , 1998.

[10] 缪文远 , 缪伟 , 罗永莲 . 战国策 [M]. 北京：中华书局 , 2012.

[11] 范祥雍 . 战国策笺证 [M]. 上海：上海古籍出版社 , 2011.

[12] 何建章 . 战国策注释 [M]. 北京：中华书局 , 1990.

[13] 王守谦 , 喻芳葵 , 王凤春 , 等 . 战国策全译 [M]. 贵阳：贵州人民出版社 , 1992.

[14] 王延栋 , 孙淑兰 . 战国策全译 [M]. 天津：南开大学出版社 , 1994.

[15] 马王堆汉墓帛书：战国纵横家书 [M]. 北京：文物出版社 , 1976.

[16] 孟庆祥 , 战国纵横家书论考 [M]. 哈尔滨：黑龙江人民出版社 , 1999.

[17] 睡虎地秦墓竹简 [M]. 北京：文物出版社 , 1978.

[18] 张双棣 , 张万彬 , 殷国光 , 等 . 吕氏春秋译注 [M]. 2 版 . 北京：北京大学出版社 , 2011.

[19] 高华平，王齐洲，张三夕．韩非子 [M]. 北京：中华书局，2010.

[20] 杨伯峻．孟子译注 [M]. 2 版．北京：中华书局，2005.

[21] 方勇，李波．荀子 [M]. 北京：中华书局，2011.

[22] 陈广忠．淮南子 [M]. 北京：中华书局，2012.

[23] 马世年．新序 [M]. 北京：中华书局，2014.

[24] 王锳，王天海．说苑全译 [M]. 贵阳：贵州人民出版社，1992.

[25] 程翔．说苑译注 [M]. 北京：北京大学出版社，2009.

[26] 常璩．华阳国志 [M]. 济南：齐鲁书社，2010.

[27] 任乃强．华阳国志校补图注 [M]. 上海：上海古籍出版社，1987.

[28] 刘琳．华阳国志新校注 [M]. 成都：四川大学出版社，2015.

[29] 汪启明，赵静．华阳国志译注 [M]. 成都：四川大学出版社，2007.

[30] 黄寿祺，梅桐生．楚辞全译 [M]. 贵阳：贵州人民出版社，2008.

[31] 董楚平．楚辞译注 [M]. 上海：上海古籍出版社，2014.

[32] 楚辞 [M]. 藏本．北京：北京联合出版公司，2014.

三、近人著述类

[1] 杨宽．战国史 [M]. 上海：上海人民出版社，2003.

[2] 于凯．战国史 [M]. 上海：上海人民出版社，2015.

[3] 谢齐，彭邦炯．战国史话 [M]. 北京：中国国际广播出版社，2009.

[4] 京华，吴伯生．战国风云 [M]. 兰州：甘肃人民出版社，1990.

[5] 马非百．秦集史 [M]. 北京：中华书局，1982.

[6] 林剑鸣 . 秦史稿 [M]. 北京：中国人民大学出版社 , 2009.

[7] 王蘧常 . 秦史 [M]. 上海：上海古籍出版社 , 2000.

[8] 何汉 . 秦史述评 [M]. 合肥：黄山书社 , 1986.

[9] 张正明 . 秦与楚 [M]. 武汉：华中师范大学出版社 , 2007.

[10] 张正明 . 楚史 [M]. 北京：中国人民大学出版社 , 2010.

[11] 罗运环 . 楚国八百年 [M]. 武汉：武汉大学出版社 , 1992.

[12] 沈长云 , 魏建震 , 白国红 , 等 . 赵国史稿 [M]. 北京：中华书局 , 2000.

[13] 张午时 , 冯志刚 . 赵国史 [M]. 石家庄：河北人民出版社 , 1996.

[14] 郑一钧 , 唐致卿 , 孙顺华 , 等 . 齐国史 [M]. 济南：山东人民出版社 , 1992.

[15] 李玉洁 . 齐国史 [M]. 北京：新华出版社 , 2007.

[16] 王彩梅 . 燕国简史 [M]. 北京：紫禁城出版社 , 2005.

[17] 吴如嵩 , 黄朴民 , 任力 , 等 . 中国军事通史：第三卷 [M]. 北京：军事科学出版社 , 1998.

[18] 武国卿 , 慕中岳 . 中国战争史：第一卷 [M]. 北京：人民出版社 , 2016.

[19] 靳生禾 , 谢鸿喜 . 长平之战——中国古代最大战役之研究 [M]. 太原：山西人民出版社 , 1998.

[20] 王树新 , 谢克敏 , 马四清 . 战国长平之战新考 [M]. 北京：军事科学出版社 , 2007.

[21] 张卫星 . 秦战争述略 [M]. 西安：三秦出版社 , 2001.

[22] 冯广宏 . 都江堰创建史 [M]. 成都：巴蜀书社 , 2014.

[23] 陆峰波，阎爱武．李冰与都江堰 [M]. 太原：山西春秋电子音像出版社，2007.

[24] 王定富．都江堰与李冰 [M]. 成都：巴蜀书社，1994.

[25] 白寿彝．中国通史 [M]. 2 版．上海：上海人民出版社，2013.

[26] 孙楷．秦会要 [M]. 上海：上海古籍出版社，2004.

[27] 杨宽，吴浩坤．战国会要 [M]. 上海：上海古籍出版社，2005.

[28] 王力．中国古代文化常识 [M]. 4 版．北京：北京联合出版公司，2014.

[29] 吴晓懿．战国官名新探 [M]. 芜湖：安徽师范大学出版社，2013.

[30] 晁福林．春秋战国史丛考 [M]. 苏州：苏州大学出版社，2015.

[31] 陈祖怀．列国争雄 [M]. 上海：上海锦绣文章出版社，2013.

[32] 童超．战国七雄 [M]. 长春：吉林出版集团股份有限公司，2016.

[33] 杨志刚．六合一统 [M]. 长春：长春出版社，2005.

后记

经过断断续续一年余的劳作，这本书终于完稿了。

虽然呈现在读者面前的只是30万字，但与自己阅读和研究的文献资料相比,只是冰山之一角,从罗列的参考文献可见一斑。这对于一个业余作者来说，工作量和挑战性无疑是巨大的。不说涉及的一些重要问题，有时仅仅为了确定一个地名的今址，就先需要了解多名学者的观点，如果意见不统一，还要查阅各个现今地名的历史沿革，在地图上查找各自所在的位置和行政建制的变化，分析不同今址与所涉历史事件的关联性及准确性的大小，这样一来，往往得花费半小时甚至更长时间。可以说，本书是用时间堆积起来的，而时间又是最为稀缺的资源。

在写作期间,曾因其中诸多学术问题纠缠不清(在部分注释和“剧情释疑”专栏中有所涉及)，深感自己力有不逮，并且与赖以谋生的工作事务发生时间冲突，而产生过放弃写作的想法。但受“想完成一件自己从未做过的事情”的内心驱动，又勉力继续前行，终成本书。

当然，作者也需要外部激励，如果本书能被读者接受甚至喜爱，则是本人莫大的欣慰。只要读者想再读，出版社也再出版，我将竭尽所能地写完本系列的另外几本书。

读者对本书的观感、批评以及对本系列图书的后续写作建议，请发邮件到 xia-qiu-dong@qq.com，我将虚心听取，尽力吸收并加以改进。